신경향이 적극 반영된

시험에 나올 것만 공부하는 슬림한 영문법 기본서

2025 심슨문법

2025 심슨 문법은 변화하는 출제 기조에 맞춰
이렇게 업그레이드 되었습니다!

1. 시험에 잘 나오지 않는 지엽적인 포인트는 삭제   2. 2025 신유형 대비를 위한 연습 문제 추가   3. 개념 이해를 돕는 풍부한 예문 수록

This is TRENDY HALF!

심우철
하프 모의고사

공시계를 선도하는 트렌디한 하프 콘텐츠

POINT 1. 2025 대비 신경향 하프

심우철 하프 모의고사는 2025 시험을 미리 볼 수 있는
신유형 문제들을 적극 반영하여 출제합니다.
시험 기조 변화로 혼란스러운 수험생에게
올바르고 효율적인 가이드라인을 제시할 것입니다.

POINT 2. 차원이 다른 고퀄리티 실전 문제

심우철 하프 모의고사는 심혈을 기울여 문제를 출제합니다.
실제 시험 출제 경험이 있는 교수, 토익 전문 강사 및 연구원,
수능 출판사 연구원, 그리고 심우철 선생님과 심슨영어연구소가
협업으로 만든 고퀄리티 실전 문제를 제공합니다.

POINT 3. 문제점 파악과 솔루션을 제공하는 강의

심우철 선생님의 하프 모의고사 강의는 특별합니다.
① 왜 틀렸는가? ② 무엇이 부족한가? ③ 어떻게 보완해야 하는가?
세 가지의 요소를 정확하게 짚어주는 클리닉 방식 수업입니다.

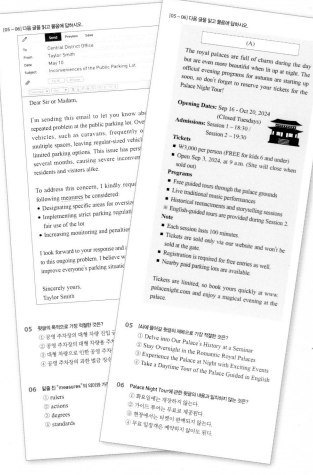

신유형이 적극 반영된 신경향 하프

2025 심우철

하프
모의고사

This is
TRENDY
HALF!

심우철 지음

Shimson_lab

2025 심우철 영어
하프 모의고사 시리즈

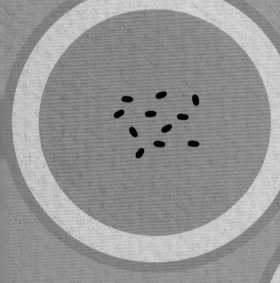

Season 1

2025
신경향

커넥츠 공단기 gong.conects.com   심슨영어연구소 카페 cafe.naver.com/shimson2000

Shimson_lab

2025 심우철 영어
하프 모의고사 시리즈

하프
모의고사

This is
TRENDY
HALF!

심우철 지음

Season 1

2025
신경향

📋 정답/해설 2p

[01 ~ 02] 밑줄 친 부분에 들어갈 말로 가장 적절한 것을 고르시오.

01

The cause of the disease remains unclear, which hinders the establishment of any _____ preventative measures.

① vain ② ancient
③ evident ④ obscure

02

I will delay my departure unless the rain _____ since driving in inclement weather is unsafe.

① stops ② will stop
③ doesn't stop ④ hasn't stopped

03 밑줄 친 부분 중 어법상 옳지 않은 것은?

With the year-end holiday season ① brought a sense of anticipation, families everywhere looked forward to ② gathering together to create lasting memories, ③ in which they shared meals, exchanged gifts, found joy in the simple pleasures of life, and ④ reflected on the year that had passed.

04 밑줄 친 부분에 들어갈 말로 가장 적절한 것은?

A: Welcome! What can I do for you today?
B: Hi, I'm interested in learning more about what your gym offers.
A: We have classes to suit different interests. We offer daily yoga classes and high-energy boxing classes on Friday evenings.
B: That sounds interesting. Are all the classes included in the membership fee?
A: Yes, they are! _____
B: Yes, actually, I've tried two gyms, but I ended up quitting both after a few months. I'm a bit worried I might do the same here.
A: I understand, but don't worry. We'll motivate you to keep working out.

① Do you want short-term or long-term classes?
② Would you like to renew your membership?
③ Have you been a member of gyms before?
④ Are there any additional fitness programs?

[05 ~ 06] 다음 글을 읽고 물음에 답하시오.

| ✏️ | **Send** | Preview | Save |

To	Central District Office
From	Taylor Smith
Date	May 10
Subject	Inconveniences of the Public Parking Lot

📎 | My PC | Browse |

Times New ▼ | 10pt ▼ | G G G G G | 三 三 三 三

Dear Sir or Madam,

I'm sending this email to let you know about a repeated problem at the public parking lot. Oversized vehicles, such as caravans, frequently occupy multiple spaces, leaving regular-sized vehicles with limited parking options. This issue has persisted for several months, causing severe inconvenience to residents and visitors alike.

To address this concern, I kindly request that the following measures be considered:
● Designating specific areas for oversized vehicles
● Implementing strict parking regulations to ensure fair use of the lot
● Increasing monitoring and penalties for violations

I await your response and a prompt resolution to this ongoing problem. I believe we can significantly improve everyone's parking situation.

Sincerely yours,
Taylor Smith

05 윗글의 목적으로 가장 적절한 것은?
① 공영 주차장의 대형 차량 진입 금지를 제안하려고
② 공영 주차장의 장기간 방치 차량 단속을 부탁하려고
③ 대형 차량으로 인한 공영 주차장 공간 문제 개선을 요청하려고
④ 공영 주차장의 과한 벌금 징수 체계에 대한 불만을 제기하려고

06 밑줄 친 "measures"의 의미와 가장 가까운 것은?
① rulers
② actions
③ degrees
④ standards

07 다음 글의 주제로 가장 적절한 것은?

A rare earth metal is necessary to keep a cell alive, but the amount needed for health is a mere, hard-to-measure trace. In larger quantities, it becomes one of the most toxic substances known to life. It's the same with anonymity. In small quantities, it's good, even essential, for the system. Anonymity enables the occasional whistle-blower and can protect persecuted fringe groups and political outcasts. But if anonymity is present in any significant quantity, it will poison the system. While anonymity can be used to protect heroes, it is far more commonly used as a way to escape responsibility. That's why most of the brutal harassment on X (formerly Twitter), Reddit, and other sites is delivered anonymously. A lack of responsibility releases the worst in us.

① political necessity of anonymity
② two-sided impacts of anonymity
③ dangerous types of rare earth metals
④ difference between a rare earth metal and anonymity

08 밑줄 친 부분에 들어갈 말로 가장 적절한 것은?

A team identity encourages its members to _____. It is this sense that eliminates the "I did my share" attitude which weakens performance. When people feel they share the accountability for the outcomes, they pitch in to help teammates who are struggling or falling behind. Poor performers feel like they also need to do better. These are the kinds of behavior that have made employees at Nucor Corporation incredibly productive steelworkers. When a problem occurs within one of Nucor's many work teams, people don't say, "That's not my problem" and then sit around until the problem is fixed. Instead, they join hands to keep production rolling. It is the very same behavior that urges Southwest Airlines flight crews and gate personnel to pitch in to get their planes loaded and in the air with minimal delay.

① be more impatient with poor performance
② carry out their allocated share on their own
③ see themselves as mutually responsible for results
④ establish the rules for collaborative communication

09 주어진 문장이 들어갈 위치로 가장 적절한 것은?

To give this plantation an impression of importance, he kept the contents of the piece of land a secret and assigned guards to protect the crop.

Back in the 18th century, potatoes were banned for human consumption in France for a variety of reasons, such as the misguided belief that they caused Hansen's disease. (①) But one man, Antoine-Augustin Parmentier, decided to change that and used some unusual methods to do so. (②) The French monarchy gave him a piece of land very close to Paris, which he used to grow potatoes. (③) This intrigued the populace, and they started to bribe the guards and steal some of the crop believing that potatoes were very valuable. (④) Of course, this was carefully controlled by Parmentier, who instructed the guards to take the bribes and turn a blind eye to the theft.

10 BudgetTrack에 관한 다음 글의 내용과 일치하지 않는 것은?

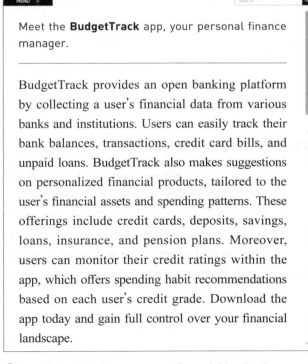

Meet the **BudgetTrack** app, your personal finance manager.

BudgetTrack provides an open banking platform by collecting a user's financial data from various banks and institutions. Users can easily track their bank balances, transactions, credit card bills, and unpaid loans. BudgetTrack also makes suggestions on personalized financial products, tailored to the user's financial assets and spending patterns. These offerings include credit cards, deposits, savings, loans, insurance, and pension plans. Moreover, users can monitor their credit ratings within the app, which offers spending habit recommendations based on each user's credit grade. Download the app today and gain full control over your financial landscape.

① It gathers data from different financial institutions.
② Financial products vary based on users' conditions.
③ Pension plans are included in product suggestions.
④ It recommends the same spending habits to all users.

📋 정답/해설 4p

[01~02] 밑줄 친 부분에 들어갈 말로 가장 적절한 것을 고르시오.

01

Teenagers are _____ to digital stress. They are exceptionally stressed by peer comparison through social media and the pressure to maintain a perfect online image.

① grateful
② immune
③ unrelated
④ vulnerable

02

The noisy construction work outside repeatedly _____ the activist's speech, making it difficult for the audience to hear her important message.

① conveyed
② interrupted
③ condemned
④ summarized

03 밑줄 친 부분 중 어법상 옳지 않은 것은?

So great in its brilliance and excellence ① were the appeal of Sherlock Holmes's detecting style ② that the death of Conan Doyle did ③ little enough to end Holmes's career; several writers have attempted to carry on the Holmesian tradition, often ④ writing in detail about circumstances mentioned in the original works.

04 밑줄 친 부분에 들어갈 말로 가장 적절한 것은?

Ashley Coleman
Did you book the reservation for the staff get-together?
14:03

Loren Klein
Not yet. It's hard to find a restaurant available for such a large group.
14:03

Ashley Coleman
_____
14:04

Loren Klein
People have been saying they want to try a new place.
14:04

Ashley Coleman
I don't think there are any others nearby that can accommodate our party.
14:04

Loren Klein
Hmm. I guess I'll have to widen the search area.
14:05

Ashley Coleman
I'll check out some places with you.
14:05

① What about the one we always go to?
② What kind of restaurant did you book?
③ How many people are expected to attend?
④ Why won't you be able to come to the gathering?

[05~06] 다음 글을 읽고 물음에 답하시오.

(A)

Saturday, September 14, 2024 | Natural Haven Park

Create joyful memories with your family while enjoying the cool autumn breeze at the Herbal Market, held every second Saturday of the month.

✿ Local Market

Operating Hours: 11:00 a.m. - 5:00 p.m.

40 booths for herbal merchandise will be operated by local small businesses. Receive 1 sticker for every $10 spent and collect 3 stickers to earn a free program voucher.

✿ Family Picnic

Event Times: 11:00 a.m. - 1:00 p.m. /
2:00 p.m. - 4:00 p.m.

We provide free picnic mats, parasols, and herbal snack baskets. A Healing Magic Bubble Show performance is scheduled for each session.

✿ Free Programs

Make a natural bath bomb using herbal medicine ingredients and create galaxy-themed aid drinks. Limited to the first 50 participants for each.

Early registration via our website is recommended as spots are limited. Register by Friday, September 6. Successful applicants will receive an individual text message on Monday, September 9. For more details, please contact us at 819-9409 or visit our website at www.herbalmarket.org.

05 (A)에 들어갈 윗글의 제목으로 가장 적절한 것은?

① Display Your Unique Herbal Products
② Immerse Yourself in the World of Herbs
③ Harvest Your Own Herbs and Cook Them
④ Don't Miss out on Learning about Herbal Medicine

06 Herbal Market에 관한 윗글의 내용과 일치하지 않는 것은?

① 매달 둘째 주마다 한 번씩 개최된다.
② 부스에서 30달러 이상 쓰면 무료 프로그램 쿠폰 한 장을 준다.
③ 힐링 매직 버블 쇼 공연은 하루에 두 번 열린다.
④ 예약이 완료된 사람들은 웹사이트에서 확인할 수 있다.

07 다음 글의 요지로 가장 적절한 것은?

Insulin is a hormone that regulates many processes in your body, particularly blood sugar levels. Insulin resistance, which occurs when your cells stop responding to insulin, ultimately leads to higher insulin and blood sugar levels, two primary risk factors for type 2 diabetes. But eating grapefruit may help control insulin levels and thus have the ability to reduce your likelihood of becoming insulin resistant. In one study, subjects who ate half of a fresh grapefruit before meals experienced a significant reduction in both insulin levels and insulin resistance, compared to the group that didn't eat grapefruit. Furthermore, eating the fruit as a whole is generally associated with better blood sugar control and a reduced risk of type 2 diabetes.

① Insulin is responsible for controlling blood sugar levels.
② Eating a whole grapefruit is more effective than eating half.
③ Grapefruit may help prevent insulin resistance and diabetes.
④ Type 2 diabetes is more likely with lower blood sugar levels.

It is amazing how often people solve the problem before them without bothering to question it. In my classes of graduate students in both engineering and business, I like to give them a problem to solve on the first day of class and then listen the next week to their wonderful solutions. They have great analyses, drawings, and illustrations. It is all well done, and brilliantly presented. When all the presentations are over, I congratulate them, but ask: "How are you sure you solved the correct problem?" They are puzzled. Engineers and business people are trained to solve problems at universities. But why would anyone ever give them the wrong problem? "Where do you think the problems come from?" I ask. The real world is not like the university. In the university, professors make up artificial problems. In the real world, the problems _____.

① can be resolved in a simple way
② do not come in nice, neat packages
③ will be harder without college learning
④ are likely to arise in an orderly fashion

Nowadays, the great majority of retail advertisements promote low prices. This information indirectly drives prices down.

(A) And, once again, this forces competitors to respond by making quality improvements of their own. It is a continuous process. As with price-based advertising, this stimulates competition, and the public reaps the rewards.

(B) Similarly, retailers advertise the quality of many goods and services that are constantly being improved, even if only slightly. Consumers benefit by getting information about these improvements from advertisements.

(C) For example, when one supermarket promotes its low prices for certain goods, other supermarkets swiftly fight back by cutting their own prices — otherwise, they know they will lose customers. Overall, prices fall. For the public, this is a pretty good deal.

① (B)−(A)−(C)   ② (B)−(C)−(A)
③ (C)−(A)−(B)   ④ (C)−(B)−(A)

Science and society are best seen as co-constructed. ① This is because each has been built up with the other, in an endlessly recursive process. ② The interchanges between science and society are so thick and deep that finding a line to separate one from the other may be impossible. ③ Societal forces are implicated in scientific practice at every turn, just as the course of human history has been steered consequentially by scientific knowledge. ④ The knowledge in science is independent of the political system into which it is embedded, far from being intrinsically related to society. Sorting out the reciprocal causes and effects of science and society may be useful, but it should not obscure the reality of a relationship that is overlapping and mutually constitutive.

📋 정답/해설 7p

[01 ~ 02] 밑줄 친 부분에 들어갈 말로 가장 적절한 것을 고르시오.

01

Experts note that a steady _____ has been recorded in water quality measurements, indicating the need for developing technologies to improve water purity.

① decline
② recovery
③ impossibility
④ maintenance

02

Despite the tight deadline, they managed to get their demanding project _____ ahead of schedule.

① accomplish
② accomplished
③ accomplishing
④ to accomplish

03 밑줄 친 부분 중 어법상 옳지 않은 것은?

Most supermarket layouts ① are designed with the produce section just inside the entrance as colorful vegetable arrangements convey a good first impression about the store and imply the freshness of ② its entire stock. The contents of the produce section can suggest ③ that might be made for dinner, and this keeps shoppers ④ exploring the store, including the meat and dairy aisles.

04 밑줄 친 부분에 들어갈 말로 가장 적절한 것은?

A: Hello, I'm the tenant of room 302.
B: Yes, sir, how can I help you?
A: It's about the noise from the floor above. The people who live upstairs keep running around in the middle of the night. _____
B: Of course, that's my responsibility. I'll make sure to speak to the tenants of room 402.
A: Thank you for your time.

① I'll need to visit them tomorrow.
② I've already asked you to be quiet last week.
③ I think you should inspect the stairs of this building.
④ I'd like you to tell them to stop as a building manager.

[05 ~ 06] 다음 글을 읽고 물음에 답하시오.

✎	**Send**	Preview	Save

To	Brighton Public Library
From	Avery Hunter
Date	August 5
Subject	Braille Books

📎 [My PC] [Browse]

[Times New ▾] [10pt ▾] [G G G G G] [≣ ≣ ≣ ≣]

Dear Director of Library,

My name is Avery Hunter, and I am writing on behalf of my friend, who is a blind yet passionate reader. As a frequent visitor to our local library, he desires a larger selection of Braille books. The current limited availability of Braille books makes it challenging for blind individuals to fully enjoy the library's diverse literature. Please consider acquiring more Braille books across various genres to meet the needs of blind readers. This addition would benefit my friend and others in the community who rely on Braille for their reading. Thank you for your attention to this matter. I also appreciate your efforts in making our library more inclusive and accessible.

Sincerely,
Avery Hunter

05 윗글의 목적으로 가장 적절한 것은?
① 도서관의 점자책 제작 봉사 활동에 지원하려고
② 도서관에 비치된 점자책의 노후 상태를 알리려고
③ 지역 도서관 내 점자책 비치의 확대를 요청하려고
④ 점자책 이용 저조 현황에 대한 대책을 제안하려고

06 밑줄 친 "needs"의 의미와 가장 가까운 것은?
① drives
② duties
③ demands
④ difficulties

07 다음 글의 주제로 가장 적절한 것은?

The arrival of the Norman invasion of 1066 had a huge impact on personal names. Just before the Norman Conquest, 85 percent of men's names were Old English, with favorites being Godwin and Alwin. However, 150 years later, only five percent of names were Old English. By then, the favorite male names were from Normandy, including Robert, Walter, and William. Women's names included Matilda, Gertrude, and Rosamund. The factors behind this shift from Anglo-Saxon to Norman names are clear. King William replaced almost all of the Anglo-Saxon aristocracy with Norman lords. The remaining prominent Anglo-Saxons — those who had not fled or been sold into slavery overseas — attempted to show loyalty to the new king by giving Norman names to their children. Eventually, even the landless peasants copied the social elite and adopted Norman names.

① the origins of the Norman invasion
② the way Old English names persisted
③ the context of Norman names becoming mainstream
④ the reason Anglo-Saxons turned down Norman names

08 밑줄 친 부분에 들어갈 말로 가장 적절한 것은?

One day we're eating our favorite food without problems; the next day, the same food produces nausea, dizziness, and mental confusion. Why? Sometimes the components of our diet can induce toxic reactions when they are not being properly metabolized in our bodies. For example, starfruit — a small, waxy-skinned fruit — contains an impressive variety of vitamins, minerals, and dietary fibers and is a rich source of antioxidants. But it poses a serious risk for individuals with kidney failure. The consequences of eating starfruit when the kidneys are not functioning adequately include symptoms that can be easily overlooked or misinterpreted as unrelated to eating the fruit, such as vomiting, hiccups, and mental confusion. Overall, this serves as a crucial warning: How we respond to the components of our diet is greatly influenced by _____.

① our psychological state
② the kinds of food eaten
③ the status of our bodies
④ our regular eating habits

09 주어진 문장이 들어갈 위치로 가장 적절한 것은?

However, the goals of alchemy went far beyond simply creating some gold bars.

Alchemy is a practice full of mystery and secrecy. (①) Alchemists mainly sought to turn lead into gold, a quest that has captured the imaginations of people for thousands of years. (②) Alchemy was rooted in a complex spiritual worldview in which metals were believed to contain a sort of universal spirit and grow inside the Earth. (③) A base metal such as lead was thought to be a spiritually immature form of higher metals such as gold. (④) The alchemists' pursuit of transforming lead into gold, therefore, was not just a physical endeavor but also a journey toward achieving spiritual perfection.

10 Heritage Administration에 관한 다음 글의 내용과 일치하는 것은?

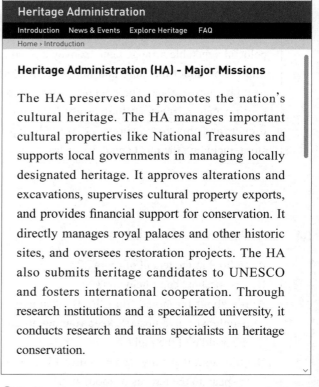

Heritage Administration (HA) - Major Missions

The HA preserves and promotes the nation's cultural heritage. The HA manages important cultural properties like National Treasures and supports local governments in managing locally designated heritage. It approves alterations and excavations, supervises cultural property exports, and provides financial support for conservation. It directly manages royal palaces and other historic sites, and oversees restoration projects. The HA also submits heritage candidates to UNESCO and fosters international cooperation. Through research institutions and a specialized university, it conducts research and trains specialists in heritage conservation.

① It directly manages heritage designated at the local level.
② Supporting preservation financially is beyond its tasks.
③ It assigns restoration projects to local governments.
④ It works with educational institutions for specialist training.

📄 정답/해설 10p

01 밑줄 친 부분에 들어갈 말로 가장 적절한 것은?

> The concept of handwritten letters may seem nearly _____ in the age of digital communication, with most people not using them anymore and relying solely on electronic devices.

① valid
② extinct
③ frequent
④ defective

02 밑줄 친 부분 중 어법상 옳지 않은 것은?

> Vesak, ① which honors the Buddha's birth, reaching the state of nirvana, and ② passes away, is the most important Theravada Buddhist holiday primarily in Southeast Asia and Sri Lanka. Additionally, Buddha's birthday ③ is celebrated on different dates in East Asia ④ where Mahayana Buddhism predominates.

[03 ~ 04] 밑줄 친 부분에 들어갈 말로 가장 적절한 것을 고르시오.

03

> A: Sylvia, why don't we have dinner together after work?
> B: I'd love to, but I can't.
> A: Why not?
> B: _____
> A: Really? Haven't you finished the sales report for this quarter?
> B: I already have. But my boss asked me to make the presentation materials for tomorrow's meeting.
> A: I'm sorry to hear that. Is there anything I can help you with?
> B: No. I can deal with it by myself. Thank you for saying so.

① I've been on a diet lately.
② I'm not on night duty tonight.
③ I have to work overtime today.
④ I must finish my report this week.

04

Eunice
Hi, I have an issue with my monitor. The screen keeps flickering.
16:15

Samson IT Services
I see. Can you ensure that the cable connecting your monitor to the computer is securely plugged in?
16:15

Eunice
Yes, it seems to be plugged in properly.
16:17

Samson IT Services
Great. Let's update your graphics drivers next. Sometimes, outdated drivers can cause screen flickering.
16:18

Eunice

16:18

Samson IT Services
You can visit our website and download the latest drivers there.
16:18

Eunice
Oh, the flickering seems to have stopped! Thank you.
16:24

① How can I do that?
② Why is that necessary?
③ Where is your service center?
④ When will you be visiting to fix this?

(A)

The 19th annual Conference of the Social Science Innovation (SSI) will be held from July 13-15, 2024, at the Academia Forum Hall.

Researchers, professionals, and other social scientists are invited to contribute conceptual and/or empirical papers on topics/subtopics related to the following conference themes:

- Food and Nutritional Security
- Health Disparities and Public Policy
- Migration and Transnational Identities

Contributions are welcome from all regions and countries. Papers combining insights from multiple disciplines are particularly encouraged. Papers can be submitted online. The deadline for paper submissions is June 15. Authors of selected papers will be notified by June 22, and invited to present their papers in the Thematic Sessions during the Conference.

For detailed information, please visit: conference. ssi.org

05 (A)에 들어갈 윗글의 제목으로 가장 적절한 것은?
① Explore the Future of Paper
② Showcase Your Various Innovative Ideas
③ Experience Cultures from around the World
④ Join a Lecture by an Influential Social Scientist

06 Conference of the Social Science Innovation에 관한 윗글의 내용과 일치하지 않는 것은?
① It will span three days.
② Among the paper topics are inequalities of health.
③ Papers are expected to focus on a specific discipline.
④ Selected papers will be shared in the conference sessions.

07 다음 글의 요지로 가장 적절한 것은?

You and your dog no doubt have a special bond. Something far in the shared evolutionary past of dogs and humans has linked the two species, making our canine companions especially good at understanding when we want to help or communicate with them. Point in the direction of the food on the kitchen floor, and your dog likely will follow your guidance to gobble it up. That is a skill that not even our closest relative in the animal kingdom can match. "Chimpanzees can run circles around dogs on so many things," says Brian Hare, who studies the evolution of cognition at Duke University. "But they're not particularly good at understanding cooperative communicative gestures." Hare and his colleagues believe that in dogs, the ability to comprehend human gestures is an evolved inherent trait rather than something learned by individual animals as they mature.

① Dogs are trained to comprehend human gestures.
② Dogs and humans share genetic common features.
③ Dogs are born understanding human communication.
④ Dogs understand verbal expressions better than chimpanzees.

08 밑줄 친 부분에 들어갈 말로 가장 적절한 것은?

Once available in Britain for just a brief period during the summer, strawberries are now a year-round fruit, thanks to imports from warmer climates. However, the varieties grown for export tend to be chosen for their ability to withstand transportation, rather than for their texture or flavor, which often results in a less tender berry with an unremarkable taste. The fact that strawberries for export are picked before they're properly ripe means that their flavor is further impaired. To enjoy strawberries at their fragrant, juicy, and flavorful best, it's worth picking domestically grown strawberries yourself when they are perfectly ripe — so, for your full enjoyment of strawberries, _____.

① avoid damaged ones
② buy varieties for export
③ wait for the local harvest
④ eat ones from cooler climates

09 주어진 글 다음에 이어질 글의 순서로 가장 적절한 것은?

One drawback of investing in real estate is illiquidity: the relative difficulty in converting an asset into cash and cash into an asset.

(A) However, their offerings come at the cost of higher volatility and lower diversification benefits, as they have a much higher correlation to the overall stock market than direct real estate investments.

(B) Even with the help of a broker, simply finding the right counterpart can take a few weeks. Of course, Real Estate Investment Trusts (REITs), companies that own real estate, offer better liquidity.

(C) A real estate transaction often requires months to close, unlike a stock transaction which can be completed in just seconds.

① (A)－(C)－(B)
② (B)－(A)－(C)
③ (C)－(A)－(B)
④ (C)－(B)－(A)

10 다음 글의 흐름상 어색한 문장은?

Plato placed great emphasis on the role of education and believed it to be one of the most important pieces in creating a healthy state. ① Plato saw the vulnerability of a child's mind and understood how easily it could be molded. ② He believed children should be taught early on to always seek wisdom and to live a virtuous life. ③ However, he realized creating environments where children feel safe, loved, and supported was much more crucial than education for their happiness and emotional growth. ④ Plato even went so far as to create detailed directions on what exercises a pregnant woman could perform so that she would have a healthy fetus and what types of art and exercise children should immerse themselves in. To Plato, who considered the Athenian people to be corrupt, easily seduced, and gullible to rhetoric, education was essential to having a just society.

📋 정답/해설 13p

[01~02] 밑줄 친 부분에 들어갈 말로 가장 적절한 것을 고르시오.

01

The press conference was supposed to _____ the upcoming merger, but unforeseen legal constraints forced it to stay confidential.

① reveal
② conceal
③ withstand
④ command

02

The company is a premier advertising agency _____ designers create innovative campaigns for print and digital media.

① what
② which
③ whom
④ whose

03 밑줄 친 부분 중 어법상 옳지 않은 것은?

Since time immemorial, shoes ① have been made of leather, but although still dominant, leather ② is replacing by rubber and man-made fibers. A fabric base ③ coated with a chemical surface finish can be made in a variety of textures and designs, ④ many simulating the grain of leather.

04 밑줄 친 부분에 들어갈 말로 가장 적절한 것은?

A: How can I be of assistance?
B: I'm looking for some books, but I'm finding it a bit difficult to navigate the library.
A: The library has a search engine that can help you locate the books you're looking for.
B: I see. And how many books can I borrow at a time?
A: Students can borrow up to 5 books, and faculty members up to 10 books.
B: _____
A: The loan period is 14 days, and it can be extended only once for 7 days.
B: Thank you for your help.

① How many days will it take for the books to arrive?
② I'd like to know how long I can keep books for.
③ Please tell me where I can get a loan card.
④ When books are overdue, what happens?

[05~06] 다음 글을 읽고 물음에 답하시오.

	Send Preview Save	

To	Sunnydale District Office
From	Amelia Scott
Date	September 20
Subject	Issues of Street Lighting

📎 My PC Browse

Times New ▾ 10pt ▾ G G G G G ≡ ≡ ≡ ≡

To whom it may concern:

I hope you are well. I'm contacting you to express my concern about the inadequate street lighting in our neighborhood, particularly in the darker corners and less frequented areas. Several residents, including myself, have noticed that these poorly lit areas create a <u>sense</u> of insecurity and bring about potential safety risks.

I'd like to request that the city install additional streetlights and maintain existing ones to enhance visibility and safety. Improving our neighborhood's lighting will provide peace of mind and help maintain our community's reputation as a safe place to live.

Thank you for your attention to this matter. I am willing to assist in any way possible to ensure a well-lit and secure environment.

Best regards,
Amelia Scott

05 윗글의 목적으로 가장 적절한 것은?

① to request repairs of broken streetlights
② to protest against overly bright streetlights
③ to propose the expansion and care of streetlights
④ to question the excessive budget on street lighting

06 밑줄 친 "sense"의 의미와 가장 가까운 것은?

① mind
② feeling
③ instinct
④ meaning

07 다음 글의 제목으로 가장 적절한 것은?

Gross Domestic Product (GDP) is a useful indicator of the value of goods and services produced in a country, but total productivity does not tell the whole story about a society's well-being. Higher output does not necessarily make for better quality of life and the financial worth of goods and services is not enough to truly assess a nation's success. GDP does not account for the non-monetary factors that determine the well-being of the economy, especially in the longer term. Activities and circumstances that may undermine competitiveness such as loss of arable land or overfishing, early school dropouts or systematic ageism, or gender inequality or social exclusion, all fly below the radar of GDP indicators.

① GDP as a Useful Economic Indicator
② The Fundamental Limitations of GDP
③ GDP: a Measure of National Happiness
④ The Effect of GDP on National Well-being

08 밑줄 친 부분에 들어갈 말로 가장 적절한 것은?

Social psychologists like Ron Friedman have found that merely being near someone in a good mood can be enough to lift people's motivation (and therefore their performance), and being near someone irritable can do the opposite. Friedman and his colleagues showed that this happened even when people were working on completely different tasks — and it happened within five minutes, without any conversation. Stress leaks, too. Other researchers found that asking people to do some unexpected public speaking not only made the speakers nervous but also raised the stress levels of people who were listening to them. And it doesn't take much to provoke this _____. In addition, German researchers found that merely looking at photos of people smiling or grimacing was enough to provoke the same feelings, even when the viewers saw the photos for just half a second.

① indifference
② contentment
③ transmission
④ responsibility

09 주어진 문장이 들어갈 위치로 가장 적절한 것은?

This can be very beneficial, especially in the business field where you need to keep in touch with colleagues and clients.

The amazing technology of Bluetooth presents a great way of exchanging data between two wireless devices. It offers interoperability, meaning that you can use your portable Bluetooth device to connect with existing Bluetooth points. (①) This way, you won't have to carry a data lead or CDs of driver software around with you everywhere you go. (②) You can enjoy the best of wireless without worrying about installing your software. (③) Furthermore, with Bluetooth, you can use your PDA and cell phone to browse the Internet or check your inbox while traveling. (④) Bluetooth will enable you to maintain such contacts even when you are on the move for work.

10 다음 글의 내용과 일치하지 않는 것은?

Netflix is raising prices across all of its plans in the US. The company's standard plan will rise to $15.50 per month from $14, while the 4K plan will rise to $20 per month from $18. The basic plan, which doesn't include HD, is also rising to $10 per month from $9. The price hikes go into effect immediately for new subscribers. For existing subscribers, the changes will be rolled out "gradually," with Netflix promising to email members 30 days before the price hike goes into effect. Prices for a Netflix plan have steadily gone up in recent years. When Netflix announced its first price increase in 2014, the company was so worried about losing subscribers over a $1 per month bump that it let existing members keep their price for two years. It hasn't offered such a generous perk in the years since.

① HD won't be available to those who will pay $10 monthly.
② The increased prices apply to new subscribers right away.
③ Existing subscribers won't be subject to this price increase.
④ Netflix has raised the price of its plans since 2014.

📋 정답/해설 15p

[01 ~ 02] 밑줄 친 부분에 들어갈 말로 가장 적절한 것을 고르시오.

01

> The fair _____ of relief supplies by the government ensured that all victims received an equal amount.

① collection
② distribution
③ preservation
④ consumption

02

> The training is _____, which means all new hires inevitably complete it before they are authorized to enter the workforce.

① beneficial
② secondary
③ mandatory
④ professional

03 밑줄 친 부분 중 어법상 옳지 않은 것은?

> ① Although numerous animals from invertebrates to mammals evolved shells, none has a body architecture like ② that of turtles. The turtle shell ③ is composed of top and bottom bony structures meeting along each side of the body, and since it is an integral part of the body, the turtle cannot exit the shell, ④ nor it falls off.

04 밑줄 친 부분에 들어갈 말로 가장 적절한 것은?

Linda Banes

Hey, Paul. I'm sorry to disturb you while you're busy, but I have something urgent to request.

15:11

Paul Ozak

It's no problem at all. What is it?

15:11

Linda Banes

I received an email from one of our suppliers, Mears, claiming that we had agreed to an increase in their freight charges. Do you have any records related to this agreement?

15:11

Paul Ozak

_____

15:12

Linda Banes

Thank you. Please let me know if you find anything.

15:12

① Their records are not with me.
② They are our most important supplier.
③ I'll check our communication history with them.
④ Consumers are unhappy about our price increase.

(A)

We invite you to our Sunshine Charity Bazaar! It's a wonderful chance to discover amazing deals on a wide range of items while making a difference in our community by supporting those in need.

When & Where
- Date: Friday, Oct. 21 – Sunday, Oct. 23
- Time: 10 a.m. - 5 p.m. (Friday)
      10 a.m. - 7 p.m. (Saturday & Sunday)
- Location: Town Square, Napa Valley

What to Expect
- Secondhand Treasures: There will be a variety of pre-loved items in excellent condition.
- Fun Activities: Keep children entertained with face painting, balloon animals, and a designated kids' play area.
- Food and Drinks: We offer delicious meals at affordable prices.

How You Can Contribute More
- Volunteer Roles: Assist with tasks such as setup and cleanup, and earn volunteer hours.
- Donation Station: Contribute directly to the charity event by donating new or gently used items on-site.

※ There is no cost to participate, and no registration is needed. While parking is available, we recommend using public transportation as parking will fill up quickly.

05 (A)에 들어갈 윗글의 제목으로 가장 적절한 것은?
① Come and Taste Our Variety of Local Foods
② Take the Chance to Sell Your Artistic Creations
③ Shop for a Cause and Support Our Community
④ Join the Fun at the Treasure Hunt Event for Kids

06 Sunshine Charity Bazaar에 관한 윗글의 내용과 일치하지 않는 것은?
① 금요일에는 주말보다 더 일찍 끝난다.
② 아이들을 위해 지정된 놀이 공간이 있다.
③ 현장에서 중고품을 바로 기부할 수 있다.
④ 주차 공간은 제공되지 않는다.

07 다음 글의 요지로 가장 적절한 것은?

The development of a freely moving global economy today calls into question how much room for maneuver governments will actually have in the future. States may see themselves diminished, not by a formal reallocation of their powers but by the growth of actors and processes they cannot control as worldwide economic and social functions begin to operate as a single unit in globalization. In this case, whole areas of economic policy in which the state might want to act may prove impossible for it to control. The state remains a state and its formal capacity remains the same; it is just that the range of things the state has the capacity to control may shrink. With the development of a large and fluid world economy, the world's investors and capital markets probably determine each state's economic development so strongly that the state actually has only a rather narrow range of choices in economic policies.

① States entirely lose their functions in globalization.
② The global economy is becoming increasingly fluid.
③ Governments need to intervene in their states' markets.
④ Globalization may reduce states' control over economic policies.

Machines are adept at gathering, understanding, and processing floods of information, but they are less skilled at knowing how to apply this information to different contexts. For example, consider a machine that can model the impact of climate change on a coastal area, assessing water temperature, currents, weather patterns, and other factors. By assessing all the data, this machine could yield conclusions about how to improve nearby architecture and combat erosion. But that same machine would not imagine how to deploy the data in different fields. It would not, for example, make the decision to use the information in a study on human migration or apply it to operations in the fisheries industry. Locked in the containers of its programming, it could not _____.

① break out of a specific field of thinking
② interpret information in humanistic areas
③ collect a large amount of data all at once
④ derive solutions to problems from analysis

Have you heard the proverb "Beware of your friends, not your enemies," which seems to contradict itself?

(A) The bottom line is that the Western mindset prefers either-or categories, whereas the Eastern mindset accepts less clear-cut divisions. This illustrates how cultural background may complicate the classification guidelines for some students and make the guidelines more difficult to grasp.

(B) Interestingly, the American students showed a dislike for contradictory proverbs, whereas the Chinese students preferred them. The discrepancy reflects a cultural difference: Western thinking favors ideas that are internally consistent, whereas Eastern thinking is comfortable with ambiguity.

(C) It means we should be cautious about the people we have grown to trust. In one study, such contradictory proverbs, along with noncontradictory proverbs, were presented to college students in the United States and to similar-age students in China.

① (A)-(C)-(B)
② (B)-(A)-(C)
③ (C)-(A)-(B)
④ (C)-(B)-(A)

Animals in the tundra are adapted to extreme conditions, and they take advantage of the temporary explosion of plant and insect life in the short growing season. Tundra wildlife includes small mammals — such as Norway lemmings and arctic hares — and large mammals, such as caribou. ① These animals build up stores of fat to sustain and insulate them through the winter. ② Fat storage is essential for survival, but too much of it can lead to chronic health problems. ③ They also have thick coats of fur for further insulation. ④ Some save energy by hibernating during the long winter months while others migrate to warmer areas during winter. And they return to the tundra during the growing season to feed, mate, and nest.

📋 정답/해설 18p

[01~02] 밑줄 친 부분에 들어갈 말로 가장 적절한 것을 고르시오.

01

Despite _____ travel conditions, adventurous travelers aren't discouraged and visit the country in large numbers.

① diverse
② adverse
③ suitable
④ comparable

02

The scientist _____ groundbreaking theories in the field of quantum mechanics is expected to be awarded the Nobel Prize.

① establish
② establishes
③ established
④ establishing

03 밑줄 친 부분 중 어법상 옳지 않은 것은?

Though the U.S. has more tornadoes than any other ① country, the twister count in other large, relatively flat countries with nearby sources of moisture ② is likely higher than records show. Russia experiences many tornadoes that stay ③ undocumented because data isn't available to quantify ④ its occurrence as many storms happen in uninhabited areas.

04 밑줄 친 부분에 들어갈 말로 가장 적절한 것은?

A: Ms. Baker, why did you apply for this position?
B: I've always been passionate about managing English language programs like this one.
A: Great. _____
B: I believe my extensive experience as an English teacher would be a valuable asset to your team.
A: That's quite impressive. We need someone with your background.

① Can you share a recent memorable experience?
② What's the approximate value of your assets?
③ But it's not just about teaching English well.
④ Tell me about your strengths for this job.

[05~06] 다음 글을 읽고 물음에 답하시오.

	Send Preview Save
To	Harmony District Office
From	Ethan Parker
Date	July 24
Subject	Earthquake Warning System

📎 My PC Browse

Times New ▼ 10pt ▼ G G G G G

Dear Officials,

I'm emailing you regarding concerns about the delayed warning for the recent earthquake, which caused significant damage to individual properties in our community. The lack of timely alerts left many residents unprepared, resulting in financial distress ranging from broken windows and furniture to severe harm to their homes. The delay in the warning significantly limited our ability to take the necessary precautions.

I urge the city to immediately strengthen the earthquake alert system. Upgrading technology, increasing system tests, and establishing clear communication channels are essential to reducing the impact of future earthquakes.

Thank you for your attention to this critical issue. I anticipate swift action to enhance our earthquake preparedness and protect the safety of all residents.

Sincerely,
Ethan Parker

05 윗글의 목적으로 가장 적절한 것은?

① 지진 경보 시스템의 신속한 가동에 대해 칭찬하려고
② 지진 경보 시스템에 대한 주민들의 협조를 촉구하려고
③ 지진 경보 시스템 작동 지연에 대한 개선을 요구하려고
④ 지진 경보 시스템의 잦은 오작동 원인에 대해 질의하려고

06 밑줄 친 "properties"의 의미와 가장 가까운 것은?

① lands
② features
③ qualities
④ possessions

07 다음 글의 주제로 가장 적절한 것은?

The naive belief that we can readily improve upon nature is exemplified in some ways by the promotion for decades of bottle-feeding babies with cow milk. This overlooked the possibility that human milk may contain subtle health factors absent from cow milk. Research has shown that human and cow milk lipids have substantial differences, with human milk lipid being quite unique structurally and nutritionally. We also now know that breast milk plays a major role in the development of the digestive system. Additionally, the unique nutritional composition of breast milk provides factors that stimulate the physical developmental changes that occur following birth. Epidemiological evidence now also suggests that breast milk decreases the risk of food allergies.

*lipid: 지방질

① effects of breast milk on allergies
② composition of breast and cow milk
③ benefits of human milk over cow milk
④ disadvantages of feeding babies with cow milk

08 밑줄 친 부분에 들어갈 말로 가장 적절한 것은?

Schopenhauer may have been right that the desire for money is widespread, but he was wrong on the issue of identifying money with happiness. Overwhelming evidence has emerged in the last two decades that the pursuit of wealth is _____.
This lack of a clear correlation between rising income and rising happiness has become one of the most powerful findings in the modern social sciences. Once our income reaches an amount that covers our basic needs, further increases add little, if anything, to our levels of life satisfaction. This is because as we get richer and accumulate more belongings, our expectations rise, so we work even harder to earn money to buy more consumer goods to boost our well-being, but then our expectations rise once more, and on it goes. Psychologist Martin Seligman calls this 'a hedonic treadmill.'

① likely to damage social relationships
② an unlikely path to personal well-being
③ more valued than the pursuit of happiness
④ the strongest motivation in the world of work

09 주어진 문장이 들어갈 위치로 가장 적절한 것은?

The trick is that some of the words are the names of colors, and sometimes the color of the ink in which these words are printed differs from the color named by the word.

The Stroop test is a psychological assessment tool used to measure the cognitive ability to inhibit interference from irrelevant stimuli. (①) It involves showing a person words printed in different-colored inks and asking them to identify the color of the ink. (②) And the time between when the word appears on the screen and when the person gives the correct answer is measured. (③) When this happens, it mildly confuses the person, resulting in slower reaction times. (④) People are actually quicker at identifying the color of the ink when it matches the color named by the word — for example, when the word 'red' is printed in red ink — than when it does not.

10 ABC Community Center에 관한 다음 글의 내용과 일치하는 것은?

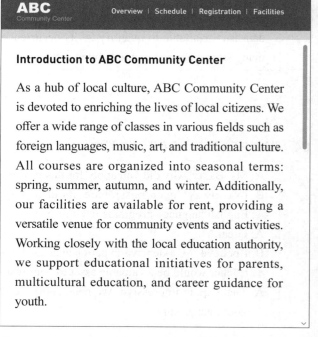

Introduction to ABC Community Center

As a hub of local culture, ABC Community Center is devoted to enriching the lives of local citizens. We offer a wide range of classes in various fields such as foreign languages, music, art, and traditional culture. All courses are organized into seasonal terms: spring, summer, autumn, and winter. Additionally, our facilities are available for rent, providing a versatile venue for community events and activities. Working closely with the local education authority, we support educational initiatives for parents, multicultural education, and career guidance for youth.

① It provides courses limited to traditional arts.
② It structures its classes on a monthly basis.
③ It rents out space for a variety of local events.
④ It looks for instructors for multicultural programs.

📋 정답/해설 21p

01 밑줄 친 부분에 들어갈 말로 가장 적절한 것은?

> Nowadays, electric scooters have become _____ due to their extensive installation in urban locales, so many commuters are enjoying their convenience.

① scarce
② durable
③ splendid
④ widespread

02 밑줄 친 부분 중 어법상 옳지 않은 것은?

> Letting babies cry for prolonged periods ① <u>puts</u> them at risk of brain damage, as crying triggers the release of the hormone cortisol, too much of ② <u>it</u> can damage a developing brain. Many experts say that letting babies "cry down" is a good practice that helps them ③ <u>learn</u> to fall asleep, but babies left to cry will eventually sleep only because they ④ <u>are</u> exhausted.

[03 ~ 04] 밑줄 친 부분에 들어갈 말로 가장 적절한 것을 고르시오.

03

> A: Hey, Steve. Are you just coming back from the boss's office?
> B: Yes. I just showed her our proposal.
> A: Oh. What did she say about it?
> B: She was firmly opposed to it.
> A: Did you also present the financial profit estimates to her?
> B: _____
> A: This isn't the news we were hoping for. In that case, we'll need to reassess it and start over.

① No, she asked for a small modification.
② Unfortunately, nothing made any difference.
③ Yes, she requested that the process be accelerated.
④ Of course, the proposal estimates a surge in revenue.

04

Michel

Hello, I would like to request a return and refund for a product I purchased from your store last week.

15:19

SwiftShop

Certainly. To expedite the process, could you please provide the product number?

15:20

Michel

Yes, it's N9030A.

15:21

SwiftShop

Thank you. I've got it. The refund will be processed to your original payment method.

15:21

Michel

_____

15:22

SwiftShop

Please allow 3-5 business days for processing. Do you have any further questions?

15:23

Michel

No, I'm good. Thank you.

15:23

① How long will the shipping process take?
② I would prefer a different refund method.
③ Could you inform me of the estimated duration?
④ I can't make a payment due to my bank's business hours.

(A)

We invite you to the 2024 Summer Basketball Camp, the best opportunity to upgrade your basketball skills! This camp is designed for all skill levels, with professional coaches leading the way.

Details
- Dates: July 15, 2024 - July 21, 2024
- Location: Sunset Valley Sports Center
- Eligibility: Students from elementary to high school
- Fee: $360 per person (includes lunch and snacks)
- Registration Deadline: June 30, 2024

Programs

Basic Training	Practice dribbling, shooting, passing, etc.
Tactical Education	Learn strategies and tactics for game situations
Game Practice	Gain real-game experience through scrimmages
Special Lectures	Meet and Q&A sessions with professional players

Benefits
- Certificates of completion and camp uniforms for all participants
- Awards and prizes for outstanding participants

How to Register
Fill out the application form on the website (https://basketballcamp2024.org) ▶ Pay the registration fee (bank transfer and card payment available) ▶ Receive a confirmation email

For inquiries: 094-714-1107 or info@basketballcamp2024.org

---

05 (A)에 들어갈 윗글의 제목으로 가장 적절한 것은?

① Win a Huge Prize in a Street Basketball Game
② Get the Uniform of Your Favorite Basketball Player
③ Feel the Energy at Our Summer Basketball Tournaments
④ Enhance Your Summer with Improved Basketball Abilities

06 Summer Basketball Camp에 관한 윗글의 내용과 일치하지 않는 것은?

① The participation fee covers the cost of meals.
② Participants can simulate real matches.
③ The camp uniform is a reward for top participants.
④ Payments can be made by wire transfer.

07 다음 글의 요지로 가장 적절한 것은?

Elders have both less and more. They experience a decline in physical abilities, such as strength, stamina, and mobility. However, elders have a reservoir of strength in the wellsprings of history and storytelling. As collectors of time and preservers of memory, those elders who have survived into a reasonably fit old age have time on their side — time that is to be dispensed wisely and creatively, usually in the form of stories, to those younger ones who will one day follow in their footsteps. Telling these stories well marks a certain capacity for one generation to entrust itself to the next, by passing on a certain shared and collective identity to the survivors of the next generation: the future.

① The elderly's weakness can be supplemented by the young.
② The elderly play a pivotal role in connecting generations.
③ Wisdom is passed down through written stories.
④ Getting older comes with a fading memory.

The number of products sold with fair trade labels is growing rapidly in Europe and the United States. Fair trade brands hope to raise their profile by targeting consumers who care about the environment, health, and fair labor standards. Fair trade supporters say small farmers in the developing world benefit by receiving a guaranteed fair price, while the environment gets a break from intensive industrial farming. But critics say consumers pay too much and that fair trade's guarantee of a good return — regardless of market fluctuations — _____. When the price of a global commodity like coffee drops in response to oversupply, farmers guaranteed a fixed income through fair trade will remain in an unstable sector long after they should have switched to some other crop or livelihood, free-market economists argue.

① reduces the profits earned by farmers
② increases the burden on the environment
③ undermines the brand image of companies
④ misleads farmers about the stability of the market

The question of human-animal similarity has divided philosophers for centuries.

(A) That was the same vein held by the German physician, philosopher, and psychologist Wilhelm Wundt, who described a continuum of life from even the smallest animals to ourselves.

(B) In the 15th century, the French philosopher René Descartes claimed that animals are no more than complex machines. If he were correct, observing animals could tell us nothing about our own behavior.

(C) When Charles Darwin asserted about 200 years later, however, that humans are genetically linked to other animals, it became clear that experiments on animals might provide significant information.

① (A)－(B)－(C)
② (A)－(C)－(B)
③ (B)－(A)－(C)
④ (B)－(C)－(A)

A major cost for clients entering an advising relationship is the potential loss of control over their affairs, their businesses, or their lives. ① Once on the scene, the advisor has the potential to influence matters that were once the client's alone to control. ② Sick people resist becoming patients because they fear that their doctors, not they, will control their lives. ③ Seeking a lawyer's help in a dispute with a neighbor may lead to a lawsuit that clients never thought they would ever initiate. ④ So a good lawyer needs to be able to analyze legal precedents and present compelling evidence to win the suit. Skilled advisors recognize such fear in their clients and take steps to assure their clients that they, not their advisors, are in control of the problem and their lives.

📋 정답/해설 24p

[01 ~ 02] 밑줄 친 부분에 들어갈 말로 가장 적절한 것을 고르시오.

01

The artwork is so _____ that it evokes completely different appreciation depending on the viewer, sparking debates about its true meaning and intent.

① delicate
② artificial
③ practical
④ subjective

02

Some of the environmental research a number of experts conduct _____ on the impact of climate change on biodiversity.

① focus
② focuses
③ focusing
④ are focused

03 밑줄 친 부분 중 어법상 옳지 않은 것은?

Understanding customers' needs ① is thought of as a costly process. ② Because the pressure for short-term returns, some companies give up understanding exactly ③ what products their customers want and instead equip customers ④ with tools based on rapid prototyping to develop their own products.

04 밑줄 친 부분에 들어갈 말로 가장 적절한 것은?

A: Good afternoon. How may I help you?
B: I'm looking for a pillow for my daughter.
A: How about pink or yellow ones? These are some of our best options.
B: _____
A: Okay, in that case, I would recommend this type. It's a bit pricey, but it maintains proper neck and spine alignment to prevent pain.
B: Oh, I think she would like it.

① The color doesn't matter, and I just like the cheaper one.
② I'm afraid this design is only available in two colors.
③ She prefers plain patterns that cause less eye pain.
④ Any color is fine as long as it's comfortable.

[05 ~ 06] 다음 글을 읽고 물음에 답하시오.

✏️	**Send**	Preview	Save

To	Thornsville City Council
From	Liam Bennett
Date	October 12
Subject	Park Trash Management

📎 [My PC] [Browse]

[Times New ▾] [10pt ▾] [G G *G* G G] [☰ ☰ ☰ ☰]

To whom it may concern,

I hope everything is well with you. I wish to express my concerns about the neglected trash removal in our public parks. During my visits to Rose Park and Lakeside Park, I have consistently noticed overflowing trash bins and litter scattered around.

The presence of trash harms the aesthetic appeal and our health. Considering that our public parks have many visitors including families with young children, regular trash collection is essential in ensuring a safe and pleasant place.

While I understand there may be operational constraints or budgetary limitations, I strongly believe this is an area where investments are necessary. I hope you take this matter into account and make adjustments. Thank you.

Sincerely yours,
Liam Bennett

05 윗글의 목적으로 가장 적절한 것은?
① 공원의 쓰레기통 설치 확대를 요청하려고
② 공원 쓰레기의 미적 용도 재활용을 건의하려고
③ 공원의 쓰레기 방치에 대한 불만을 제기하려고
④ 공원의 쓰레기 무단 투기에 대한 벌금 도입을 제안하려고

06 밑줄 친 "account"의 의미와 가장 가까운 것은?
① bill
② report
③ description
④ consideration

07 다음 글의 주제로 가장 적절한 것은?

If you're homeless and looking for temporary shelter, expect a visit from a robotic police dog that will scan you to ensure you're not ill. This is one example of how public safety agencies are starting to utilize a new breed of commercial robots designed for tasks requiring agility akin to that of animals. The handful of police officials experimenting with the four-legged machines say they're just another helpful tool, like existing drones and robots, to keep emergency responders out of harm's way as they scout for dangers. On the other hand, privacy watchdogs — the human kind — warn that police are secretly rushing to buy the robots without setting safeguards against aggressive or invasive uses. It remains to be seen whether society can strike a balance between innovation and privacy as it embraces the era of robot assistance.

① the usefulness of robots in the public sector
② the caution for using a robotic police dog
③ the controversy over a robotic police dog
④ the danger of robots invading privacy

08 밑줄 친 부분에 들어갈 말로 가장 적절한 것은?

According to marketing recruiters, job flexibility is one of the most desired perks for top marketing talent and is what most professionals seek when considering a career move. Accordingly, allowing employees to work from a completely remote location is growing in popularity. It allows your top talent to work at a convenient location, but it also gives your company flexibility. You don't need to provide an office, and you can come to a work agreement that is mutually beneficial. It also allows you to cast a wider net when recruiting talent, as it removes certain _____ barriers that many companies face when looking for marketing talent.

① cultural
② financial
③ linguistic
④ geographic

09 주어진 문장이 들어갈 위치로 가장 적절한 것은?

That's why some scientists call for a shift in federal cancer programs toward prevention and detection research, which have received less funding than treatment research.

Deaths from cancer and new cancer cases have decreased slightly each year. (①) This marks the first decline in statistics since the launch of the nation's War on Cancer in the early 1970s. (②) Most recent gains come from earlier detection and cancer prevention achievements, especially lower smoking rates, rather than from the discovery of an actual cancer cure. (③) The experts also say that individuals' cancers vary so widely and contain so many cell mutations that new, widely effective treatments will be too difficult to develop. (④) That's another reason to focus more heavily on prevention, they say.

10 밑줄 친 (A), (B)에 들어갈 말로 가장 적절한 것은?

A cartogram is a map transformation in which the administrative units (countries, states, counties, etc.) have been either enlarged or reduced in map area to graphically reflect their numerical share in the topic presented. __(A)__, in a cartogram of population for each country in the world, countries with the highest population, such as China, would be the largest to reflect their share of world population. Countries with very low populations would be the most diminished in size. The graphic results can be very dramatic. For example, Canada, whose land area is comparable to that of China, would be greatly diminished in a cartogram of population since it has only about 26 million people as opposed to China's 1.3 billion. Japan, __(B)__, although its land area is about that of Montana, would appear much larger on a cartogram of population due to its dense population of 135 million.

	(A)	(B)
①	By contrast	in addition
②	By contrast	in the same way
③	For instance	as a result
④	For instance	on the other hand

📋 정답/해설 26p

[01~02] 밑줄 친 부분에 들어갈 말로 가장 적절한 것을 고르시오.

01

> While he received a job offer, he _____ to accept it and postpones answering, unsure how well it fits with his career goals.

① aspires
② refuses
③ hesitates
④ determines

02

> A(n) _____ source of income allows individuals to plan for their future with confidence, knowing they have financial stability.

① novel
② reliable
③ invisible
④ momentary

03 밑줄 친 부분 중 어법상 옳지 않은 것은?

> One of the most expensive cities ① to stay in is Seoul, where there are now more than 10 hotels ② charging over $400 a night for a single room. You will be charged ③ six times as much for a night in a hotel as in a motel; the average room rate of motels in Seoul last year ④ is around $40.

04 밑줄 친 부분에 들어갈 말로 가장 적절한 것은?

Dave Sanders
I've just heard the news about Britney leaving the company. Do you happen to know why?
13:54

Hannah Goldberg

She told me she accepted a new job offer.
13:55

Dave Sanders
_____
13:55

Hannah Goldberg

Yes, we have applicants coming in for interviews starting next week.
13:56

Dave Sanders
That's good to know. Thanks for the update.
13:56

① Which position is she looking for?
② Oh, no. Do you know why she was laid off?
③ That's unexpected. It's sad to hear you're leaving.
④ I see. Will the company hire someone to fill her position?

(A)

The Han River is a beautiful landmark and a vital part of Seoul. But it needs your help! We're organizing "Love Han River," a volunteer campaign to clean up the riverside and preserve the beauty of our beloved river.

Date: Saturday, July 6, 2024
Time: Choose your preferred cleaning hours:
　　□ Morning Session: 10:00 AM - 12:00 PM
　　□ Afternoon Session: 2:00 PM - 4:00 PM
Meeting Point: Yeouinaru Station, Exit 2, outside the station

Why Volunteer?
□ Keep the Water Clean: Your efforts will help ensure the Han River remains a source of clean water.
□ Reduce Plastic Pollution: Your help will remove plastic waste, a major environmental threat, from the river.

Details
□ Cleaning Supplies: Gloves, bags, and tongs will be handed out at the meeting point.
□ Refreshments: Light refreshments will be available for all volunteers.
□ Weather: The event will be canceled in case of rain. Please check our website or social media channels for updates regarding the event.

Sign up today!
Visit our website: www.volunteerforseoul.com
Contact us: volunteering@seoul.com

05 (A)에 들어갈 윗글의 제목으로 가장 적절한 것은?
① Have a Picnic at the Han River Park
② Join Us in Cleaning Up the Han River
③ Jog for your Health Alongside the Han River
④ Help Restore Biking Trails around the Han River

06 Love Han River에 관한 윗글의 내용과 일치하지 않는 것은?
① 오전 조와 오후 조로 나뉜다.
② 여의나루역 밖에서 집합한다.
③ 청소용품은 개인 지참해야 한다.
④ 비가 오는 경우 취소된다.

07 다음 글의 요지로 가장 적절한 것은?

Music is an essential element of human existence that permeates the lives of young children. All music, from every corner of the world, has the potential to intrigue, excite, educate, and invite little ones to listen and respond in myriad ways. The first chapter of children's lives, especially the period of their infancy, toddlerhood, and preschool years, is an opportune time for developing their joy and wonder of the world and offering them experiences that open their eyes, ears, and minds to the beautiful diversity of cultural, artistic, and musical practices they can know. At this time of peak receptiveness to music, it is right for those who care for and teach young children to consider these early years as an excellent window for bringing the world's musical cultures into children's lives, capitalizing on their existing interest to broaden their aural, social, and cultural awareness.

① Music is essential to every human being in the world.
② It is desirable to be exposed to music at an early age.
③ Educators should help children pursue their interests.
④ Children should experience cultural diversity.

Neuroscientists have identified the specific deficits that define the psychopathic brain. The main problem seems to be a broken amygdala, a brain area responsible for promoting emotions such as fear and anxiety. As a result, psychopaths never feel bad when they make other people feel bad. Aggression doesn't make them nervous. Terror isn't terrifying. This emotional lack means that psychopaths never learn from their adverse experiences; they are four times more likely than other prisoners to commit crimes after being released. For them, there is nothing wrong with violence in terms of reason. Hurting someone else is just another way of getting what they want, a perfectly reasonable way to satisfy desires. The absence of emotion makes the most basic moral concepts incomprehensible. As G. K. Chesterton said, "The madman is not the man who has lost his reason. The madman is the man who has _____."

① given in to his feelings of fear
② viewed violence as his purpose
③ been deprived of his rationality
④ lost everything except his reason

In 1831, electricity became viable for use in technology when Michael Faraday created a crude power generator, which solved the problem of generating electric current in an ongoing way.

(A) Previously, various types of light bulbs had been invented by others, but the incandescent bulb was the first practical one that could light for hours on end.

(B) This opened the door to American Thomas Edison and British Joseph Swan, who each invented an incandescent light bulb in their respective countries in the late 1870s.

(C) The generator used a magnet that was moved inside a coil of copper wire, creating a tiny electric current that flowed through the wire.

① (A)−(C)−(B)
② (B)−(C)−(A)
③ (C)−(A)−(B)
④ (C)−(B)−(A)

Demand from consumers directs engineers to embed values such as ease of use, aesthetic qualities, and protection from sensitive material into new products. ① Additional social values such as fairness, privacy, security, and the autonomy or dignity of the individual, can also be treated as explicit elements in the design of a tool or technique. ② Engineers excel at problem solving, so once they know the problem that demands their attention, good engineers will find a solution. ③ Software engineers spend more time on administration and other tasks than they do on actual application design and coding. ④ Each value might well direct engineers toward very different solutions to the problem they wish to solve, and therefore very different designs. In turn, the value would be used as one more item on the checklist to assess whether the device had been designed successfully.

📋 정답/해설 29p

[01 ~ 02] 밑줄 친 부분에 들어갈 말로 가장 적절한 것을 고르시오.

01

Unused lands, where citizens had been dissatisfied with their static state, were transformed into green spaces in the course of this _____ of the city.

① isolation ② alteration
③ corruption ④ exploration

02

We were busy cleaning every corner of the house and _____ dishes on the table for a housewarming party.

① arrange ② arranging
③ to arrange ④ were arranged

03 밑줄 친 부분 중 어법상 옳지 않은 것은?

When using the backlight, many phones let the duration of its operation ① determine, so you can prevent it ② from draining your battery by shortening the duration. And some phones have a light sensor, ③ which can turn off the backlight in bright conditions and enable ④ it in darker ones.

04 밑줄 친 부분에 들어갈 말로 가장 적절한 것은?

A: My computer has been infected by a virus.
B: How did that happen? Do you have any clue?
A: Well, I opened a strange email yesterday. I guess that's why.
B: Oh, no. You should never have opened such an email. Simply being mindful of this can reduce the risk of your computer getting infected.
A: _____
B: Always run an anti-virus program and change your passwords often.
A: Okay, I'll keep that in mind.

① What about installing a program that blocks spam?
② What do you do when you get an email like that?
③ What else can I do regularly for prevention?
④ What if your computer is already infected?

[05 ~ 06] 다음 글을 읽고 물음에 답하시오.

✏️	Send	Preview	Save

To	Department of Public Works
From	Max Patton
Date	February 22
Subject	Concerns Regarding Local Roads

📎 [My PC] [Browse]

[Times New ▼] [10pt ▼] [G G G G G] [▤ ▤ ▤ ▤]

Dear Sir or Madam,

As a long-time resident of Wenham, I want to share my concerns about the upcoming road closure between Grapevine Road and Greville Street.

As a parent of two young children who attend a local elementary school, the road closure during the weekdays from March 8 to 26 <u>poses</u> a great challenge. Grapevine Road is used by many parents, including myself, for school drop-offs and pick-ups. I'm especially worried as the closure dates overlap with the beginning of the school year. Is there a possibility of adjusting the dates? The suggested alternate routes will lead to traffic congestion, and this can be a potential safety risk for children.

I appreciate your understanding, and I look forward to any solutions or adjustments that can be made for families with young children in the area.

Regards,
Max Patton

05 윗글의 목적으로 가장 적절한 것은?
① to ask for unsafe roads to be closed
② to request a change to a road closure date
③ to know alternative roads for traffic closures
④ to complain about policing of roads near schools

06 밑줄 친 "poses"의 의미와 가장 가까운 것은?
① causes
② locates
③ models
④ pretends

07 다음 글의 제목으로 가장 적절한 것은?

Today, the modern institution of higher learning offers a wide array of different "goods" and allows, even encourages, students — the "customers" — to shop around until they find what they like. Individual customers are free to "purchase" whatever bundles of knowledge they want, and the university provides whatever its customers demand. In some rather prestigious institutions, this shopping mall view has been carried to an extreme. In the first few weeks of classes, students sample the merchandise. They go to a class, stay ten minutes to see what the professor is like, and then walk out, often in the middle of the professor's sentence, to try another class. Students come and go in and out of classes just as browsers go in and out of stores in a mall. "You've got ten minutes," the students seem to be saying, "to show me what you've got. So give it your best shot."

① Today's Classes Filled with Strictness
② How to Be a Wise Shopper for Learning
③ Signing Up for Classes Similar to Shopping
④ College Students: The Biggest Shoppers on Online Malls

08 밑줄 친 부분에 들어갈 말로 가장 적절한 것은?

As a person who focuses best alone, I have found that collaborative effort can have its drawbacks. When working in teams, I often find myself doing all of the work, having to redo it, or spending so much time getting others to do their part that our output is worse than if I had done it myself. While I have been involved in several successful team efforts, I have always found it difficult to decide how my team should go about it. If each person is assigned one portion, there is a risk of losing potential ingenuity in a team member's portion and missing something fundamental about one's own. And if everyone does the same thing and then gathers again, it is often the case that the most dominant personality, rather than the most competent work, survives. Although research shows that teams are cited much more than individuals, I would argue that in some cases, _____.

① it requires courage to stand alone
② a minority opinion can matter more
③ a few heads are not better than one
④ sharing a problem reduces its burden

09 주어진 문장이 들어갈 위치로 가장 적절한 것은?

They developed a rapid reproductive cycle to adapt to nutrient-poor climates, and this explains both their abundance and their popularity with ranchers.

The rise of American industrial beef has global influences and consequences. (①) Cattle from the Americas exhibit adaptations made to survive in the aftermath of the Columbian Exchange. (②) However, this change was not necessarily desirable. (③) The breeds became lean and slow to gain weight, making them not very juicy. (④) The solution to this only came with the introduction of northern European breeds in the late 19th century, constituting yet another stage in the globalization of beef.

10 National Human Rights Commission에 관한 다음 글의 내용과 일치하는 것은?

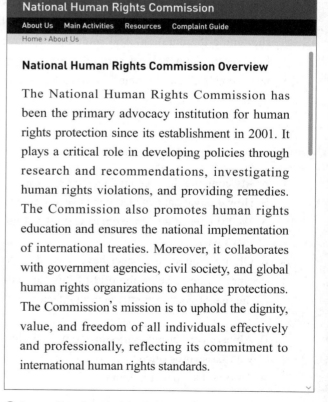

National Human Rights Commission Overview

The National Human Rights Commission has been the primary advocacy institution for human rights protection since its establishment in 2001. It plays a critical role in developing policies through research and recommendations, investigating human rights violations, and providing remedies. The Commission also promotes human rights education and ensures the national implementation of international treaties. Moreover, it collaborates with government agencies, civil society, and global human rights organizations to enhance protections. The Commission's mission is to uphold the dignity, value, and freedom of all individuals effectively and professionally, reflecting its commitment to international human rights standards.

① It was first founded in the late 20th century.
② It prioritizes policy developments over research.
③ It oversees the local application of global treaties.
④ It solely cooperates with domestic organizations.

📋 정답/해설 31p

01 밑줄 친 부분에 들어갈 말로 가장 적절한 것은?

> For the software to function correctly, the data input must be _____ ; there should be no errors or discrepancies.

① secure
② abstract
③ constant
④ accurate

02 밑줄 친 부분 중 어법상 옳지 않은 것은?

> The U.S. foreign-born population ① reached a record 44.8 million in 2018. Over the past 50 years, the number of immigrants living in the U.S. ② has raised enormously, but today's immigrant share remains ③ lower than that of 1890, ④ in which 9.2 million immigrants were living in the U.S.

[03 ~ 04] 밑줄 친 부분에 들어갈 말로 가장 적절한 것을 고르시오.

03

> A: Chris, what are you working on?
> B: I'm sorting out leftover items from the event. I'm about to throw them away because we have no further use for them.
> A: Hold on. How about donating them?
> B: Oh, that's a great idea. Do you know any place that needs them?
> A: Yeah. There's a large charity near my house. It always welcomes donations.
> B: Good. _____
> A: Sure. The charity stays open late, so I can.

① Then I'll stop by there early tomorrow morning.
② You should check the location of the charity.
③ You could drop them off on your way home.
④ Can you make a list of items to throw away?

04

Jack

Hi, can I get three tickets for the play Long Day's Journey at 7 p.m. tonight?

10:37

Abby Theater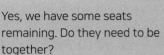

Yes, we have some seats remaining. Do they need to be together?

10:38

 Jack

I'd prefer that if possible.

10:38

Abby Theater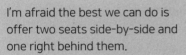

I'm afraid the best we can do is offer two seats side-by-side and one right behind them.

10:39

 Jack

_____

10:39

Abby Theater

They are in the rear center of the theater.

10:40

 Jack

Okay. Can I pay by bank transfer?

10:40

Abby Theater

Absolutely. We'll send you our bank account details in a moment.

10:41

① Alright. I'll save you a seat.
② Is there plenty of parking space?
③ That will do. Where are the seats located?
④ In that case, I'll try to catch it another time.

(A)

The Grassland Film Festival is back this year! Join us under the open sky for an unforgettable experience in the heart of nature, where the beauty of film meets the serenity of the outdoors.

September 14 (Sat) - October 13 (Sun), 2024
Every Saturday and Sunday, 18:00 - 21:00
(Film starts at 19:00)
Green Meadow Square

Information:
- No prior reservation is required; walk-ins are welcome.
- Admission is free of charge.
- Personal mats are recommended; seating is first-come, first-served.
- Consumption of alcoholic beverages is prohibited within the venue.
- Leave no trace.
- In case of inclement weather, the event may be canceled or postponed.
- Kindly cooperate with photography and filming during the event.

* Please participate in our event satisfaction survey via QR code, with the chance to win exciting prizes through a lucky draw.
* Please check our website (www.grasslandfilmfestival. org) for the scheduled films.

05 (A)에 들어갈 윗글의 제목으로 가장 적절한 것은?
① Help Remove Weeds from Our Grassland
② Enjoy Blockbuster Movies with a Cold Beer
③ Experience Cinematic Magic in an Open Space
④ Join an All-Night Movie Marathon on the Beach

06 Grassland Film Festival에 관한 윗글의 내용과 일치하지 않는 것은?
① The audience will have on-site access to it for free.
② The audience is requested to clean up after themselves.
③ It may or may not be held depending on the weather.
④ Prizes will be given based on survey completion order.

07 다음 글의 요지로 가장 적절한 것은?

If you have decided to read a text, find what it is exactly that you hope reading it will do for you. Are you merely looking for a few facts to shore up a point you are making in a paper? Are you cramming for a test? Are you working to establish a general understanding of a particular topic, or the contours and details of a many-sided argument? Or are you simply reading to amuse yourself? Whatever the reasons that sent you to the text, remind yourself of them from time to time as you read, comparing what you are finding in the text to whatever you are hoping to find.

① You should develop a regular reading habit.
② You should read texts that are helpful to you.
③ You should make clear your goals for reading.
④ You should compare your knowledge with new ideas.

08 밑줄 친 부분에 들어갈 말로 가장 적절한 것은?

The German physicist Werner Heisenberg took a strictly positivist approach to quantum physics. According to Heisenberg, there was no use in speculating about what was going on inside the atom. All one had were observations, such as the vapor trail left by a particle as it passed through a cloud chamber. Even here, though, the measurements had _____. Heisenberg said, "We had always said that the path of an electron in the cloud chamber could be observed. But perhaps what we really observed was something much less. Perhaps we merely saw a series of discrete and vague spots through which the electron had passed." After all, as he stated, even the cloud chamber couldn't tell us anything about the secrets of the atom.

① predictable results
② a close connection
③ intrinsic uncertainty
④ statistical difference

Stop buying so much stuff, psychologist Daniel Gilbert said, and try to spend more money on experiences. We think experiences leave us with nothing to show for them.

(A) On the other hand, objects wear out their welcome. Imagine you buy a rug you really want. The first few times you see it, you might admire it and feel happy.

(B) But that turns out to be a good thing. Happiness often comes from intangibles; experiences don't leave physical evidence, which makes them even more precious. Each time they are recalled and shared, they bring a renewed sense of joy.

(C) And then, over time, it will probably reveal itself to be just a rug. In this way, the pleasure derived from objects remaining visible is often fleeting.

① (A)－(B)－(C)
② (A)－(C)－(B)
③ (B)－(A)－(C)
④ (B)－(C)－(A)

10 다음 글의 흐름상 어색한 문장은?

Greek authorities ordered additional infrastructure maintenance inspections Friday as the country grappled with a heat wave that is expected to last more than a week. ① Officials said the inspections were aimed at preventing water and power outages, with the increased use of air conditioning testing the country's energy capacity. ② Sporadic outages were reported in parts of greater Athens on Friday, but some had been planned by the grid operator for maintenance work. ③ The authorities also instructed employers to provide water and air-conditioned rest areas for employees. ④ Worker welfare issues persist in Greece, raising concerns about social and economic inequality. Workers most exposed to the heat, including those in construction and manual labor, will be given longer breaks next week between midday and 4:00 p.m.

📑 정답/해설 34p

[01~02] 밑줄 친 부분에 들어갈 말로 가장 적절한 것을 고르시오.

01

> Working in service jobs, where workers usually put up with repetitive tasks for long hours and handle difficult customers, requires them to be _____.

① patient　　　　② friendly
③ offensive　　　④ imaginative

02

> Across departments, _____ staff are encouraged to participate in the team-building retreat.

① all　　　　② both
③ each　　　④ every

03 밑줄 친 부분 중 어법상 옳지 않은 것은?

> ① Interviewing executives demonstrating exceptional talent, I ask them how ② did they develop their skills, and the story I hear repeatedly is, 'I ③ was given both a job and an assignment ④ that were highly challenging. I didn't have the skills to succeed initially, but through hard work, I developed the talent over time.'

04 밑줄 친 부분에 들어갈 말로 가장 적절한 것은?

> A: Hi there. What's the best way to get to San Francisco?
> B: Driving yourself can be stressful, especially with traffic. I'd recommend taking the bus or the train instead.
> A: Okay. Then, which option would you suggest, the bus or the train?
> B: The bus is more budget-friendly, but it tends to make frequent stops, so it takes longer.
> A: Got it. _____
> B: If you don't mind the fare, that's a better choice.
> A: Yeah, I believe I can afford it. Thanks for the advice. That helps a lot!

① If so, I'd rather drive myself.
② I'll take the option with fewer stops.
③ In your position I'd opt for the train.
④ I should take the bus that's cheaper.

[05~06] 다음 글을 읽고 물음에 답하시오.

✏	Send	Preview	Save

To	Facility Manager
From	Ethan Parker
Date	February 17
Subject	Use of Sports Complex by the Disabled

🔗　[My PC]　[Browse]

[Times New ▾] [10pt ▾] [G G *G* G̲ G] [▤ ▤ ▤ ▤]

Dear Facility Manager,

I hope this message finds you well. I wish to raise a concern about the inadequate restroom facilities for disabled individuals at the Pearson Sports Complex. Though I appreciate its scale and equipment, it has come to my attention that, despite laws and regulations meant to guarantee inclusion in our city, there are significant shortcomings at the Sports Complex in the following areas:

- Lack of ramps for wheelchair access
- Inoperable call buttons for assistance
- Absence of grab bars and lowered sinks
- Narrow doorways that impede wheelchair access

It is important to remember that accessible restrooms are not just a legal requirement, but a basic necessity. I hope you will make efforts to improve the dignity and independence of disabled individuals when using the restrooms.

Thank you,
Ethan Parker

05 윗글의 목적으로 가장 적절한 것은?
① 종합 운동장 내 장애인 전용 엘리베이터 설치를 부탁하려고
② 종합 운동장의 장애인용 스포츠 프로그램 개설을 제안하려고
③ 종합 운동장의 장애인을 위한 화장실 시설 개선을 요청하려고
④ 종합 운동장의 장애인 지정 관람 좌석 부족에 대해 항의하려고

06 밑줄 친 "appreciate"의 의미와 가장 가까운 것은?
① feel
② value
③ increase
④ understand

Over many decades, scientists have accumulated hominin fossils from thousands of individuals dating back to between 6 and 7 million years ago. While this number may sound impressive, the majority are concentrated in the later part of the hominin fossil record. Besides this temporal bias, the hominin fossil record has other biases and weaknesses. While some of the hardest parts of the skeleton, such as the teeth and the mandible, are well represented in the hominin fossil record, the postcranial skeleton — the vertebral column and the limbs, and particularly the hands and feet — are poorly represented. The relative durability of different parts of the skeleton partly accounts for the variation in the preservation of body parts.

① geographic biases of the fossil record
② diversity of hardness of human bones
③ imperfections of the hominin fossil record
④ importance of hominin fossils for research

When a young, smart child is asked to tell you her "three wishes," at least one will usually be to solve one of the world's problems. This child then realizes that relatively few adults seem as concerned as she is about these problems, and she feels powerless to influence any change to save the world. From the child's point of view, it seems that adults around her _____. Adults, for example, donate to causes and are proud of their actions, but the child may think, "Sure, you give money, but what are you doing about the problem?" Smart children envision how the world ought to be and are quite distressed that so few people share their idealism or vision, even though the solutions to some of the world's problems seem so easy and obvious. For them, those in charge seem slow, irrational, hypocritical, or entirely unaware. The world appears to be in the hands of adults who are barely competent to run it.

① try their best to solve the problems
② deserve to be an object of her envy
③ approach things in a pessimistic way
④ think only superficially about the issues

To help deter this threat, according to the Department of Defense, the United States continues to maintain about 28,000 troops in South Korea.

North Korea continues to devote a large share of its national resources to maintaining and improving its military forces. (①) Given its history of aggression, the development of nuclear weapons by North Korea would break the regional balance of power and could spark a regional arms race. (②) In this context, the October 1994 Agreed Framework was an important step in reducing the nuclear danger posed by North Korea. (③) However, the Framework has been virtually ineffective, and North Korea continues to potentially threaten the South. (④) This also provides the U.S. with a strategic foothold in East Asia and strengthens its influence in regional security matters.

One-day Thai Cooking Class

Learn to cook famous Thai dishes in a relaxed environment. Our program features small groups, limited to 9-10 participants, ensuring an individualized and interactive experience in an open kitchen. Led by certified Thai cooks, each class begins with a visit to a nearby grocery store, where participants can touch and choose their own ingredients. Participants will then craft a complete 5-course meal for lunch from scratch. As part of our commitment to providing an authentic cultural and culinary experience, this program is perfect for serious home cooks, parents who want to broaden their kids' cultural horizons, and couples looking for a special date course.

① It consists of no more than ten people.
② Its first step is for participants to shop for ingredients.
③ The lunch made by participants includes five courses.
④ It is too challenging for home cooks.

📋 정답/해설 36p

[01~02] 밑줄 친 부분에 들어갈 말로 가장 적절한 것을 고르시오.

01

The community center fosters cultural diversity by _____ the exchange of cultures through events that embrace different backgrounds.

① disturbing
② facilitating
③ exaggerating
④ distinguishing

02

The Arabian horse, which has lived for a little over six years, is _____ — the breed takes an average of half a decade to reach adulthood.

① mature
② resilient
③ abnormal
④ undeveloped

03 밑줄 친 부분 중 어법상 옳지 않은 것은?

A free press allows citizens ① to speak freely, but it can also lead to false news, as seen last year when fake news about a pizza restaurant went viral, ② causing a man to open fire at the business. One of the most common terms we hear today ③ is "fake news," and people use it to talk about news which they think ④ it is inaccurate.

04 밑줄 친 부분에 들어갈 말로 가장 적절한 것은?

Melvin

Hello, I'd like to send a document from VD Bank, the Mapleville branch, to the Mapleville Tax Office.

12:32

Townsgate Quick Delivery

Okay. Our standard quick delivery takes about 2 hours. The fee is $30. Would that work for you?

12:32

Melvin

_____

12:33

Townsgate Quick Delivery

We offer an express service that can deliver it in just one hour. The fee is a bit higher at $40.

12:33

Melvin

I'd like to use that service.

12:33

Townsgate Quick Delivery

Okay. We'll send you a message once the courier is on their way.

12:34

① How do I pay for the service?
② Do you have a cheaper option?
③ Is there any way to get it there faster?
④ Does the weight of the document matter?

(A)

The royal palaces are full of charm during the day but are even more beautiful when lit up at night. The official evening programs for autumn are starting up soon, so don't forget to reserve your tickets for the Palace Night Tour!

Opening Dates: Sep 16 - Oct 20, 2024

(Closed Tuesdays)

Admissions: Session 1 – 18:30

Session 2 – 19:30

Tickets

- ₩3,000 per person (FREE for kids 6 and under)
- Open Sep 3, 2024, at 9 a.m. (Site will close when sold out)

Programs

- Free guided tours through the palace grounds
- Live traditional music performances
- Historical reenactments and storytelling sessions

※ English-guided tours are provided during Session 2.

Note

- Each session lasts 100 minutes.
- Tickets are sold only via our website and won't be sold at the gate.
- Registration is required for free entries as well.
- Nearby paid parking lots are available.

Tickets are limited, so book yours quickly at www.palacenight.com and enjoy a magical evening at the palace.

05 (A)에 들어갈 윗글의 제목으로 가장 적절한 것은?

① Delve into Our Palace's History at a Seminar

② Stay Overnight in the Romantic Royal Palaces

③ Experience the Palace at Night with Exciting Events

④ Take a Daytime Tour of the Palace Guided in English

06 Palace Night Tour에 관한 윗글의 내용과 일치하지 않는 것은?

① 화요일에는 개장하지 않는다.

② 가이드 투어는 무료로 제공된다.

③ 현장에서는 티켓이 판매되지 않는다.

④ 무료 입장객은 예약하지 않아도 된다.

07 다음 글의 요지로 가장 적절한 것은?

Amid the disruption, pain and loss of 2020, the global pandemic provided a rare window into the future of business as it unfolded in real time. As governments in the U.S. and elsewhere stumbled, business appeared larger than ever: developing vaccines at record speed; providing the technology that enabled remote school and work; and keeping millions of people fed, clothed, entertained and in touch with ramped-up digital services. The scope and speed of change were unprecedented, accelerating digital adaptation by as much as five years in a 12-month period. Everything that could be digitized was, from education and exercise to currency and cars. Nearly every business has become a tech business, which is one reason stocks have soared even as the pandemic devastated lives and livelihoods across the globe.

① Technology enabled fast development of vaccines.

② Governments were undermined by tech businesses.

③ The global pandemic destroyed numerous livelihoods.

④ Business continued to get results during the pandemic.

When events conspire to bring home our failures and shortcomings, a common behavior pattern is to _____. In one study, an experimenter told participants that they had scored very well or very poorly on a test of intelligence and creativity and then asked them to wait 5 minutes for a second experimenter. For half of the participants, the waiting room was equipped with a mirror and video camera, designed to induce self-awareness. What was the best option for those who became self-aware of their deficiencies? Those who both scored poorly and were instructed to wait in the specially equipped room left significantly sooner to avoid the pain of realization compared to other participants.

① reflect on our problems
② wait for the events to pass
③ exit quickly from the situation
④ try to be aware of the reasons

We have scripts for everything. For example, there is a "restaurant script." Everyone knows what typically happens when you go to a restaurant.

(A) You walk in the door, and someone greets you and has a server seat you immediately. When you're seated, the server brings a menu and asks what you would like to drink. The server leaves and comes back to take your order, and so forth.

(B) Someone might even come up to you and drop a bag with $10,000 in your lap, or your server might be BTS. These things aren't likely to happen, but they could happen, like the odds of winning the lottery.

(C) This all seems rather standard and even inevitable. How could an outing to a restaurant go any other way? However, it *could* go differently. Differences might include self-seating, a verbally presented menu rather than a printed one, etc.

① (A)−(B)−(C)
② (A)−(C)−(B)
③ (B)−(A)−(C)
④ (B)−(C)−(A)

Human language development is usually known as one of the best examples of a brain-based ability that is both uniquely human and biologically anchored. ① Steven Pinker points out that just about every child, irrespective of where they are raised, learns to speak a language almost effortlessly at roughly the same time, whereas their pet hamster raised in the same household does not. ② It doesn't matter how much they talk to their pet, and they won't get them to answer them back. ③ The only sensible explanation for this is that the human brain is pre-programmed to learn a language, whereas pet hamsters' brains are not. ④ Human language is characterized by variability in that the way language is used varies depending on the speaker's identity or social context. That is, there is a built-in, uniquely human capacity to learn language, which must be genetically encoded.

Date :　　　.　　.
Score :　　　/ 10

📋 정답/해설 39p

[01 ~ 02] 밑줄 친 부분에 들어갈 말로 가장 적절한 것을 고르시오.

01

> International diplomacy involves navigating a(n) _____ relationship between nations, where mutual cooperation and strategic alliances are vital.

① variable　　　　② informal
③ separate　　　　④ dependent

02

> As a top student, she is used to _____ for her academic achievements and strives to maintain her grades.

① recognize　　　　② recognizing
③ be recognized　　④ being recognized

03 밑줄 친 부분 중 어법상 옳지 않은 것은?

> Additional education or degrees beyond a typical college education after high school ① are needed for 75 percent of today's jobs, and there are even jobs ② where a bachelor's degree is essential. Find out from people doing the work you want to do about ③ if a college degree is necessary — if ④ it is, they may suggest colleges with programs that fit your needs.

04 밑줄 친 부분에 들어갈 말로 가장 적절한 것은?

> A: Ned, how's your wedding preparation going?
> B: It's going pretty well. We finally found a place to live last week.
> A: Oh, that's good. _____
> B: That's so true. And housing prices are so high too. We managed to find a small apartment quite far from the station.
> A: At least that's something. Congratulations on finding a place!

① Then it's time to buy home appliances.
② It's hard to get a decent house these days.
③ Try to find a home with good transportation.
④ I heard newlywed rentals are relatively affordable.

[05 ~ 06] 다음 글을 읽고 물음에 답하시오.

✏	**Send**　Preview　Save
To	Maple District Office
From	Julien Kendrick
Date	June 18
Subject	Water Supply Problems
📎	My PC　Browse
Times New ▼　10pt ▼　G G G G G　▤ ▤ ▤ ▤	

To whom it may concern,

I am writing to express my concern about the long delay in fixing the water supply facilities, which has affected my business and lodging house. The water disruption since last Friday has caused considerable inconvenience to our guests, resulting in numerous cancellations and complaints.

Our situation requires prompt repairs as these issues are occurring:
• Increased booking cancellations by 30%
• A loss of approximately one-fifth of revenue
• Higher operational costs from providing bottled water instead of tap water

These losses are unsustainable for our small business. Could you please expedite the repair process and provide a clear timeline for restoration? Additionally, please consider compensation for the financial damages incurred.

I'd appreciate it if you could address this matter urgently. I look forward to hearing back from you.

Sincerely,

Julien Kendrick

05 윗글의 목적으로 가장 적절한 것은?
① 상수도 설비 개선을 위한 지원금을 요청하려고
② 지역 급수의 낮은 수질에 대한 불만을 토로하려고
③ 상수도 시설 복구 지연에 따른 피해를 호소하려고
④ 사업 운영 중 밀린 수도세 납부에 대해 해명하려고

06 밑줄 친 "disruption"의 의미와 가장 가까운 것은?
① stop
② pain
③ divide
④ confusion

We know that what we're told is mostly hype. That's why we're not surprised when the predicted disaster turns out much smaller than anticipated or doesn't happen at all. We don't hold it against the government officials who issued the warning or the media who broadcasted it. No one apologizes or issues corrections. Soon, there's a warning about another disaster, and we get just as excited about it. Disaster stories may keep coming because we enjoy being a little scared. We like disaster movies, Halloween, and roller coasters. While real dangers like car accidents are too real to be fun to think about, it's fun to worry about small but exotic risks that we know are unlikely to actually hurt us. Many people enjoy disaster worries so much that they hate to give them up. There's no harm — unless we lose perspective and start to believe the danger is real.

① dangers of not being alert
② problems of false media reports
③ inefficiency of fearing unlikely disasters
④ entertaining aspect of disaster warnings

In formulating a marketing strategy, the first task is to select market targets, that is, to select particular groups of customers or segments of the market. This is essential as time and resources are limited. _____ is neither a prudent management policy nor profitable in the long run for business firms. Selecting target segments implies that the organization makes a choice from among several segments, based on those offering the greatest return at appropriate risks. Specifically, the choice of segments depends on the organization's resources, products, location, and "fit" with the needs of the customers. Thus, firms attempt to find their "best fit" and design the marketing mix to suit their unique segments. A market itself is nothing but a sum of these segments.

① Relying solely on market suitability
② Fulfilling all the segments of a market
③ Specializing in certain customer groups
④ Dedicating resources to a single segment

All these responses that prepare your body to act immediately are an advantageous evolutionary product.

Walter Cannon, through his work on the fight-or-flight response, emerged as a pioneering figure in stress research. (①) It is a physiological reaction to a threat that mobilizes an organism to attack (fight) or flee (flight) in a dangerous situation. (②) For instance, when you see a threatening figure, your heart rate increases, blood pressure rises, respiration increases, and digestion slows. (③) Such a survival mechanism refined over millennia of evolution now continues to apply to modern-day stressors. (④) Cannon believed that understanding this could inform strategies for resilience-building and mental well-being in today's fast-paced world.

Landraces are much more genetically diverse than cultivated varieties, and they are normally lower yielding but considered more tolerant of challenging local conditions. Additionally, the seeds are saved every year. These landraces, then, provide a reliable crop yield. In parts of southeast Africa, for example, you find villages where different families cultivate slightly different landraces. Year to year, landrace yields may vary — some higher in one year but not in the next — yet across the village, year-to-year yield is stabilized enough to maintain the local diversity and sustain their cropland production. The same thing happens in the central valleys of the Oaxaca in Mexico; landraces there are constantly being exchanged, crossed, and improved.

*landrace: 재래 품종

① Landraces often have higher yields than cultivated varieties.
② It takes years for the seeds of landraces to be newly stored.
③ Landraces in some southeast African regions produce stable yields.
④ Landraces in the Oaxaca's central valleys remain unchanged.

📑 정답/해설 42p

01 밑줄 친 부분에 들어갈 말로 가장 적절한 것은?

> The company decided to switch the new policy to the _____ one based on customer feedback indicating a preference for the original approach.

① ethical
② previous
③ universal
④ enormous

02 밑줄 친 부분 중 어법상 옳지 않은 것은?

> Lionfish kill off and eat many other kinds of fish ① <u>that</u> are important in helping coral reefs grow ② <u>healthy</u>. Researchers say lionfish reproduce very quickly and ③ <u>are continuing</u> to expand, and they predict further reef damage as lionfish go on attacking fish populations already ④ <u>threatening</u> from other environmental factors.

[03~04] 밑줄 친 부분에 들어갈 말로 가장 적절한 것을 고르시오.

03

> A: David, what is the most important value in your worklife?
> B: I consider honesty to be a fundamental value.
> A: Good to hear. Then, imagine this. If you were asked for feedback on a colleague's work that you found poor, how would you approach it?
> B: I would provide constructive feedback without offending the coworker.
> A: _____
> B: Yes, that's exactly what I want to say.

① Are you saying that sometimes it's necessary to lie?
② You often give offensive feedback to coworkers, right?
③ You mean there's nothing more important than honesty.
④ So you believe in balancing honesty with being respectful.

04

John
Hi, I'd like to get some help with my refrigerator. It's making a weird high-pitched sound, and to make matters worse, the freezer isn't cold at all.
10:26

ElectroFix
Hello, sir. That sounds urgent, but unfortunately, the earliest we can send someone is tomorrow.
10:27

John
Tomorrow? Don't you have anyone available now?
10:27

ElectroFix
I'm afraid not. _____
_____
10:27

John
I see. Then, please let me know if there's any chance of squeezing in an appointment today.
10:28

ElectroFix
Okay, thank you for your patience.
10:28

① Will you be there when I get there?
② All of us have our hands full with work today.
③ You can recommend other repair shops instead.
④ We don't have any vacant positions in our office.

(A)

Are you a York County business looking for talented and motivated individuals to join your team? Look no further! We invite you to reserve a booth at the upcoming York County Job Fair.

Why Attend?

This event offers the perfect platform to:

- Meet face-to-face with a diverse pool of qualified job seekers.
- Fill your open positions efficiently and effectively.
- Increase brand awareness in the York County community.
- Network with other businesses and industry professionals.

Event Details:

- **Date:** June 22-23, 2024
- **Time:** 10:00 a.m. - 6:00 p.m.
- **Location:** California Business Center
- **Special Offer:** Enjoy discounted booth rates for early registrations! Participate in our Q&A session to qualify for a free booth next year.

Limited Booths Available!

Visit our website at www.yorkcountyjobfair.org or call us at 032-231-4124 to register. Registration is open until May 20, with the special offer available for those who register by May 4. Don't miss out!

---

05 (A)에 들어갈 윗글의 제목으로 가장 적절한 것은?

① Come to Our Job Fair to Find Your Next Job
② Recruit Your Future Employees at Our Job Fair
③ Employment Success Tips: Hear from Industry Leaders
④ Join Us and Discuss Rising Unemployment in Our County

06 York County Job Fair에 관한 윗글의 내용과 일치하지 않는 것은?

① It will take place for two days.
② Businesses that register early receive a discount.
③ A refund is offered upon taking part in the Q&A session.
④ Businesses can sign up for a booth over the phone.

---

07 다음 글의 요지로 가장 적절한 것은?

Stanford University's Mark Granovetter discovered that of the individuals who landed jobs through personal contacts, only 16.7% found them through people they saw at least twice a week; 55.6% found positions through acquaintances seen at least once a year. And 27.8% of job candidates found work through distant acquaintances, whom they saw less than once a year — old college friends, former workmates, or people known through professional associations. In other words, more job contacts will come to you through people you see less than once a year than through people you see twice or more a week. That's because close friends share the same networks as you do, whereas acquaintances are more likely to introduce you to new people and contacts. Indeed, through the power of acquaintance networks, you can reach almost anyone within a few steps.

① Social networks play a key role in starting a business.
② Jobs gained through distant acquaintances are less reliable.
③ People tend to compare their jobs with those closest to them.
④ Casual acquaintances are more helpful than close friends for job-seeking.

Domestication happens through selective breeding. Individuals that exhibit beneficial and desirable traits are selected to be bred, and these traits are then passed along to future generations. Wolves were the first animals to be domesticated, sometime between 33,000 and 11,000 years ago. After dogs were domesticated, the domestication of livestock animals followed, which coincided with a widespread shift from foraging to farming among many cultures. Because most major acts of domestication began before recorded history, we don't know much about the exact process behind the generations-long journey from wild animals to domesticated pets or livestock. What is clear is that the ancestors of domesticated animals must have already exhibited traits that _____ humans — traits that may have ranged from tasty meat to warm coats to a natural affinity for people.

① made them helpful to
② made them competitive with
③ enabled them to communicate with
④ enabled them to offer their prey to

One area of vulnerability that can plague students, especially highly gifted students, is perfectionism. It can be a double-edged sword.

(A) In particular, when perfectionism causes students to avoid entering a competition, it becomes a serious disadvantage. And it is not uncommon to find students for whom winning is impossible due to their drive to be perfect.

(B) This is because, regardless of what official judges may say, they will never see themselves as winners without meeting their own standards. But the price is the loss of joy from going through the process.

(C) On the one hand, the desire to produce the very best work possible is worthwhile; on the other hand, it can be stifling if it prohibits participation.

① (A)－(B)－(C)
② (B)－(C)－(A)
③ (C)－(A)－(B)
④ (C)－(B)－(A)

One of the benefits of prefabricated homes, also known as prefab homes, is affordability. Buyers can typically expect to pay less for a prefab home than they would for stick-built construction. ① Because prefab home parts like windows and walls are made uniformly, there is no need for skilled workers to manufacture parts individually, which drives down costs. ② Prefab homes are constructed indoors and away from the weather, which also reduces delays and subsequent costs. ③ Despite their many advantages, transportation costs can be higher for prefabricated homes due to their bulkiness. ④ And prefab homes do not have fixed prices, so buyers can negotiate. They may pay 10 to 25 percent less for prefabricated homes over stick-built construction through bargaining.

📋 정답/해설 45p

[01 ~ 02] 밑줄 친 부분에 들어갈 말로 가장 적절한 것을 고르시오.

01

Ignoring mild mental health issues can have _____, including an increased risk of more severe mental illnesses like depression and anxiety disorders.

① objectives
② suspicions
③ requirements
④ consequences

02

Scarcely _____ at the stop when a group of students with heavy backpacks rushed off the bus.

① the bus arrived
② did the bus arrive
③ had the bus arrived
④ had the bus been arrived

03 밑줄 친 부분 중 어법상 옳지 않은 것은?

One study asked that higher education teachers ① give their opinions on the use of technology in the classroom, and of those ② questioned, only 29 percent said it made their job ③ much easier. While overall feelings college educators have about technology ④ was positive, an increasing number said technology could also be harmful.

04 밑줄 친 부분에 들어갈 말로 가장 적절한 것은?

A: Good evening! How was everything tonight?
B: Everything was fantastic. Your recommendation of the steak was spot on, and the dessert, the chocolate mousse, was so creamy.
A: I'm glad to hear that! Is there anything else I can get for you?
B: No, I think we're all set. _____
A: Of course. I'll be right back with it.
B: Thank you.

① Would you mind getting the chef for us?
② How do you want to split the bill?
③ Could we see the dessert menu?
④ Can I have the check, please?

[05 ~ 06] 다음 글을 읽고 물음에 답하시오.

✏	Send	Preview	Save
To	Lake Park Management Office		
From	Sophia Mandarin		
Date	May 10		
Subject	Lake Park Paths		

📎 [My PC] [Browse]

[Times New ▼] [10pt ▼] [G G *G* G G] [≡ ≡ ≡ ≡]

Dearest Management Team,

As a devoted enthusiast of Lake Park, I am writing to convey my deep concerns regarding the condition of the walking paths. Recently, I have noticed that some sections of the paths are rough and uneven, posing safety hazards, especially for elderly individuals and those with mobility issues. These conditions also diminish the overall enjoyment and accessibility of the park for all visitors.

I kindly urge the management team to promptly address this issue by conducting necessary repairs and maintenance on the walking paths. Keeping the paths <u>level</u> and well-maintained will significantly improve the park experience for everyone.

Thank you for your attention to this matter. I hope to see improvements in Lake Park soon.

Sincerely yours,
Sophia Mandarin

05 윗글의 목적으로 가장 적절한 것은?

① to propose a separate bike lane on park paths
② to express dissatisfaction with dirty park paths
③ to urge the creation of more varied park paths
④ to request smoothing out the uneven park paths

06 밑줄 친 "level"의 의미와 가장 가까운 것은?

① flat
② just
③ calm
④ standard

07 다음 글의 제목으로 가장 적절한 것은?

Mouthwash is only beneficial when it's used safely and according to package directions. You should never ingest mouthwash — it's meant to rinse your mouth out, but it shouldn't be swallowed. If you ingest more than two servings worth of mouthwash at one time, call a doctor or poison control hotline. Check the label to see if your mouthwash contains fluoride or ethanol and have that information ready to give the person on the call. If the mouthwash you're using causes ongoing burning or discomfort, discontinue use. Using a mouthwash that you're overly sensitive to can result in a breakdown in some of the tissue in your mouth, resulting in mouth ulcers. Children younger than 6 shouldn't use mouthwash. Those between the ages of 6 and 12 can use a mouthwash specifically made for children, though they should be supervised by an adult.

① Mouthwash Precautions
② Side Effects of Mouthwash
③ How to Choose the Right Mouthwash
④ How to Deal With Mouthwash Ingestion

08 밑줄 친 부분에 들어갈 말로 가장 적절한 것은?

By articulating an ideology and a set of goals, political parties hold their members responsible for achieving those goals. Voters are able to evaluate a group of politicians on the basis of these goals and promises: Did they do what they promised? Lacking parties, the public would have a difficult time evaluating the goals and achievements or failures of each candidate. Parties can thus serve as a political symbol, a shorthand for a set of ideas and goals, and voters can condense complex decisions into questions of whether to vote for party A or party B. As a result, political parties play a key role in _____. They help prevent domination by any one group, provide a means to hold elected officials accountable, and thereby stimulate democratic debate and the evolution of ideas.

① empowering their members
② resolving conflicts among them
③ diversifying the public's options
④ encouraging democratic competition

09 주어진 문장이 들어갈 위치로 가장 적절한 것은?

They find the aesthetic value of the sandpainting in the act of creating it, in its symbolic power, and in its use as a vehicle for ritual.

In the Western world, beauty is, in essence, static — something to be observed and preserved. To the Navajo, however, beauty is an essential condition of man's life and is dynamic. (①) This difference is best seen in Western observers of Navajo sandpaintings. (②) For them, it has always been a source of confusion and frustration that the Navajo "destroy" these sandpaintings in less time than they took to create them. (③) To avoid this destruction of beauty and to preserve their artistic value, Western observers always want to take photographs of them, but the Navajo see no sense in doing so. (④) Once it has served those purposes, it no longer holds any value.

10 Overseas Community Agency에 관한 다음 글의 내용과 일치하지 않는 것은?

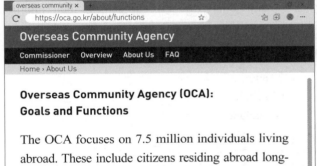

The OCA focuses on 7.5 million individuals living abroad. These include citizens residing abroad long-term or with permanent residency elsewhere, along with those born with the country's nationality who moved abroad before the government was established, and their descendants without the country's nationality. The OCA helps them maintain their ties to their homeland while thriving in their local communities. Furthermore, the OCA is dedicated to strengthening their cultural identity through the expansion of language education and homeland-visit programs. Committed to enhancing services and support, the OCA's key initiatives include the introduction of online identification services, the digitalization of consular services, and the operation of a 24/7 counseling center.

① Its aid may reach those who don't hold its nationality.
② It assists the local success of those living abroad.
③ Homeland visits are part of its programs.
④ It focuses on expanding in-person services.

📖 정답/해설 48p

[01 ~ 02] 밑줄 친 부분에 들어갈 말로 가장 적절한 것을 <u>고르시오.</u>

01

Concerns over human rejection of pig organs and viral infections have posed barriers to the _____ of animal organ transplants.

① adoption
② violation
③ inhibition
④ education

02

Due to their emphasis on success, they _____ individuals who strive to achieve their ambitions, even if it may entail going against social norms.

① evade
② admire
③ acquire
④ exclude

03 밑줄 친 부분 중 어법상 옳지 <u>않은</u> 것은?

We've been fermenting foods and actively ① <u>harnessing</u> the power of live bacteria to preserve perishables for millennia. Almost all civilizations ② <u>have been included</u> at least one fermented food in ③ <u>their</u> culinary heritage — in Korea there's *kimchi*, Germany loves its *sauerkraut*, and modern yogurt, now ubiquitous, ④ <u>retains</u> its original Turkish name.

04 밑줄 친 부분에 들어갈 말로 가장 적절한 것은?

Kelly Eisenstat

How's the company year-end party planning coming along?

11:41

Jennifer Kula

I'm a bit stuck. I'm struggling to find catering options that fit within the budget.

11:42

Kelly Eisenstat

I have a list of catering companies we considered last year. It might be useful.

11:42

Jennifer Kula

_____

11:43

Kelly Eisenstat

Really? Do we have a tighter budget this year?

11:43

Jennifer Kula

No, but those catering companies have all raised their prices this year.

11:43

Kelly Eisenstat

That's too bad. But don't worry, we'll find a solution.

11:44

① Do you know what the budget was last year?
② There is going to be a dress code for the party.
③ I'm sorry to inform you that we no longer provide catering.
④ I've actually looked into them, but none of them fit the budget.

(A)

Are you bursting with ideas to celebrate your favorite K-pop groups and artists? Then join the #KPOPSpotlight Event! We're searching for passionate fans to help us spread the wave of K-pop music worldwide.

Here's how you can participate:

- **Showcase your talent!** Create a dance cover, film a reaction video, or get creative with any K-pop-inspired concept.
- **Upload your creation!** Post your video on YouTube with the hashtag #KPOPSpotlight in the description. (Entries posted elsewhere or missing the tag won't be considered.)

The most captivating entries will be featured on our official channel and win amazing prizes!

Here's what you can win:

1st: A trip to Korea with accommodations provided for 3 days (1 winner)

2nd: VIP tickets to a major K-pop concert (10 winners)

3rd: Exclusive K-pop merchandise (100 winners)

※ Prizes will be awarded based on the number of views. The event will run until July 15th, and winners will be contacted through their social media channels by July 31st.

05 (A)에 들어갈 윗글의 제목으로 가장 적절한 것은?

① Don't Miss the K-Pop Online Fan Meeting
② Turn Your Singing Talent into YouTube Stardom
③ Share Your K-Pop Inspiration by Creating a Video
④ Enter the K-Pop Dance Contest to Show Your Skills

06 #KPOPSpotlight Event에 관한 윗글의 내용과 일치하지 않는 것은?

① 유튜브를 통한 출품작만 인정된다.
② 선정작들은 주최의 공식 채널에 공개된다.
③ 주최 측 심사 위원이 출품작을 심사한다.
④ 선정자는 본인의 소셜 미디어 채널을 통해 연락받는다.

07 다음 글의 요지로 가장 적절한 것은?

Chemical communication is an ancient art, first performed when two single-celled organisms exchanged chemicals in the primordial soup. Through the ages, the use of chemicals as a form of communication has become so widespread that there is not a single organism on earth that does not use some aspect of it. This can be attributed to the chemical nature of life itself; every single organism must take in, transform, produce, and release chemicals. Consequently, nature is full of chemicals, all containing secret information about the inner workings of the organisms that produced them. Every organism is capable of detecting and responding to chemical signals, and they only differ in the degree to which chemical communication plays a role in gathering and transmitting information.

*primordial soup: 원시 수프(생명의 기원인 유기물 혼합액)

① All organisms use chemical communication in some way.
② Ancient chemical communication shaped social groups.
③ Chemical information can tell us little about an organism.
④ The amount of chemicals an organism can produce varies.

The coronavirus outbreak of 2019 caused markets to become extremely unpredictable. It was a difficult time to be an investor, and uncertainty continues. How can investment advisory firms maintain their client base during this challenging time? The answer lies in their ability to _____. Research from the Spectrem Group revealed that only 18% of investors choose an investment advisor based on that person's track record. On the other hand, most investors choose an investment advisor for their trustworthiness. The research showed that investors trust their advisors because they provide consistent guidance and are proactive in their communication.

① deliver an eloquent speech to customers
② predict unstable economic conditions well
③ build a credible relationship with investors
④ achieve outstanding investment performance

Heroes have existed throughout history. Heroic deeds are perceived through two primary means: first-hand observation and some form of communication.

(A) However, while the media are often quick to bestow hero status upon some, they are equally swift to reveal stories of those who have fallen short of heroic behavior, thus knocking them off the hero pedestal.

(B) As technology improved upon those early versions of communication, mass media, such as newspapers, television, and the Internet, emerged. All of these media outlets have helped to establish hero status for certain individuals.

(C) Before written languages were created, stories of heroes were passed down from one generation to the next. And with written language, tales of heroic deeds were expressed in poems and short stories.

① (A)－(C)－(B)
② (B)－(A)－(C)
③ (C)－(A)－(B)
④ (C)－(B)－(A)

A recent study using blind Mexican cavefish showed that sequences of landmarks are learned, indicating that lists of landmarks have a specific order. ① With no eyes to guide them, blind cavefish orient themselves using their lateral line organ which consists of specialized mechanoreceptor cells that measure disturbances in the flow of water that surrounds them. ② The organ serves as the primary pathway for transmitting information from the eye to the brain, making it vital for their ability to see. ③ As the fish swim forwards, they set up a flow field around themselves and objects or surfaces in the environment distort the flow field. ④ These distortions are picked up by the cells in the lateral line organ and relayed to the brain. The fish can, therefore, use the information they get from their lateral line as a way of learning about the layout of their local environment.

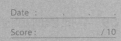
📋 정답/해설 50p

[01 ~ 02] 밑줄 친 부분에 들어갈 말로 가장 적절한 것을 고르시오.

01

> The winery's well-balanced products are widely perceived, and nobody is unfamiliar with them — they are _____, in other words.

① modest   ② displayed
③ renowned   ④ conventional

02

> He would rather _____ his weekends hiking in the mountains than swimming at the beach.

① spend   ② spends
③ to spend   ④ spending

03 밑줄 친 부분 중 어법상 옳지 않은 것은?

> People believed that Aristotle, ① regarding as the greatest thinker, was right when he said that the heavier an object, ② the faster it would fall to the earth. Anyone could have taken two objects, one heavy and ③ the other light, and dropped them to see if the heavier object landed first, but no one ④ did until nearly 2,000 years after Aristotle's death.

04 밑줄 친 부분에 들어갈 말로 가장 적절한 것은?

> A: Excuse me, I'm a reporter for the college newspaper. May I have a moment of your time for an interview?
> B: Certainly, but I only have a few minutes as I have another trial coming up soon.
> A: Thank you. Could you please tell me about your profession?
> B: I serve as a judge in the court system.
> A: _____
> B: It's challenging work, but I find it rewarding to contribute to the realization of social justice.

① What major challenges have you faced?
② What are your qualifications for this job?
③ How will you pay out rewards for the trial?
④ How do you feel about your duties in this role?

[05 ~ 06] 다음 글을 읽고 물음에 답하시오.

> | ✎ | **Send** | Preview | Save |
> To   Maison District Office
> From   Isabella Ross
> Date   January 15
> Subject   Public Childcare Services
> 📎   My PC   Browse
> Times New ▾   10pt ▾   G G G G G   ☰ ☰ ☰ ☰
>
> To whom it may concern:
>
> I am writing to share my worries about the shortage of childcare centers in our community. The current facilities are insufficient to meet the growing demand, creating significant challenges for many families.
>
> With more young families in our area, adequate childcare services are essential to support working parents and ensure children's well-being. The lack of childcare centers forces parents to seek distant alternatives, causing inconvenience and stress.
>
> I request that the local government consider building more childcare centers. This would involve finding suitable locations, allocating funds, and staffing them with qualified professionals.
>
> Investing in more childcare centers can greatly enhance the quality of life for families in our community and promote a healthier, more balanced environment for our children. Your attention to this matter would be greatly appreciated.
>
> Best regards,
> Isabella Ross

05 윗글의 목적으로 가장 적절한 것은?
① 아동 인권 교육의 의무화를 촉구하려고
② 지역 아동 상담 센터 개설을 부탁하려고
③ 지역 어린이 돌봄 시설 확대를 요청하려고
④ 어린이집 교사의 자질 부족에 대해 항의하려고

06 밑줄 친 "promote"의 의미와 가장 가까운 것은?
① foster
② elevate
③ advertise
④ celebrate

Many medical professionals navigate the growing landscape of a short-form video app to counter medical misinformation to a surging audience. Although they have long taken to social media to share healthy messages or promote their work, the app presents new challenges, even for those adept at Internet use. Popular posts on the app are often short, musical, and humorous, complicating the task of physicians hoping to share detailed lessons on health topics such as vaping, coronavirus, nutrition, and the dangers of certain practices. And some physicians who are using the platform to spread credible information have found themselves targets of bullying.

① ways to correct misinformation on platforms
② reasons why video apps are useful to physicians
③ pros and cons of using SNS to share health issues
④ difficulties of using a video app for medical professionals

Science is a _____ . It is a specific way of envisioning the universe, a guide and not a definitive formula for a better understanding of reality. Science entails the establishment of a set of rules (mathematical models) that can be used for explaining and predicting the nature of phenomena. The philosopher Karl Popper viewed science not as a body of knowledge but as a system of hypotheses. These guesses cannot be fully justified, and our interpretations of all physical phenomena possess varying levels of uncertainty. The scientific method, then, becomes essential for supposing which hypothesis is in greatest agreement with reality. Because assumptions about reality are continually progressing, science is another aspect of Darwinian evolution.

① belief
② process
③ tradition
④ destination

Yet it was cursed because the waters were too shallow for large ships.

When King Charles II granted the colony of North Carolina to the Lords Proprietors in 1663, these eight English lords imagined a steady flow of American wealth into their pockets. Almost fifty years later, North Carolina was one of the poorer, if not the poorest, of England's North American colonies. (①) A major part of the problem was related to water. (②) On the one hand, the colony was blessed with plenty of it, including several big rivers as well as the huge Albemarle and Pamlico Sounds. (③) And so North Carolina had no deepwater port. (④) That meant trade and commerce lagged badly when compared to Virginia to the north and South Carolina below.

The best way to keep your bitcoins safe is to have your private key stored in a device or app that isn't connected to the Internet, or in a non-digital form, such as written on a notepad. When your private key is stored somewhere that isn't connected to the Internet, it's called a cold wallet. Physical cold wallets can be kept in fireproof safes or other secure locations. A safe deposit box at a bank could be another option, __(A)__ it isn't necessarily without risk as items could still be lost or damaged. You could also add an additional layer of protection to your cold wallet by encrypting the device. Or, in the case of a written private key, you could do that by altering a few digits so it won't be usable by others — __(B)__ , by changing the first number from 5 to 9 and committing that to memory or leaving yourself a hint to the change.

	(A)		(B)
①	although	······	for example
②	although	······	consequently
③	because	······	in addition
④	because	······	nonetheless

📋 정답/해설 53p

01 밑줄 친 부분에 들어갈 말로 가장 적절한 것은?

> The manager identified team conflicts as the cause of delays from a(n) _____ perspective. However, mistakes by outside contractors were the true reason.

① internal
② alternative
③ experimental
④ comprehensive

02 밑줄 친 부분 중 어법상 옳지 않은 것은?

> Traveling with a child can become ① smooth with the appropriate legal papers, so even if you don't need a passport, remember ② to take a copy of your child's birth certificate. Some airlines don't ask for ③ it but some do, and thus just in case, place the document ④ preparing in your bag.

[03 ~ 04] 밑줄 친 부분에 들어갈 말로 가장 적절한 것을 고르시오.

03

> A: Ryan, what task are you currently focused on?
> B: I'm crafting the presentation for this upcoming Friday's session. Would you mind reviewing it?
> A: Certainly. I notice the image in the introduction. Where did you find it?
> B: I came across it while browsing the Internet.
> A: The Internet? Have you properly attributed the source for the image?
> B: No, I haven't. Is that necessary?
> A: Absolutely. _____
> B: I hadn't considered that.
> A: Whether written or visual, all content is the intellectual property of others.

① If you want, I'll let you know where I got it.
② Failing to cite the source could violate copyright.
③ The data obtained from the Internet is often wrong.
④ The sources are typically at the end of the presentation.

04

Swan Bali Resort

Hello, Mr. Shin. We would like to remind you that your payment of $565 is due tonight by 10 p.m.

9:48

Richard Shin

Thanks for the reminder. Can I pay using my credit card online?

9:49

 Swan Bali Resort

Certainly. Here is the link to our secure payment portal: http://payment.swanbaliresort.com. Please enter your booking reference number and follow the instructions to complete the payment.

9:50

Richard Shin

_____

9:50

 Swan Bali Resort

Payments are only processed in US dollars, but your credit card company will handle the currency conversion.

9:51

① Can I pay the amount in my local currency?
② Could you confirm my booking reference number?
③ Do you have information on today's exchange rate?
④ Is there any additional charge for using a credit card?

(A)

We are excited to announce Drone Festival 2024 — an incredible event that will light up the night sky! Prepare to be amazed by the stunning display of synchronized drones creating breathtaking visuals and patterns.

Event Details
- Date: September 20, 2024
- Time: 8:00 PM - 9:30 PM
- Location: Riverside Park, Main Lawn

What to Expect
- Light Show: Experience the magic as hundreds of drones illuminate the sky with vibrant colors and intricate designs.
- Music and Atmosphere: Enjoy upbeat music that complements the spectacle.
- Community Gathering: Join fellow drone enthusiasts and community members

Things to Bring
- Jackets or Sweaters: It might get cold, so dress warmly.
- Water Bottles: There will be no water and beverages available at the event.
- Cameras: Capture the stunning visuals with your camera.
- Bug spray: There are usually many insects at night.

Admission is free and open to all! For more information, visit our website at www.dronefestival2024.com. We look forward to seeing you under the stars!

05 (A)에 들어갈 윗글의 제목으로 가장 적절한 것은?
① Come and Build Your Own Drones
② Drone Flying Competition at the Park
③ Spectacular Drones Light Up the Night
④ Get Information on the Latest Drone Technology

06 Drone Festival 2024에 관한 윗글의 내용과 일치하지 않는 것은?
① It runs for an hour and a half.
② It offers music along with the visuals.
③ Water is provided to everyone.
④ Anyone can enjoy it at no charge.

07 다음 글의 요지로 가장 적절한 것은?

There is a common misconception that a child who reaches a certain age can decide which parent to live with after a divorce or separation. The fact is until the child is 18, the only individuals who can determine custody are the child's parents, and if the parents can't decide, a judge will. The goal in every custody case is for the court to evaluate what is in the child's best interest in deciding custody and parenting time. Every state has a set of factors for judges to assess when determining how to allocate custody in divorce and separation cases. In most states, courts may consider a child's opinion, but only if the judge believes that the child is mature enough to express a reasonable preference.

① It is a myth that the child determines custody.
② The child's opinion always comes first in custody disputes.
③ Divorce can cause emotional distress in an immature child.
④ What determines custody is how financially capable a parent is.

08 밑줄 친 부분에 들어갈 말로 가장 적절한 것은?

The human brain seeks efficiency through the use of patterns of information to make predictions and assumptions about the world. Through the pattern recognition of the brain, the world appears more orderly and more predictable. However, this drive for pattern recognition may seek out causal relationships between events where there are none, which can lead to errors in judgment. Usually, the brain uses familiar patterns because we've known them to be true in the past. However, this over-reliance limits our choices and problem-solving ideas to our favorite patterns. Although the human brain's hardwired habit of identifying patterns by connecting pieces of information in our environment has been vital to our survival and generally serves us well, it can also _____.

① make us prone to biases
② enhance our judgment skills
③ provide us with various perspectives
④ block our ability to assume causality

09 주어진 글 다음에 이어질 글의 순서로 가장 적절한 것은?

> The United States is unique among industrialized nations in its dependence on private cars. In other countries, extremely high gasoline taxes discourage driving and favor public transportation.

> (A) Nevertheless, freeway construction and suburbanization have brought about increasing traffic congestion, thus becoming a major factor forcing a reconsideration of mass transit.
>
> (B) Such taxes have been vigorously opposed in the U.S. by automobile companies and the public. They argue that the convenience and independence engendered by individual autos are difficult to counter.
>
> (C) In cities with heavy traffic, such as New York, mass transit is actually more successful. Many metropolitan areas continue to push for light rail, park-and-ride transit hubs, and express lanes for buses and carpools to address congestion and reduce air pollution.

① (A)－(C)－(B)
② (B)－(A)－(C)
③ (B)－(C)－(A)
④ (C)－(B)－(A)

10 다음 글의 흐름상 어색한 문장은?

> Sharing humor together is a basic relationship-building tool. Laughing together is a key indicator of a relationship that is safe and under control. ① People in such relationships can relax and playfully respond to aspects of reality and social patterns encountered. ② They can also enjoy one another's characteristics and varying perspectives in an atmosphere with less "performing" and concern for practical consequences. ③ One does not have to be seriously "on display" or prove one's effectiveness or practicality in the relationship, allowing for some fun instead. ④ One of the greatest fears of many people is being laughed at, instead of laughing at someone. In fact, having a partner who appreciates one's humor is strongly related to both intimacy level and satisfaction within marriages.

2025 심우철

하프
모의고사

초고효율 학습관리
심우철 스파르타 클래스

의지박약도 반드시 암기하게 만들어 드립니다

예치금 단돈 1만원

미션을 완료하면 환급을 해드립니다!

| 스파르타 신청시 **1만원** 예치금 | + | 스파르타 전용 **학습자료** 제공 | + | 매일 학습 과제 **MISSION** 인증 | = | 주어진 미션 **Complete** 환급 |

매일 미션 공지   **열심히 공부**   **미션 인증**

매일 아침마다
미션 안내 공지를 보내드려요.

하루 동안 주어진 미션을
열심히 수행합니다.

주어진 시간 내에
수행한 미션을 인증합니다.

수강생 리얼 후기

"스파르타 아니었으면 못했을 거예요"

스파르타 클래스 덕분에 정말 짧은 시간동안 이 많은 어휘를 모두 암기할 수 있었습니다.
말로 형용할 수 없는 만족감을 주신 심우철 선생님께 감사드려요

보카 스파르타 클래스 1기 서*민 수강생 후기

30일동안 하루도 밀리지 않고 강의 듣고, 암기하고, 테스트하고, 복습하고,
이 많은 단어를 다 외우고.. 혼자했다면 불가능했을 거예요 정말로 ㅠㅠ

보카 스파르타 클래스 3기 김*지 수강생 후기

심우철 선생님과 심슨영어연구소 소통 채널

 심슨영어연구소 | 각종 학습 자료 제공, Q&A, 공지 사항 및 스파르타 클래스 운영

 심슨영어연구소 | 복습 스터디 영상, 동기 부여 영상, 분기별 라이브 상담 진행

@eng_shimson (심우철 선생님) | 심슨쌤 일상 및 노량진 학원가 맛집 피드 업

@shimson_lab (심슨영어연구소) | 중요 일정 공지, 연구원-수험생과의 소통

2025 심우철

**2025 심우철 영어
하프 모의고사 시리즈**

Shimson_lab

하프
모의고사

정답 / 해설

This is
TRENDY
HALF!

심우철 지음

Season 1

2025
신경향

| 01 | ③ | 02 | ① | 03 | ① | 04 | ③ | 05 | ③ |
| 06 | ② | 07 | ② | 08 | ③ | 09 | ③ | 10 | ④ |

01

정답 ③

해설 질병의 원인이 불분명하다는 내용으로 보아, 질병에 대한 예방책 수립 또한 분명치 못할 것이라고 유추할 수 있다. 따라서 빈칸에 들어갈 말로 가장 적절한 것은 ③ 'evident(분명한)'이다.
① 헛된 ② 고대의 ④ 불분명한

해석 그 질병의 원인이 아직 명확하지 않아, 분명한 예방책을 수립하지 못하게 한다.

어휘 hinder 저해하다 establishment 수립 preventative 예방의

02

정답 ①

해설 unless가 이끄는 조건 부사절에서는 현재시제가 미래시제를 대신하며, unless는 '~하지 않는다면'이라는 부정의 의미를 내포한 접속사이므로 부정어 not과 함께 쓰일 수 없다. 따라서 빈칸에 들어갈 말로 가장 적절한 것은 ① 'stops'이다.

해석 궂은 날씨에 운전하는 것은 안전하지 않으므로 비가 멈추지 않으면 나는 출발을 늦출 것이다.

어휘 departure 출발 inclement 궂은

03

정답 ①

해설 (brought → bringing) 부대 상황을 나타내는 'with + O + OC'의 분사구문이 사용되었는데, 타동사인 bring 뒤에 목적어인 a sense of anticipation이 있고 의미상으로도 연말 휴가철이 기대감을 '가져온' 것이므로 능동의 현재분사 bringing이 쓰여야 한다.
② 'look forward to RVing'는 '~을 고대하다'라는 뜻의 동명사 관용 표현이다. 이때 to는 전치사이므로 뒤에 동명사 gathering이 온 것은 적절하다.
③ which는 lasting memories를 선행사로 받고 있으며, '전치사 + 관계대명사' 형태인 in which 뒤에 완전한 절이 온 것은 적절하다.
④ reflected on은 등위접속사 and를 통해 앞서 나온 동사 shared, exchanged, found와 병렬 구조를 적절하게 이루고 있다.

해석 연말 휴가철이 기대감을 불러오는 가운데, 곳곳의 가족들이 함께 모여 식사를 같이하고, 선물을 주고받고, 소박한 삶의 즐거움에서 기쁨을 찾고, 지나간 한 해를 되돌아보는, 오래 가는 추억을 만들기를 고대했다.

어휘 anticipation 기대 gather 모이다 lasting 오래 가는 pleasure 즐거운 일 reflect on 되돌아보다

04

정답 ③

해설 A가 B를 신규 체육관 회원으로 영입하려는 상황이다. 빈칸 뒤에서 B가 빈칸 내용에 긍정하며, 이전에 다른 체육관을 두 군데 다녀봤으나 전부 금방 그만둔 적이 있어서 이번에도 그럴 것을 걱정한다고 하는 것으로 보아, A가 빈칸에서 다른 체육관 경험이 있는지 물어보았을 것을 유추할 수 있다. 따라서 빈칸에 들어갈 말로 가장 적절한 것은 ③ '이전에 체육관 회원이셨던 적이 있나요?'이다.
① 단기 수업을 원하시나요, 장기 수업을 원하시나요?
② 고객님의 회원권을 갱신하시겠습니까?
④ 추가적인 신체 단련 프로그램이 있나요?

해석 A: 어서 오세요! 무엇을 도와드릴까요?
B: 안녕하세요, 이 체육관에서 제공하는 것에 대해 더 알고 싶어요.
A: 저희는 다양한 관심사에 맞는 수업들이 준비되어 있습니다. 요가 수업이 매일 있고 금요일 저녁에는 고강도 복싱 수업이 있어요.
B: 흥미롭네요. 모든 수업이 회비에 포함되어 있는 건가요?
A: 네, 그렇습니다! 이전에 체육관 회원이셨던 적이 있나요?
B: 네, 사실 체육관 두 곳을 다닌 적이 있는데, 결국 몇 달 만에 둘 다 그만둬 버렸거든요. 여기도 마찬가지일까 봐 조금 걱정되네요.
A: 이해합니다, 하지만 걱정하지 마세요. 저희가 계속 운동하시도록 동기 부여를 해드릴게요.

어휘 end up RVing 결국 ~하다 quit 그만두다 motivate 동기를 부여하다 work out 운동하다 renew 갱신하다

05

정답 ③

해설 공영 주차장에서 대형 차량이 상습적으로 공간을 너무 많이 차지하는 것에 대한 불편을 호소하고 개선 방법을 제안하는 내용의 글이다. 따라서 글의 목적으로 가장 적절한 것은 ③ '대형 차량으로 인한 공영 주차장 공간 문제 개선을 요청하려고'이다.
① 공영 주차장의 대형 차량 진입 금지를 제안하려고 → 대형 차량 주차의 완전한 차단이 아닌 규제를 요청하는 내용이다.
② 공영 주차장의 장기간 방치 차량 단속을 부탁하려고 → 주차장에 오랫동안 방치된 차량에 관한 언급은 없다.
④ 공영 주차장의 과한 벌금 징수 체계에 대한 불만을 제기하려고 → 오히려 벌금 부과의 강화를 요청하고 있다.

06

정답 ②

해설 following measures로 제시된 사항들은 모두 대형 차량과 관련된 주차장 이용 문제에 대한 대책들이다. 맥락상 measures는 '조치'라는 뜻으로 쓰였으므로, 이와 의미가 가장 가까운 것은 ② 'actions(조치)'이다.
① 자 ③ 정도 ④ 기준

05-06

수신: Central 구청
발신: Taylor Smith
날짜: 5월 10일
제목: 공영 주차장의 불편함

담당자분께,

공영 주차장에서 반복적으로 발생하는 문제에 대해 알려드리고자 이 메일을 보냅니다. 캐러밴 같은 대형 차량이 여러 공간을 차지하여 일반 차량의 주차 공간이 제한되는 일이 빈번합니다. 이 문제는 몇 달간 계속되어 주민과 방문객 모두에게 심각한 불편을 초래하고 있습니다.

이 문제를 해결하기 위해 다음과 같은 <u>조치</u>를 고려해 주실 것을 부탁드립니다.
• 대형 차량을 위한 특정 구역 지정
• 공정한 주차장 이용을 보장하기 위한 엄격한 주차 규정 시행
• 위반에 대한 감시 및 벌금 부과 강화

귀하의 응답과 이 계속되는 문제에 대한 빠른 해결을 기다립니다. 우리가 모두의 주차 상황을 크게 개선할 수 있을 것이라 믿습니다.

진심을 담아,
Taylor Smith 드림

어휘 inconvenience 불편 oversized 특대의 vehicle 차량 frequently 자주 occupy 차지하다 persist 지속되다 resident 주민 alike 둘 다 address 해결하다 designate 지정하다 implement 시행하다 strict 엄격한 regulation 규정 ensure 보장하다 monitor 감시하다 penalty 벌금 violation 위반 prompt 신속한 resolution 해결 ongoing 계속 진행 중인 significantly 크게

07

정답 ②

해설 익명성을 희토류 금속과 비교하여 설명하는 글이다. 희토류 금속이 세포 생명 유지에 필수적인 동시에 많으면 생명체에 유독해지는 것과 마찬가지로, 익명성도 내부 고발을 가능하게 하고 박해받는 사람들을 보호할 수 있는 장점이 있는 반면에, 과하면 시스템을 해치고 우리 안의 잔혹성을 드러내는 역할을 할 수도 있다는 것을 기술한다. 따라서 글의 주제로 가장 적절한 것은 ② '익명성의 양면적 영향'이다.
① 익명성의 정치적 필요성 → 익명성이 비주류 집단과 정치적 추방자들을 보호할 수 있다는 언급이 있으나, 반대로 단점 또한 있다고 언급되므로 정답이 되기엔 지엽적이다.
③ 위험한 종류의 희토류 금속 → 희토류 금속 중 위험한 종류를 제시하고 있지 않으며, 애초에 희토류 금속은 익명성의 양면성을 설명하기 위해 비유로 든 것에 불과하다.
④ 희토류 금속과 익명성의 차이 → 오히려 희토류 금속과 익명성의 공통점을 설명하는 글이다.

해석 희토류 금속은 세포를 살아 있게 하는 데 필수적이지만, 건강에 필요한 양은 겨우 측정하기 어려울 만큼의 극미량이다. 그것은 양이 더 많으면 생명체에 알려진 가장 독성이 강한 물질 중 하나가 된다. 익명성도 마찬가지이다. 그것은 소량이면 시스템에 좋으며, 심지어는 필수적이다. 익명성은 가끔 내부 고발자가 있을 수 있게 하고 박해받는 비주류 집단과 정치적 추방자들을 보호할 수 있다. 그러나 익명성이 어느 정도 상당한 양으로 존재할 경우, 그것은 시스템을 해칠 것이다. 익명성은 영웅을 보호하는 데 사용될 수도 있지만, 책임을 회피하는 방법으로 훨씬 더 흔하게 사용된다. 그것이 바로 X(구(舊) Twitter), Reddit, 그리고 기타 사이트에서 벌어지는 잔혹한 괴롭힘의 대부분이 익명으로 가해지는 이유이다. 책임감 결여는 우리 안의 최악인 것을 불러일으킨다.

어휘 rare earth metal 희토류 금속 mere 겨우 trace 극미량 quantity 양 toxic 유독한 substance 물질 anonymity 익명성 occasional 가끔의 whistle-blower 내부 고발자 persecute 박해하다 fringe 비주류 outcast 추방자, 버림받은 사람 significant 상당한 poison 독살하다, 해치다 brutal 잔혹한 harassment 괴롭힘 deliver (타격을) 가하다

08

정답 ③

해설 철강 노동자와 항공사 직원의 사례를 들어 문제가 생기거나 일을 처리해야 할 때 팀 정체성이 있다면 남의 일이라며 좌시하지 않고 합심하여 돕게 된다는 것을 설명하는 글이다. 따라서 빈칸에 들어갈 말로 가장 적절한 것은 ③ '결과에 대해 상호 책임이 있다고 생각하다'이다.
① 부진한 성과를 더 받아들이지 못하다 → 부진한 성과에 부정적인 반응을 보이는 내용은 언급되지 않으며, 고전하거나 뒤처지는 동료들도 도우려고 한다는 글의 내용과 반대된다.
② 자신에게 배당된 몫을 혼자 힘으로 수행하다 → 자신의 몫을 다하더라도 거기서 그치는 것이 아니라 동료에게 협력하기도 한다는 내용이며, 자기 일은 스스로 해내야 한다고 언급되지도 않았다.
④ 협력적 소통을 위한 규칙을 세우다 → 소통 관련 규칙을 세우는 내용은 언급된 바 없다.

해석 팀 정체성은 팀원들이 <u>결과에 대해 상호 책임이 있다고 생각하도록</u> 장려한다. (팀의) 수행을 약화시키는 "내 몫은 다했다"라는 태도를 없애는 것이 바로 이러한 인식이다. 사람들이 결과에 대한 책임을 공유한다고 느낄 때, 그들은 고전하거나 뒤처지고 있는 팀원들을 돕고자 협력한다. 성과가 부진한 사람들은 자신들도 더 잘해야 한다고 느낀다. 이는 Nucor Corporation의 직원들을 놀랍도록 생산적인 철강 노동자로 만든 행동 유형이다. Nucor의 많은 작업팀 중 한 곳에 문제가 발생하면, 사람들은 "그건 내 문제가 아니다"라고 말하고서 그 문제가 해결될 때까지 가만히 앉아 있지 않는다. 대신, 그들은 생산이 계속 진행되도록 손을 보탠다. 이는 Southwest Airlines의 승무원과 탑승구 직원들이 지연을 최소화하며 승객들을 비행기에 태우고 비행기를 띄우기 위해 협력하도록 촉구하는 것과 정확히 같은 행동이다.

어휘 eliminate 없애다 accountability 책임 pitch in 협력하다 struggle 분투하다 fall behind 뒤처지다 incredibly 믿을 수 없을 정도로 steelworker 철강 노동자 sit around 빈둥거리다 personnel 직원들 load 싣다, 태우다 impatient 못 견디는 carry out 수행하다 allocate 할당하다 mutually 상호 간에 collaborative 협력적인

09

정답 ③

해설 주어진 문장은 그(he)가 이 농장(this plantation)의 작물을 비밀에 부치고 주위에 경비를 세웠다는 내용이다. 주어진 문장의 this plantation과 the piece of land는 ③ 앞 문장의 a piece of land를 가리키며, ③ 뒤 문장의 This와 the guards가 각각 주어진 문장의 내용과 guards를 받아 그의 조치에 대해 사람들이 보인 반응이 제시되는 것이 자연스럽다. 따라서 주어진 문장이 들어갈 위치로 가장 적절한 것은 ③이다.

해석 18세기에 감자는 한센병을 유발한다는 잘못된 믿음과 같은 여러 이유로 프랑스에서 사람이 먹는 것이 금지되었다. 하지만 Antoine-Augustin Parmentier라는 한 남자가 그것을 바꾸기로 하고, 그러기 위해 몇 가지 특이한 방법을 사용했다. 프랑스 왕가가 그에게 파리와 매우 가까운 곳에 한 필지의 땅을 주었는데, 그는 그곳을 감자를 재배하는 데 사용했다. 이 농장이 중요하다는 인상을 주기 위해, 그는 그 땅의 내용물을 비밀로 하고 그 농작물을 보호하도록 경비원들을 배치했다. 이는 대중들의 흥미를 끌었고, 그들은 감자가 매우 가치 있다고 믿으며 경비원들에게 뇌물을 주고 농작물 일부를 훔치기 시작했다. 물론 이는 Parmentier에 의해 신중히 통제되었는데, 그는 경비원들에게 뇌물을 받고 도둑질을 못 본 체할 것을 지시했다.

어휘 plantation 농장 assign 배치하다 ban 금지하다 consumption 섭취, 소비 misguided 잘못 이해한 monarchy 왕가 intrigue 강한 흥미[호기심]를 불러일으키다 populace 대중들, 서민들 bribe 뇌물을 주다, 매수하다; 뇌물 instruct 지시하다 turn a blind eye to ~을 못 본 체하다 theft 절도

10

정답 ④

해설 마지막 2번째 문장에서 각 사용자의 신용 등급에 맞춰서 소비 습관을 추천해 준다고 언급되므로, 글의 내용과 일치하지 않는 것은 ④ '그것은 모든 사용자에게 동일한 소비 습관을 추천한다.'이다.
① 그것은 여러 금융 기관에서 데이터를 모은다. → 첫 문장에서 언급된 내용이다.
② 사용자의 상황에 따라 금융 상품이 달라진다. → 3번째 문장에서 언급된 내용이다.
③ 연금 제도가 상품 제안에 포함되어 있다. → 4번째 문장에서 언급된 내용이다.

해석 당신의 개인 재정 관리자, **BudgetTrack** 앱을 만나 보세요. BudgetTrack은 여러 은행과 기관으로부터 사용자의 금융 데이터를 수집함으로써 오픈 뱅킹 플랫폼을 제공합니다. 사용자들은 본인의 은행 잔고, 거래, 신용카드 청구서, 미상환 대출금을 쉽게 추적할 수 있습니다. BudgetTrack은 또한 사용자의 금융 자산과 소비 패턴에 맞춘, 개인 맞춤형 금융 상품들을 제안해 드립니다. 이러한 상품에는 신용카드, 예금, 적금, 대출, 보험, 연금 제도가 포함됩니다. 나아가, 사용자들은 앱 내에서 본인의 신용도를 확인할 수 있으며, 앱에서 각 사용자의 신용 등급에 따른 추천 소비 습관을 제시합니다. 지금 앱을 다운로드하고 당신의 재정 상황을 완벽하게 관리하세요.

어휘 institution 기관 bank balance 은행 잔고 transaction 거래 bill 청구서 loan 대출(금) personalized 개인 맞춤형의 tailored to ~에 맞춰진 asset 자산 deposit 예금 savings 적금 insurance 보험 pension plan 연금 제도 credit rating 신용 등급 landscape 상황, 환경 vary 달라지다

01	④	02	②	03	①	04	④	05	②
06	④	07	③	08	②	09	④	10	④

01

정답 ④

해설 뒤 문장에서 청소년들이 디지털 사용으로 스트레스를 특히나 많이 받는다고 언급되는데, 이는 그들이 디지털 스트레스를 잘 견디지 못한다는 뜻이다. 따라서 빈칸에 들어갈 말로 가장 적절한 것은 ④ 'vulnerable(취약한)'이다.
① 고마워하는 ② 면역이 있는 ③ 무관한

해석 청소년들은 디지털 스트레스에 취약하다. 그들은 소셜 미디어를 통한 또래와의 비교와 완벽한 온라인 이미지를 유지해야 한다는 압박감으로 유난히 스트레스를 받는다.

어휘 exceptionally 유난히 peer 또래 comparison 비교 pressure 압박감

02

정답 ②

해설 청중이 활동가의 메시지를 듣기 어려웠다는 내용으로 보아, 공사 소음이 연설을 제대로 진행되지 못하게 했을 것으로 유추할 수 있다. 따라서 빈칸에 들어갈 말로 가장 적절한 것은 ② 'interrupted(방해하다)'이다.
① 전달하다 ③ 비난하다 ④ 요약하다

해석 바깥의 시끄러운 공사가 그 활동가의 연설을 반복해서 방해하여, 청중들이 그녀의 중요한 메시지를 듣기 어렵게 만들었다.

어휘 construction 건설, 공사 repeatedly 반복해서

03

정답 ①

해설 (were → was) be동사의 보어로 쓰인 형용사 so great이 문두에 오면서 주어와 동사가 도치된 구조이다. 따라서 주어는 불가산명사인 the appeal이므로, 동사도 그에 수일치하여 단수 동사인 was가 되어야 한다.
② '너무 ~해서 ~하다'라는 뜻의 'so ~ that' 구문이 사용되고 있으므로, 접속사 that은 적절하게 쓰였다.
③ enough는 형용사나 부사를 수식할 경우 후치 수식하므로 부사 little 뒤에 위치한 것은 적절하다.
④ 분사구문의 의미상 주어인 several writers가 '쓰인' 것이 아니라 '쓴' 것이므로 능동의 현재분사 writing은 적절하게 쓰였다. 참고로 여기서 write는 자동사로 쓰이고 있다.

해석 Sherlock Holmes 탐정 스타일의 매력은 그 총명함과 뛰어남에 있어 매우 엄청나서 Conan Doyle의 죽음이 Holmes의 경력을 끝내기에는 부족했고, 여러 작가가 Holmes의 전통을 이어가려고 시도하면서 종종 원작에서 언급된 상황에 관하여 상세하게 글을 써 왔다.

어휘 brilliance 뛰어남, 총명 excellence 뛰어남, 탁월함 appeal 매력 detecting 탐정 carry on 계속하다 circumstance 상황

04

해설 Loren이 회식 장소에 대한 고민을 토로하는 상황이다. 빈칸 뒤에서 Loren이 사람들이 새로운 곳을 가고 싶어 한다고 말했으므로, 빈칸에는 기존에 갔던 곳에 관한 언급이 와야 자연스럽다. 따라서 빈칸에 들어갈 말로 가장 적절한 것은 ① '우리가 항상 가던 곳은 어때요?'이다.
② 어떤 종류의 식당을 예약하셨나요?
③ 몇 명이 참석할 예정인가요?
④ 왜 회식에 참석 못 하시나요?

해석 Ashley Coleman: 직원 회식 장소 예약하셨나요?
Loren Klein: 아직이요. 이렇게 많은 인원이 갈 수 있는 식당을 찾기가 어렵네요.
Ashley Coleman: 우리가 항상 가던 곳은 어때요?
Loren Klein: 사람들이 새로운 곳을 가 보고 싶다고 하더라고요.
Ashley Coleman: 근처에는 우리 단체를 수용할 수 있는 다른 곳이 없는 것 같은데요.
Loren Klein: 흠. 검색 범위를 넓혀 봐야겠네요.
Ashley Coleman: 저도 같이 몇 군데 알아볼게요.

어휘 get-together 회식, 모임 available 이용 가능한 nearby 근처에 accommodate 수용하다 widen 넓히다 check out 알아보다 attend 참석하다 gathering 모임

05

정답 ②

해설 로컬 마켓, 피크닉, 무료 프로그램과 같은 허브를 이용한 다양한 활동들을 소개하고 있다. 따라서 글의 제목으로 가장 적절한 것은 ② '허브의 세계에 빠져 보세요'이다.
① 여러분만의 특별한 허브 제품을 내보이세요 → 허브 상품의 판매가 아닌 구매를 유도하는 내용이다.
③ 직접 허브를 캐서 요리해 보세요 → 허브 채집에 관한 내용은 언급되지 않았다.
④ 약초를 배울 시간을 놓치지 마세요

06

정답 ④

해설 글의 후반부에서 접수에 성공한 신청자들에게는 개별적으로 연락을 준다고 언급되므로, 글의 내용과 일치하지 않는 것은 ④ '예약이 완료된 사람들은 웹사이트에서 확인할 수 있다.'이다.
① 매달 둘째 주마다 한 번씩 개최된다. → 글의 초반부에서 언급된 내용이다.
② 부스에서 30달러 이상 쓰면 무료 프로그램 쿠폰 한 장을 준다. → 글의 초반부에서 언급된 내용이다.
③ 힐링 매직 버블 쇼 공연은 하루에 두 번 열린다. → 글의 중반부에서 언급된 내용이다.

05-06

해석 <u>허브의 세계에 빠져 보세요</u>

2024년 9월 14일 토요일 | 내추럴 헤이븐 파크

매월 둘째 주 토요일마다 열리는 허브 마켓에서 선선한 가을바람을 맞으며 가족과 함께 즐거운 추억을 만들어 보세요.

로컬 마켓
운영 시간: 오전 11:00 - 오후 5:00
40개의 허브 상품 부스가 지역 소상공인에 의해 운영됩니다. 10달러 결제 시마다 스티커 1개를 받고, 스티커 3개를 모으면 무료 프로그램 쿠폰을 받을 수 있습니다.

가족 피크닉
이벤트 시간: 오전 11:00 - 오후 1:00 / 오후 2:00 - 오후 4:00
무료 피크닉 매트, 파라솔, 허브 간식 바구니를 제공합니다. 시간대마다 힐링 매직 버블 쇼 공연이 예정되어 있습니다.

무료 프로그램
약초 재료를 이용한 천연 입욕제를 만들고 은하계 테마의 에이드 음료를 만들어 보세요. 각각 선착순 50명 한정으로 진행됩니다.

자리가 한정되어 있으므로 웹사이트를 통한 조기 접수를 권장합니다. 9월 6일 금요일까지 접수하세요. 접수 완료된 분들께는 9월 9일 월요일에 개별 문자 메시지가 발송됩니다. 자세한 내용을 확인하시려면 819-9409번으로 연락하거나 웹사이트 www.herbalmarket.org를 방문해 주세요.

어휘 autumn 가을 breeze 산들바람 herbal 허브[약초]의 merchandise 상품 voucher 쿠폰 scheduled 예정된 session 시간 ingredient 재료 limited 제한된 registration 등록, 접수 recommend 권장하다 applicant 신청자 individual 개별의

07

정답 ③

해설 자몽을 먹으면 인슐린 수치와 인슐린 저항성이 많이 감소하고, 제2형 당뇨병의 위험 또한 크게 줄어들 수 있다는 내용의 글이다. 따라서 글의 요지로 가장 적절한 것은 ③ '자몽은 인슐린 저항성과 당뇨병을 예방하는 데 도움이 될 수 있다.'이다.

① 인슐린은 혈당 수치를 조절하는 역할을 한다. → 글에서 언급된 내용이긴 하나, 자몽 섭취와 인슐린 수치의 관계를 설명하기 위한 서론에 불과하다.

② 자몽을 통째로 먹는 것이 절반을 먹는 것보다 더 효과적이다. → 자몽을 반 개 먹은 경우와 통째로 먹은 경우가 언급되긴 하나 이는 자몽 섭취 효과에 관한 예시일 뿐으로, 섭취량은 글에서 중점적으로 다루고 있지 않다.

④ 제2형 당뇨병은 혈당 수치가 낮을수록 발병 가능성이 크다. → 혈당 수치가 더 높을 때 제2형 당뇨병의 위험이 커진다는 글의 내용과 반대되며, 글의 중심 소재인 '자몽'을 포함하지 않은 선지이므로 정답이 될 수 없다.

해석 인슐린은 신체의 많은 과정, 특히 혈당 수치를 조절하는 호르몬이다. 세포가 인슐린에 반응하기를 멈출 때 발생하는 인슐린 저항성은 궁극적으로 제2형 당뇨병의 두 가지 주요 위험 요소인 더 높은 인슐린 및 혈당 수치로 이어진다. 그러나 자몽을 먹는 것이 인슐린 수치를 조절하고 따라서 인슐린 저항성이 생길 가능성을 줄이는 능력을 지니는 데 도움이 될 수도 있다. 한 연구에서, 식사 전에 신선한 자몽 반 개를 먹은 피험자들은 자몽을 먹지 않은 집단에 비해, 인슐린 수치와 인슐린 저항성이 모두 상당히 감소했다. 더욱이, 그 과일을 통째로 먹는 것은 일반적으로 혈당 조절을 개선하고 제2형 당뇨병의 위험을 줄이는 것과 관련이 있다.

어휘 regulate 조절하다 resistance 저항(성) ultimately 궁극적으로 primary 주된 diabetes 당뇨병 grapefruit 자몽 subject 피험자 significant 상당한 reduction 감소

08

정답 ②

해설 대학에서 문제를 해결할 때 그 문제 자체가 올바른지 의문조차 품지 않는 세태를 비판하는 글이다. 현실 세계는 대학과 같지 않다는 내용으로 보아, 빈칸에는 교수들이 인위적으로 만들어 내는 대학 문제와 반대되는 현실 문제의 특성이 제시되어야 하므로, 빈칸에 들어갈 말로 가장 적절한 것은 ② '멋지고 깔끔하게 포장되어 오지 않는다'이다.

① 간단한 방식으로 해결될 수 있다 → 문제 풀이의 단순성 또는 복잡성에 관해서는 언급된 바 없으며, 빈칸에는 문제의 해결 방식이 아닌 생성 방식에 관한 내용이 와야 하므로 적절하지 않다.

③ 대학에서의 배움이 없으면 더 어려울 것이다 → 대학에서의 배움이 중요함을 강조하는 내용이 아니다.

④ 질서정연하게 발생할 가능성이 크다 → 질서정연한 발생 방식은 오히려 대학 문제의 특성에 가까우므로 적절하지 않다.

해석 사람들이 그들 앞에 놓인 문제에 애써 의문을 제기하지도 않고 해결하는 경우가 얼마나 많은지 놀라울 뿐이다. 나는 공학 및 경영학 대학원생 대상의 수업에서, 수업 첫날 그들에게 풀어야 할 문제를 주고 다음 주에 그들의 멋진 해결책을 듣는 것을 좋아한다. 그들은 훌륭한 분석, 그림, 삽화를 가지고 있다. 전부 잘 되어 있고, 훌륭하게 발표된다. 모든 발표가 끝나면 나는 그들을 축하하지만, "여러분이 올바른 문제를 풀었다고 어떻게 확신하나요?"라고 묻는다. 그들은 의아해한다. 공학도와 경영학도들은 대학에서 문제를 해결하는 훈련을 받는다. 하지만 대체 왜 누군가가 그들에게 잘못된 문제를 주겠는가? "문제들이 어디서 온다고 생각하나요?"라고 나는 묻는다. 현실 세계는 대학과 같지 않다. 대학에서는, 교수들이 인위적인 문제를 만들어 낸다. 현실 세계에서는, 문제가 멋지고 깔끔하게 포장되어 오지 않는다.

어휘 bother to RV 애써 ~하다 question 의문을 품다 graduate student 대학원생 engineering 공학 analysis 분석(pl. analyses) illustration 삽화[도해] brilliantly 훌륭하게 congratulate 축하하다 puzzle 어리둥절하게 만들다 artificial 인위적인, 꾸민 neat 깔끔한 in an orderly fashion 질서정연하게

09

정답 ④

해설 주어진 글은 소매 광고가 낮은 가격을 홍보하면 간접적으로 가격이 빠르게 떨어진다는 내용으로, 이후에는 그에 대한 예시로 한 소매업체의 낮은 가격 홍보 때문에 다른 경쟁업체들도 맞서 가격을 낮추어 결과적으로 전반적인 가격이 떨어지는 상황이 제시되는 (C)가 와야 한다. 그다음에는 Similarly를 사용하여 소매업체가 품질 개선을 홍보하는 유사한 경우를 드는 (B)가 오고, 그 결과 낮은 가격 홍보 때와 같은(As with price-based advertising) 상황이 벌어진다는 말로 마무리하는 (A)가 와야 한다. 따라서 글의 순서로 가장 적절한 것은 ④ '(C) - (B) - (A)'이다.

해석 오늘날, 소매 광고의 대부분은 낮은 가격을 홍보한다. 이 정보는 간접적으로 가격을 빠르게 끌어내린다. (C) 예를 들어, 한 슈퍼마켓이 특정 상품에 대해 낮은 가격을 홍보하면, 다른 슈퍼마켓들은 빠르게 자신들의 가격을 낮춤으로써 반격하는데, 그렇지 않으면 고객을 잃을 것을 알고 있기 때문이다. 전반적으로 가격이 하락한다. 대중에게 이는 꽤 좋은 일이다. (B) 마찬가지로, 소매업체들은 미미하지만 지속적으로 개선되고 있는 많은 상품 및 서비스의 품질을 광고한다. 소비자들은 광고에서 이러한 개선에 관한 정보를 얻음으로써 이익을 얻는다. (A) 그리고 다시 한번, 이는 경쟁업체들이 자신의 품질을 개선함으로써 대응할 수밖에 없게 한다. 이는 지속적인 과정이다. 가격에 기반한 광고와 마찬가지로, 이는 경쟁을 자극하고 대중이 그 보상을 얻는다.

어휘 retail 소매의 advertisement 광고 promote 홍보하다 indirectly 간접적으로 drive sth down ~을 빠르게 끌어내리다 competitor 경쟁 상대 continuous 지속적인 stimulate 자극하다 reap 얻다, 수확하다 constantly 지속적으로 slightly 약간 swiftly 신속하게 fight back 반격하다

10

정답 ④

해설 이 글은 과학과 사회는 아주 밀접하게 관련되어 있어 둘 사이를 명확히 구분 지을 수 없다는 내용이다. 따라서 글의 흐름상 어색한 문장은 과학 지식이 사회와 본질적으로 관련되어 있지 않고 독립적이라는 반대 내용의 ④이다.

해석 과학과 사회는 공동 구축된 것으로 보는 것이 가장 좋다. 이는 각각이 끝없이 반복되는 과정에서 상대와 더불어 구축되어 왔기 때문이다. 과학과 사회 사이의 교류는 너무 두껍고 깊어서 둘을 구분하는 선을 찾는 것이 불가능할 수도 있다. 인류 역사의 과정이 결과적으로 과학적 지식에 의해 조종된 것처럼, 사회적 세력은 언제나 과학적 실천에 연루되어 있다. (과학 지식은 그것이 내재된 정치 체제로부터 독립적이며, 사회와 본질적으로 관련 있는 것과는 거리가 멀다.) 과학과 사회의 상호 원인 및 결과를 구분하는 것은 유용할 수 있지만, 그것이 중첩적이고 상호 구성적인 관계의 현실을 모호하게 해서는 안 된다.

어휘 co-construct 공동 구축하다 recursive 반복되는 interchange 교환, 교류 societal 사회의 implicate 연루시키다 at every turn 언제나 steer 조종하다, 이끌다 consequentially 결과적으로 independent 독립적인 embed 심다, 박아 넣다 intrinsically 본질적으로 sort out 구분하다 reciprocal 상호 간의 obscure 모호하게 하다 overlap 중첩되다 mutually 상호 간에 constitutive 구성적인, 구성하는

01	①	02	②	03	③	04	④	05	③
06	③	07	③	08	③	09	②	10	④

01

정답 ①

해설 indicating 이하의 수질 순도를 높여야 한다는 내용으로 보아, 지금은 수질이 떨어지고 있다는 것을 유추할 수 있다. 따라서 빈칸에 들어갈 말로 가장 적절한 것은 ① 'decline(쇠퇴)'이다.
② 회복 ③ 불가능성 ④ 유지

해석 전문가들은 수질 측정치에 있어 꾸준한 <u>쇠퇴</u>가 기록되고 있는데, 이는 수질 순도를 높이기 위한 기술 개발의 필요성을 시사한다고 지적한다.

어휘 steady 꾸준한 measurement 측정(치) indicate 시사하다 purity 순도, 순수성

02

정답 ②

해설 맥락상 문장의 동사는 managed to get이고 their demanding project가 목적어이므로, 빈칸에는 준사역동사로 쓰인 get의 목적격 보어가 와야 한다. 준사역동사 get은 목적어와 목적격 보어의 관계가 능동이면 to RV를, 수동이면 p.p.를 목적격 보어로 취하는데, 여기서는 타동사인 accomplish 뒤에 목적어가 없고 의미상으로도 프로젝트가 '완료된' 것이므로 수동을 나타내는 accomplished가 쓰여야 한다. 따라서 빈칸에 들어갈 말로 가장 적절한 것은 ② 'accomplished'이다.

해석 촉박한 마감에도 불구하고, 그들은 힘든 프로젝트를 예정보다 빨리 완료해 냈다.

어휘 tight 빠듯한 deadline 마감 (시간) manage to RV (간신히) ~해내다 demanding 부담이 큰, 힘든 ahead of schedule 예정보다 빨리

03

정답 ③

해설 (that → what) that은 관계대명사로 쓰일 땐 앞에 선행사가 있어야 하고, 접속사로 쓰일 땐 뒤에 완전한 절이 와야 한다. 여기서는 앞에 선행사가 없고 뒤에도 불완전한 절이 오고 있으므로, that을 suggest의 목적어 역할과 might be made의 주어 역할을 동시에 할 수 있는 의문대명사 what으로 고쳐야 한다.
① 주어인 복수 명사 Most supermarket layouts가 '설계하는' 것이 아니라 '설계되는' 것이므로 복수 수동태 are designed는 적절하게 쓰였다.
② its는 맥락상 앞서 나온 the store를 가리키는 소유격이므로 단수로 수일치한 것은 적절하다.
④ 'keep + O + RVing'는 'O가 계속 ~하게 하다'라는 뜻의 구문으로 맥락상 적절하게 쓰였다. 'O가 ~하지 못하게 하다'라는 뜻인 'keep + O + from RVing'와의 구분에 유의해야 한다.

해석 대부분의 슈퍼마켓 배치는 다채로운 채소 배치가 가게에 대한 좋은 첫인상을 전하고 재고 전체의 신선함을 암시하기 때문에 농산물 코너가 입구 바로 안쪽에 있게 설계되어 있다. 농산물 코너의 내용물들은 저녁 식사로 무엇이 만들어질 수 있을지를 제안할 수 있으며, 이는 쇼핑객들이 육류 및 유제품 통로를 포함하여 가게를 계속 탐색하게 한다.

어휘 layout 배치 produce section 농산물 코너 entrance 입구 arrangement 배치 convey 전하다 imply 암시하다 stock 재고 explore 탐색하다 dairy 유제품의 aisle 통로

04

정답 ④

해설 세입자인 A가 B에게 층간 소음에 관해 건의하는 상황이다. B가 빈칸 뒤에서 빈칸 내용에 동의하며 '그것'이 자기 일이니 위층 사람들에게 꼭 말하겠다고 하는 것으로 보아, A가 빈칸에서 위층 사람들에게 조용히 해달라는 말을 전해달라 했을 것을 유추할 수 있다. 따라서 빈칸에 들어갈 말로 가장 적절한 것은 ④ '건물 관리자로서 그들에게 그만하라고 말씀해 주셨으면 좋겠어요.'이다.
① 제가 내일 그들을 방문해야겠어요.
② 제가 이미 지난주에 조용히 해달라고 부탁드렸잖아요.
③ 이 건물 계단을 점검해 주셔야 할 것 같아요.

해석 A: 안녕하세요, 저는 302호 세입자인데요.
B: 네, 선생님, 무엇을 도와드릴까요?
A: 위층에서 나는 소음 때문에요. 위층에 사는 사람들이 한밤중에 계속 뛰어다니거든요. <u>건물 관리자로서 그들에게 그만하라고 말씀해 주셨으면 좋겠어요.</u>
B: 물론이죠, 그게 제가 해야 할 일인 걸요. 402호 세입자들에게 꼭 말씀드리겠습니다.
A: 시간 내주셔서 감사합니다.

어휘 tenant 세입자 responsibility 책무, 해야 할 일 inspect 점검하다

05

정답 ③

해설 지역 도서관에 시각 장애인 이용자를 위한 다양한 점자책이 부족한 상태이니 더 많이 확보해 달라고 요청하는 내용의 글이다. 따라서 글의 목적으로 가장 적절한 것은 ③ '지역 도서관 내 점자책 비치의 확대를 요청하려고'이다.

① 도서관의 점자책 제작 봉사 활동에 지원하려고
② 도서관에 비치된 점자책의 노후 상태를 알리려고 → 기존에 있던 점자책의 상태에 관해서는 논하고 있지 않다.
④ 점자책 이용 저조 현황에 대한 대책을 제안하려고 → 점자책의 이용률이 아닌 점자책 자체가 부족하다는 내용이다.

06

정답 ③

해설 시각 장애인 독자가 더 많고 다양한 점자책을 원하고 있다는 내용이다. 맥락상 needs는 '요구'라는 뜻으로 쓰였으므로, 이와 의미가 가장 가까운 것은 ③ 'demands(요구)'이다.
① 충동 ② 의무 ④ 어려움

05-06

해석 수신: Brighton 공공 도서관
발신: Avery Hunter
날짜: 8월 5일
제목: 점자책

도서관장님께,

제 이름은 Avery Hunter고, 저는 시각 장애가 있으나 열정적인 독서가인 제 친구를 대신하여 이 글을 씁니다. 우리 지역 도서관을 자주 방문하는 사람으로서, 그 친구는 더 많은 점자책을 원하고 있습니다. 현재 점자책의 제한된 가용성은 시각 장애인들이 도서관의 다양한 문학 작품을 충분히 즐기는 데 어려움을 줍니다. 부디 시각 장애 독자들의 요구에 따라 도서관에서 다양한 장르의 점자책을 더 많이 확보하는 것을 고려해 주십시오. 이러한 증대는 제 친구와 점자에 의존해 책을 읽는 다른 지역 주민들에게 유익할 것입니다. 이 문제에 관심을 가져주셔서 감사합니다. 또한 우리 도서관의 포용성과 접근성을 높이기 위한 노고에도 감사드립니다.

진심을 담아,
Avery Hunter 드림

어휘 Braille 점자 on behalf of ~을 대신하여 passionate 열정적인 frequent 잦은 desire 원하다 limited 제한된 availability 이용 가능성 challenging 힘든 literature 문학 acquire 입수하다 meet 충족시키다 benefit 유익하다 rely on ~에 의존하다 appreciate 감사하다 inclusive 포괄적인

07

정답 ③

해설 영국에서 노르만 이름이 대세가 된 역사적 맥락을 기술하고 있는 글이다. 노르만 정복 전엔 고대 영어 이름이 선호되었으나, 정복 이후 앵글로색슨 귀족이 노르만 영주로 교체되면서 노르만 이름이 중심이 되었다는 내용이다. 따라서 글의 주제로 가장 적절한 것은 ③ '노르만 이름이 주류가 된 배경'이다.

① 노르만 침략의 기원 → 노르만 침략이 일어나게 된 원인이 아닌 일어난 후의 결과에 관한 글이다.
② 고대 영어 이름이 지속된 방식 → 단 5%의 고대 영어 이름이 남았다는 언급이 있으나 이는 노르만 이름이 주류가 된 현상을 강조하기 위한 부연에 불과하며, 그것이 계속 살아남게 된 이유는 언급된 바 없다.
④ 앵글로색슨인들이 노르만 이름을 거부한 이유 → 귀족부터 소농까지 대다수의 앵글로색슨인들이 노르만 이름으로 바꿨다는 글의 내용과 반대된다.

해석 1066년 노르만 침략의 도래는 개인의 이름에 큰 영향을 미쳤다. 노르만 정복 직전에는, 남자 이름의 85%가 고대 영어였고 가장 선호되는 것은 Godwin과 Alwin이었다. 그러나 150년이 지난 후, 고작 5%의 이름만이 고대 영어였다. 그 무렵 가장 선호되는 남자 이름은 Robert, Walter, William을 포함한 노르만이었다. 여자 이름으로는 Matilda, Gertrude, Rosamund가 있었다. 이렇게 고대 영어 이름에서 노르만 이름으로 전환된 요인은 분명하다. William 왕은 거의 모든 앵글로색슨 귀족을 노르만 영주로 교체했다. 남은 저명한 앵글로색슨인들, 즉 도망가지 않거나 해외에 노예로 팔려 가지 않은 사람들은 그들의 자녀들에게 노르만 이름을 지어줌으로써 새로운 왕에게 충성을 보여 주고자 했다. 결국에는, 땅이 없는 소농들조차 사회 엘리트 계층을 따라 노르만 이름을 채택했다.

어휘 invasion 침략 conquest 정복 shift 전환 Anglo-Saxon 앵글로색슨인(노르만 정복 이전의 잉글랜드인)(의), 고대 영어의 aristocracy 귀족 lord 영주 prominent 저명한 flee 도망가다 slavery 노예 loyalty 충성 peasant 소작농 adopt 채택하다 persist 지속되다 mainstream 주류 turn down 거부하다

08

정답 ③

해설 같은 음식을 먹어도 우리 몸의 상태에 따라 반응이 달라질 수 있다는 내용의 글이다. 우리 몸이 음식을 제대로 대사하지 않으면 그 음식이 독성 반응을 유발할 수 있다고 하며, 그 예로 몸에 좋기로 알려져 있으나 신장이 제 기능을 하지 못하는 사람들에게는 큰 위험을 초래하는 스타프루트를 제시하고 있다. 따라서 빈칸에 들어갈 말로 가장 적절한 것은 ③ '우리의 몸 상태'이다.
① 우리의 심리 상태 → 글에서 언급되는 심리 상태(정신 혼란)는 음식을 먹었을 때의 반응 중 한 가지 예시로 제시되었을 뿐으로, 빈칸은 그 반응의 원인(신체 상태)을 묻고 있으므로 적절하지 않다.
② 먹는 음식의 종류 → 같은 음식을 먹어도 반응이 달라질 수 있다는 것은 음식의 종류는 변수가 되지 않음을 의미하므로 적절하지 않다.
④ 우리의 규칙적인 식습관 → 규칙적으로 음식을 먹는 습관에 관해서는 언급된 바가 없다.

해석 하루는 우리가 가장 좋아하는 음식을 아무 문제 없이 먹고, 그다음 날엔 똑같은 음식이 메스꺼움, 어지럼증, 정신 혼란을 일으킨다. 왜 그럴까? 때때로 우리가 먹는 식단의 성분들이 우리 몸에서 제대로 대사되지 않을 때 독성 반응을 유발할 수 있다. 예를 들어, 작고 매끈한 껍질을 가진 과일인 스타프루트는 매우 다양한 비타민, 미네랄, 식이 섬유를 함유하고 있으며 항산화제의 풍부한 공급원이다. 하지만 그것은 신부전이 있는 사람들에게는 심각한 위험을 초래한다. 신장이 제대로 기능하고 있지 못할 때 스타프루트를 먹는 것의 결과에는 구토, 딸꾹질, 정신 혼란과 같은, 쉽게 간과되거나 그 과일을 먹은 것과는 관련 없는 것으로 잘못 해석될 수 있는 증상들이 포함된다. 종합적으로, 이것은 중대한 경고 역할을 한다. 우리가 먹는 식단의 성분에 어떻게 반응하는지는 <u>우리의 몸 상태</u>에 따라 크게 영향받는다.

어휘 nausea 메스꺼움 dizziness 어지럼증 confusion 혼란 component 성분 induce 유발하다 metabolize 대사 작용을 하다 waxy 밀랍 같은, 매끈한 impressive 인상적인 dietary fiber 식이 섬유 antioxidant 항산화제 pose 제기하다 kidney failure 신부전 adequately 적절히 overlook 간과하다 misinterpret 잘못 해석하다 vomiting 구토 hiccup 딸꾹질 overall 종합적으로 status 상태, 상황

09

정답 ②

해설 역접 접속사 However로 시작하는 주어진 문장은 연금술의 목적이 그저 금괴를 만드는 것 이상이라는 내용이다. 즉, 주어진 문장 앞에는 그저 금괴를 만드는 내용이, 뒤에는 그 이상의 다른 일도 한다는 내용이 와야 한다. ② 뒤 문장부터는 연금술이 영적 세계관에 뿌리를 두고 있어, 납을 금으로 바꾸는 것은 물리적인 것을 넘어 영적인 행위라는 내용이 계속 이어지고 있으므로, 주어진 문장이 들어갈 위치로 가장 적절한 것은 ②이다.

해석 연금술은 신비와 비밀로 가득 찬 관행이다. 연금술사들은 주로 납을 금으로 바꾸는 것을 추구했는데, 이는 수천 년 동안 사람들의 상상력을 사로잡아 온 탐구였다. <u>그러나 연금술의 목표는 단순히 금괴 몇 개를 만드는 것을 훨씬 넘어섰다.</u> 연금술은 금속이 일종의 보편적 영혼을 담고 있으며 지구 안에서 자라는 것으로 믿어지는 복잡한 영적 세계관에 뿌리를 두고 있었다. 납처럼 기초적인 금속은 금처럼 더 고차원적인 금속의 영적으로 미성숙한 형태로 생각되었다. 따라서 납을 금으로 바꾸려는 연금술사들의 추구는 단순 물리적 노력일 뿐만 아니라 영적 완벽함을 향한 여정이기도 했다.

어휘 alchemy 연금술 secrecy 비밀 lead 납 quest 탐구 capture 사로잡다 spiritual 영적인 immature 미성숙한 pursuit 추구 transform 바꾸다 endeavor 노력

10

정답 ④

해설 마지막 문장에서 국가유산청은 전문 대학을 통해 유산 보존 전문가를 양성한다고 언급되므로, 글의 내용과 일치하는 것은 ④ '그것은 전문가 양성을 위해 교육 기관과 협력한다.'이다.
① 그것은 지역 차원에서 지정된 유산을 직접 관리한다. → 2번째 문장에서 지역 지정 유산을 관리하는 것의 주체는 지자체이고, 국가유산청은 이를 지원한다고만 언급되므로 옳지 않다.
② 보존을 재정적으로 지원하는 것은 그것의 업무 범위를 벗어난다. → 3번째 문장에서 보존을 위한 재정적 지원을 제공한다고 언급되므로 옳지 않다.
③ 그것은 복원 프로젝트를 지자체에 할당한다. → 4번째 문장에서 국가유산청은 유적지를 직접 관리하며 복원 프로젝트를 감독한다는 내용만 있고, 지자체에 할당한다는 내용은 언급되지 않으므로 옳지 않다.

해석 **국가유산청(HA) - 주요 임무**
국가유산청은 국가의 문화유산을 보존하고 홍보합니다. 국가유산청은 국보와 같은 중요 문화재를 관리하고 지자체가 지역 지정 유산을 관리하는 것을 지원합니다. 이곳은 개조 및 발굴을 승인하고, 문화재 수출을 감독하며, (문화재) 보존을 위한 재정적 지원을 제공합니다. 이곳은 왕궁 및 기타 유적지를 직접 관리하고, 복원 프로젝트를 감독합니다. 국가유산청은 또한 유산 후보를 유네스코에 제출하고 국제 협력을 촉진합니다. 이곳은 연구 기관 및 전문 대학을 통해 연구를 수행하고 유산 보존 전문가를 양성합니다.

어휘 heritage 유산 preserve 보존하다 promote 촉진하다 manage 관리하다 property 재산 designate 지정하다 alteration 개조, 변경 excavation 발굴 supervise 감독하다 export 수출 conservation 보존 oversee 감독하다 restoration 복원 candidate 후보 foster 촉진하다 cooperation 협력 specialize 전문적으로 다루다 assign 할당하다

01	②	02	②	03	③	04	①	05	②
06	③	07	③	08	③	09	④	10	③

01

정답 ②

해설 with 이하의 내용에 유의했을 때, 사람들 대부분이 더는 손으로 쓴 편지를 이용하지 않는다고 하였으므로, 그것이 거의 없어진 것처럼 보일 것으로 유추할 수 있다. 따라서 빈칸에 들어갈 말로 가장 적절한 것은 ② 'extinct(소멸한)'이다.
① 유효한 ③ 빈번한 ④ 결함 있는

해석 대부분의 사람들이 더는 손으로 쓴 편지를 이용하지 않고 전자 기기에만 의존하면서, 손으로 쓴 편지의 개념은 디지털 통신 시대에서 거의 소멸한 것처럼 보일 수 있다.

어휘 rely on ~에 의존하다 solely 오로지

02

정답 ②

해설 (passes → passing) 세 개의 단어가 등위접속사 and로 병렬되고 있다. 이때 병렬 대상의 급은 동일해야 하고 맥락상 소유격 Buddha's의 수식을 받는 (동)명사가 와야 하므로, 동사구 passes away를 동명사구 passing away로 고쳐야 한다.
① Vesak을 선행사로 받는 주격 관계대명사 which가 ,(콤마) 다음에 계속적 용법으로 쓰이면서 주어 없는 불완전한 절을 이끌고 있는 것은 적절하다.
③ 타동사로 쓰인 celebrate 뒤에 목적어가 없고, 의미상으로도 석가탄신일이 '기념하는' 것이 아니라 '기념되는' 것이므로 수동태 is celebrated는 적절하게 쓰였다.
④ 장소 명사인 East Asia를 선행사로 받는 관계부사 where 뒤에 완전한 절이 오고 있는 것은 적절하다.

해석 부처의 탄생, 열반의 경지에 이름, 죽음을 기리는 부처님 오신 날은 주로 동남아시아와 스리랑카에서 가장 중요한 소승 불교 명절이다. 또한, 대승 불교가 우세한 동아시아에서는 석가탄신일이 각기 다른 날짜에 기념된다.

어휘 Vesak 부처님 오신 날 honor 기리다 Buddha 부처 nirvana 열반 pass away 죽다 Theravada 소승 불교 primarily 주로 celebrate 기념하다 Mahayana 대승 불교 predominate 지배적이다, 우세하다

03

정답 ③

해설 B가 저녁 식사를 거절하는 상황이다. A가 빈칸 앞에서 그 이유를 묻고, B가 빈칸 뒤에서 내일 회의 자료 준비라는 추가 업무가 있다는 구체적인 이유를 밝히고 있으므로, 빈칸에는 저녁에 일을 더 해야 한다는 내용이 들어가야 함을 유추할 수 있다. 따라서 빈칸에 들어갈 말로 가장 적절한 것은 ③ '저 오늘 야근해야 해요.'이다.
① 요즘 다이어트를 하고 있어요.
② 오늘은 야간 근무가 없어요.
④ 이번 주에 보고서를 끝내야 해요.

해석 A: Sylvia, 우리 퇴근 후에 같이 저녁 먹는 게 어때요?
B: 그러고 싶지만, 그럴 수가 없네요.
A: 왜 안 돼요?
B: 저 오늘 야근해야 해요.
A: 정말요? 이번 분기 영업 보고서 아직 안 끝났어요?
B: 이미 끝났어요. 근데 제 상사가 내일 회의에 쓸 프레젠테이션 자료를 만들어 달라고 했어요.
A: 유감이네요. 제가 도와드릴 수 있는 일이 있을까요?
B: 아니에요. 저 혼자 할 수 있어요. 그렇게 말씀해 주셔서 고마워요.

어휘 quarter 분기 material 자료 deal with 처리하다 night duty 야간 근무

04

정답 ①

해설 Eunice가 Samson IT services에 모니터 화면 깜박임 현상의 해결 방안을 묻는 상황이다. Samson IT services가 빈칸 앞에서는 그래픽 드라이버를 업데이트하라고 하였고, 뒤에서는 최신 드라이버를 다운로드할 수 있는 곳을 알려주고 있으므로, Eunice가 빈칸에서 업데이트 방법을 물어봤음을 알 수 있다. 따라서 빈칸에 들어갈 말로 가장 적절한 것은 ① '그건 어떻게 하나요?'이다.
② 그게 왜 필요한가요?
③ 서비스 센터가 어디에 있나요?
④ 이걸 고치러 언제 방문하실 예정인가요?

해석 Eunice: 안녕하세요, 제 모니터에 문제가 있는데요. 화면이 계속 깜박여요.
Samson IT Services: 그렇군요. 모니터와 컴퓨터를 연결하는 케이블이 확실하게 꽂혀 있는지 확인해 주시겠어요?
Eunice: 네, 제대로 꽂혀 있는 것 같아요.
Samson IT Services: 좋습니다. 다음으로 그래픽 드라이버를 업데이트해 봅시다. 가끔 구식 드라이버 때문에 화면 깜박임이 발생할 수도 있어요.
Eunice: 그건 어떻게 하나요?
Samson IT Services: 저희 웹사이트를 방문하시면 그곳에서 최신 드라이버를 다운로드하실 수 있습니다.
Eunice: 오, 깜박임이 멈춘 것 같네요! 감사합니다.

어휘 flicker 깜박거리다 ensure 보장하다 securely 확실히 plug in 플러그를 꽂다, 연결하다 outdated 구식의

05

정답 ②

해설 사회 과학 주제에 관하여 다각적인 접근 방식을 취한 논문을 제출하고, 콘퍼런스에서 그것을 발표하라는 내용의 글이다. 따라서 글의 제목으로 가장 적절한 것은 ② '여러분의 다양한 혁신적인 아이디어를 선보이세요'이다.
① 종이의 미래를 탐색해 보세요
③ 세계 각국의 문화를 체험하세요 → 세계 각국에서의 참여를 유도하고는 있으나, 문화 체험이 아닌 사회 과학 주제의 학술적 모임이 주목적인 행사이다.
④ 유력한 사회 과학자의 강연에 참석하세요 → 학자 한 명의 강의를 모두가 듣는 형태가 아닌, 여러 학자들이 모여 의견을 주고받는 형태의 행사이다.

06

정답 ③

해설 글의 후반부에서 여러 학문 분야의 통찰을 결합한 논문을 적극 권장한다고 언급되므로, 글의 내용과 일치하지 않는 것은 ③ '논문은 한 특정 분야에 초점을 맞춰야 한다.'이다.
① 3일에 걸쳐 진행된다. → 글의 초반부에서 언급된 내용이다.
② 논문 주제 중에는 건강의 불평등이 있다. → 글의 중반부에서 언급된 내용이다.
④ 선정된 논문은 콘퍼런스 세션에서 공유된다. → 글의 후반부에서 언급된 내용이다.

05-06

해석 　　　　여러분의 다양한 혁신적인 아이디어를 선보이세요

제19회 사회과학혁신(SSI) 연례 콘퍼런스가 2024년 7월 13일부터 15일까지 아카데미아 포럼 홀에서 개최됩니다.

연구자, 전문가 및 기타 사회 과학자들은 다음 콘퍼런스 주제와 관련된 주제/소주제에 대한 개념적 및/또는 경험적 논문을 제출해 주시길 바랍니다.

• 식량 및 영양 안보
• 건강 격차와 공공 정책
• 이주와 초국가적 정체성

모든 지역과 국가의 참여를 환영합니다. 특히 여러 학문 분야의 통찰을 결합한 논문을 적극 권장합니다. 논문은 온라인으로 제출할 수 있습니다. 논문 제출 마감일은 6월 15일입니다. 선정된 논문의 저자는 6월 22일까지 통지되며, 콘퍼런스 기간 중 주제별 세션에서 논문을 발표하도록 초대됩니다.

자세한 내용은 conference.ssi.org에 방문하여 확인해 주세요.

어휘 contribute 기고하다, 참여하다 conceptual 개념의 empirical 경험의 nutritional 영양의 security 안보 disparity 격차, 불균형 migration 이주 transnational 초국가적인 combine 결합하다 insight 통찰 discipline 학문 분야 submit 제출하다 deadline 마감일 notify 통지하다 thematic 주제의 showcase 공개하다 innovative 혁신적인 influential 영향력 있는 figure 인물 span (기간에) 걸치다 inequality 불평등

07

정답 ③

해설 개가 인간의 몸짓을 이해하는 능력은 진화된 타고난 특성이라는 내용이므로, 글의 요지로 가장 적절한 것은 ③ '개는 인간의 의사소통을 이해할 수 있도록 태어난다.'이다.
① 개는 인간의 몸짓을 이해하도록 훈련받는다. → 개가 인간의 몸짓을 이해하는 능력은 자라면서 배우는 것이 아니라 진화된 타고난 특성이라고 했으므로 적절하지 않다.
② 개와 인간은 유전적인 공통점들을 가지고 있다. → 개와 인간이 먼 진화적 과거에 공유된 무언가가 둘을 이어 준다는 내용이 언급되나, 이를 두고 둘 사이에 유전적 공통점이 있다고 하기는 어렵다. 또한 그렇다 하더라도 이 글은 개가 인간의 몸짓을 이해한다는 하나의 구체적인 특성을 다루고 있으므로 적절하지 않다. 글에서 언급된 부분이기는 하지만 글의 요지가 되기에는 지엽적이다.
④ 개는 침팬지보다 언어적 표현을 더 잘 이해한다. → 침팬지는 개의 특별한 선천적 특성을 강조하기 위해 제시된 예시일 뿐으로, 개와 침팬지의 이해 능력을 비교하는 글이 아니다. 또한 '몸짓', 즉 비언어적 표현에 관한 언급은 있지만 언어적 표현에 관한 언급은 없다.

해석 당신과 당신의 개는 의심할 여지 없이 특별한 유대감을 가지고 있다. 개와 인간의 공유된 진화적 과거 속 먼 곳의 무언가가 이 두 종을 이어, 우리의 반려견들이 우리가 그들을 돕거나 소통하고 싶을 때 특히 잘 이해하게 만들었다. 부엌 바닥에 있는 음식의 방향을 가리키면, 당신의 개가 당신의 안내에 따라 그것을 게걸스럽게 먹어 치울 것이다. 그것은 동물계에서 우리의 가장 가까운 친척조차도 견줄 수 없는 기술이다. Duke 대학교에서 인지 진화를 연구하는 Brian Hare는 "침팬지는 매우 많은 일에 있어 개를 훨씬 능가할 수 있다. 그러나 그들은 협력적인 소통의 몸짓을 이해하는 데 특별히 능숙하지는 않다."라고 말한다. Hare와 그의 동료들은 개에게 인간의 몸짓을 이해하는 능력은 각 개체들이 자라면서 배우는 것이라기보다는 진화된 타고난 특성이라고 믿는다.

어휘 bond 유대(감) evolutionary 진화의 canine 개의 companion 동반자 guidance 안내 gobble sth up ~을 게걸스럽게 먹어 치우다 relative 친척, 동류 match 맞먹다, 필적하다 run circles around 훨씬 능가하다 cognition 인지 cooperative 협력의 comprehend 이해하다 inherent 타고난 mature 다 자라다 genetic 유전의 verbal 언어의

08

정답 ③

해설 운송을 위해 완전히 익기 전에 수확되는 수출용 딸기는 맛이 좋지 못하니, 국내산 딸기가 완전히 익었을 때 직접 따는 것이 가장 좋다는 내용의 글이다. 즉, 딸기를 가장 잘 즐기기 위해서는 국내의 딸기가 익을 때까지 기다려야 함을 의미하므로, 빈칸에 들어갈 말로 가장 적절한 것은 ③ '현지의 수확기를 기다리다'이다.
① 손상된 것을 피하다 → 손상을 입은 딸기에 관한 언급은 없다.
② 수출용 품종을 구매하다 → 수출용 딸기는 맛이 없다는 내용이므로 적절하지 않다.
④ 더 서늘한 곳에서 난 것을 먹다 → 오히려 딸기를 구하기 위해 더 따뜻한 곳에서 수입해 온다는 언급으로 보아, 서늘한 기후에서는 딸기를 구하기 힘들 것을 추측할 수 있으므로 적절하지 않다.

해석 한때 영국에서 여름 동안 짧게만 구할 수 있었던 딸기는 이제 더 따뜻한 곳에서 수입되는 덕분에 일 년 내내 먹을 수 있는 과일이다. 그러나 수출용으로 재배되는 품종은 식감이나 풍미보다는 운송에 견딜 수 있는 능력으로 선택되는 경향이 있어, 특별한 것 없는 맛의 덜 부드러운 열매로 이어지는 경우가 많다. 수출용 딸기가 제대로 익기도 전에 따지는 것은 그것의 맛이 더 나빠진다는 것을 의미한다. 딸기를 향기롭고, 즙이 많고, 맛 좋은 최상의 상태로 즐기려면, 국내에서 재배되는 딸기가 완전히 익었을 때 직접 따볼 만하다. 그러니 딸기를 온전히 즐기기 위해 <u>현지의 수확기를 기다려라.</u>

어휘 available 구할 수 있는 brief 짧은 year-round 1년 내내의 variety 품종 export 수출 withstand 견디다 transportation 운송 texture 질감 tender 부드러운 unremarkable 특별한 것 없는, 평범한 ripe 익은 impaired 손상된 fragrant 향기로운 juicy 즙이 많은 domestically 국내에서 local 현지의 harvest 수확기

09

정답 ④

해설 주어진 글은 부동산 투자의 단점인 비유동성에 관한 내용으로, 그다음엔 이를 부연해 주는 부동산 거래 마감이 수개월은 걸린다는 내용의 (C)가 오고, 이어서 Even을 사용하여 중개인의 도움이 있어도 오래 걸린다고 재차 강조하는 (B)가 오는 것이 자연스럽다. 그리고 중개 기업인 부동산투자신탁 회사들이 더 나은 유동성을 준다(offer)는 (B)의 마지막 내용 이후엔, However로 시작하여 그곳들이 제공하는 것(their offerings)의 단점을 역설하는 (A)가 와야 한다. 따라서 글의 순서로 가장 적절한 것은 ④ '(C) - (B) - (A)'이다.

해석 부동산 투자의 한 가지 단점은 유동성 부족, 즉 자산을 현금으로, 현금을 자산으로 전환하는 것의 상대적 어려움이다. (C) 단 몇 초 만에 완료될 수 있는 주식 거래와 달리, 부동산 거래는 마감하는 데 수개월이 걸리는 경우가 많다. (B) 심지어 중개인의 도움이 있어도, 적절한 상대를 찾는 것만으로 몇 주가 걸릴 수 있다. 물론, 부동산을 소유한 기업인 부동산투자신탁 회사들(REITs)은 더 나은 유동성을 제공한다. (A) 그러나 그곳들이 제공하는 것은 부동산 직접 투자보다 주식 시장 전반과 훨씬 깊은 상관관계를 갖기에, 더 큰 변동성과 더 적은 분산 투자 혜택을 대가로 치르게 된다.

어휘 drawback 단점 real estate 부동산 illiquidity 유동성 부족 relative 상대적인 convert 전환하다 asset 자산 at the cost of ~을 희생하여 volatility 변동성 diversification 분산 투자 correlation 상관관계 stock 주식 broker 중개인 counterpart 상대방 transaction 거래 complete 완료하다

10

정답 ③

해설 첫 문장이 글의 주제문으로, Plato는 교육의 역할에 큰 중점을 두었고 그것이 건강하고 공정한 국가를 만드는 데 가장 중요한 부분이라고 믿었다는 것이 글의 핵심 내용이다. 따라서 글의 흐름상 어색한 문장은 교육보다 더 중요한 것이 있음을 깨달았다는 내용의 ③이다.

해석 Plato는 교육의 역할을 매우 중시했고 그것이 건강한 국가를 만드는 데 가장 중요한 부분 중 하나라고 믿었다. Plato는 아이의 마음의 취약성을 보았고 그것이 얼마나 쉽게 형성될 수 있는지를 이해했다. 그는 아이들이 항상 지혜를 추구하고 도덕적인 삶을 살도록 일찍이 가르침 받아야 한다고 믿었다. (그러나 그는 아이들이 안전하고, 사랑받고, 지지받는다고 느끼는 환경을 만드는 것이 교육보다 그들의 행복과 정서적 성장을 위해 훨씬 더 중요하다는 것을 깨달았다.) Plato는 심지어 임신부가 건강한 태아를 가지도록 어떤 운동을 할 수 있는지, 그리고 아이들이 어떤 종류의 예술과 운동에 몰입해야 하는지에 관한 상세한 지시까지 했다. 아테네 사람들이 부패하고 쉽게 유혹되며 미사여구에 잘 속는다고 여긴 Plato에게, 교육은 공정한 사회를 가지는 데 필수였다.

어휘 place emphasis on ~을 강조하다 vulnerability 취약성 mold 형성하다 virtuous 도덕적인, 고결한 go so far as to (심지어) ~하기까지 하다 pregnant 임신한 fetus 태아 immerse oneself in ~에 몰두하다 corrupt 부패한 seduce 유혹하다 gullible 잘 속는 rhetoric 미사여구, 수사법 just 공정한

| 01 | ① | 02 | ④ | 03 | ② | 04 | ② | 05 | ③ |
| 06 | ② | 07 | ② | 08 | ③ | 09 | ④ | 10 | ③ |

01

정답 ①

해설 but 이하에서 합병 사실이 비밀로 유지되어야 했다고 언급되므로, 원래는 그것을 공개하기로 되어 있었음을 알 수 있다. 따라서 빈칸에 들어갈 말로 가장 적절한 것은 ① 'reveal(밝히다)'이다.
②숨기다 ③견디다 ④명령하다

해석 그 기자 회견에서 곧 있을 합병 사실을 밝힐 예정이었으나, 예상치 못한 법적 제약으로 인해 그것을 비밀에 부쳐야 했다.

어휘 press conference 기자 회견 be supposed to RV ~하기로 되어 있다 upcoming 곧 있을 merger 합병 unforeseen 예측하지 못한 constraint 제약 confidential 비밀의

02

정답 ④

해설 빈칸 앞에는 a premier advertising agency라는 선행사가 있고 뒤에는 완전한 절이 오고 있으므로, 빈칸에는 선행사를 취하면서 명사 designers를 수식하여 완전한 절을 이끌 수 있는 소유격 관계대명사 whose가 와야 한다. 참고로 what, which, whom은 완전한 절을 이끌 수 없는 관계대명사이며, what과 which를 의문형용사로 보는 것도 앞에 선행사가 있으므로 부적절하다. 따라서 빈칸에 들어갈 말로 가장 적절한 것은 ④ 'whose'이다.

해석 그 회사는 디자이너들이 인쇄 및 디지털 미디어를 위한 혁신적인 캠페인을 만들어 내는 최고의 광고 대행사이다.

어휘 premier 최고의 agency 대행사 innovative 혁신적인

03

정답 ②

해설 (replacing → (being) replaced) 타동사 replace 뒤에 목적어가 없고 맥락상으로도 가죽이 고무와 인공 섬유로 '대체되고' 있는 것이므로 수동형인 is (being) replaced가 되어야 한다.
① Since time immemorial이라는 부사구가 나왔으며, 복수 명사인 주어 shoes가 가죽으로 '만들어진' 것이므로, 복수 현재완료 수동태 have been made는 적절하게 쓰였다.
③ coated ~ finish는 A fabric base를 수식하는 분사구인데, 타동사인 coat 뒤에 목적어가 없고 의미상으로도 직물 베이스가 화학적 표면 마감으로 '코팅한' 것이 아닌 '코팅된' 것이므로 수동의 과거분사 coated의 쓰임은 적절하다.
④ 분사구문의 의미상 주어(many)가 주절의 주어(A fabric base)와 달라서 남아 있는 형태로, 타동사 simulate 뒤에 목적어가 있고 의미상 주어인 많은 직물 베이스가 가죽 촉감을 '흉내 내는' 것이므로 능동의 현재분사 simulating은 적절하게 쓰였다.

해석 먼 옛날부터 신발은 가죽으로 만들어져 왔으나, 가죽은 여전히 지배적임에도 불구하고 고무와 인공 섬유로 대체되고 있다. 화학적 표면 마감으로 코팅된 직물 베이스는 다양한 질감과 디자인으로 만들어질 수 있고, 많은 것(직물 베이스)이 가죽의 촉감을 흉내 낸다.

어휘 time immemorial 태곳적, 아득한 옛날 leather 가죽 dominant 지배적인, 우세한 rubber 고무 fiber 섬유 fabric 직물 coat 씌우다, 코팅하다 texture 질감 simulate 가장하다, 흉내 내다 grain 결, 촉감

04

정답 ②

해설 B가 도서관에서 책을 빌리는 상황이다. 빈칸 뒤에서 대출 기간을 알려 주는 A의 말을 보았을 때, B가 빈칸에서 대출 기간을 물었을 것을 추론할 수 있다. 빈칸에 들어갈 말로 가장 적절한 것은 ② '책을 얼마 동안 가지고 있을 수 있는지 알고 싶어요.'이다.
① 책이 도착하는 데 며칠이 걸릴까요?
③ 대출 카드를 어디서 받을 수 있는지 알려 주세요.
④ 책이 연체되면 어떻게 되나요?

해석 A: 무엇을 도와드릴까요?
B: 책을 찾고 있는데, 도서관에서 찾아다니기가 좀 어렵네요.
A: 도서관에 원하시는 책을 찾는 데 도움이 되는 검색 엔진이 있습니다.
B: 그렇군요. 그리고 책을 한 번에 몇 권 빌릴 수 있나요?
A: 학생은 5권까지, 교직원은 10권까지 빌릴 수 있습니다.
B: 책을 얼마 동안 가지고 있을 수 있는지 알고 싶어요.
A: 대출 기간은 14일이고, 한 번만 7일 연장 가능합니다.
B: 도와주셔서 감사합니다.

어휘 navigate 길을 찾다 locate ~의 위치를 찾아내다 faculty 교수단 loan 대출 extend 연장하다 overdue (반납) 기한이 지난

05

정답 ③

해설 어둡고 인적이 드문 구역에 가로등이 부족한 것에 우려를 표하며, 시에서 가로등을 추가로 설치하고 기존 가로등도 정비해 달라고 요청하는 내용의 글이다. 따라서 글의 목적으로 가장 적절한 것은 ③ '가로등의 확대와 관리를 건의하려고'이다.

① 고장 난 가로등의 수리를 요청하려고 → 기존 가로등의 보수 유지에 관한 언급이 있으나 이는 부가적인 요청일 뿐이며, 애초에 가로등의 파손에 관해서는 언급조차 없다.

② 지나치게 밝은 가로등에 대해 항의하려고 → 가로등의 밝기 정도가 아닌 수에 관한 내용이며, 오히려 어두운 것이 문제되고 있다.

④ 가로등에 투입되는 지나친 예산에 의문을 제기하려고

06

정답 ②

해설 어둡고 인적이 드문 곳에 가로등이 부족해서 안전상의 위험이 생길 것 같다는 감정, 즉 불안감이 있다는 내용이다. 맥락상 sense는 '느낌'이라는 뜻으로 쓰였으므로, 이와 의미가 가장 가까운 것은 ② 'feeling(느낌)'이다.

① 정신 ③ 본능 ④ 의미

05-06

해석 수신: Sunnydale 구청
발신: Amelia Scott
날짜: 9월 20일
제목: 가로등 문제

관계자분께

평안하시길 바랍니다. 우리 동네, 특히 어두운 구석과 인적이 드문 구역의 가로등이 불충분한 것에 대한 우려를 표하고자 연락드립니다. 저를 포함한 여러 주민이 이 조명이 부족한 구역들이 불안한 느낌을 조성하고 잠재적인 안전 위험을 초래한다는 것을 알고 있습니다.

시에서 가시성과 안전성을 높이기 위해 가로등을 추가로 설치하고 기존 가로등을 정비해 줄 것을 요청드리고 싶습니다. 우리 동네의 조명을 개선하면 마음의 평화를 얻을 수 있고 안전한 거주지라는 지역 사회의 명성을 유지하는 데 도움이 될 것입니다.

이 문제에 관심을 가져 주셔서 감사합니다. 저도 조명이 밝고 안전한 환경을 보장하기 위해 가능한 모든 방법으로 돕겠습니다.

안부를 전하며,
Amelia Scott 드림

어휘 inadequate 불충분한 frequented (사람들이) 자주 가는 resident 주민 lit 불이 밝혀진 insecurity 불안 install 설치하다 maintain (점검·보수하며) 유지하다 enhance 향상하다 visibility 가시성 reputation 명성 protest against ~에 대해 항의하다 dim 어둑한 expansion 확대 question 의문을 제기하다 excessive 지나친 budget 예산

07

정답 ②

해설 이 글은 GDP가 비화폐적인 요소들을 말해 주지 않으며, 따라서 한 사회의 행복을 가늠하게 해줄 수 없다는 한계를 설명하고 있다. 따라서 글의 제목으로 가장 적절한 것은 ② 'GDP의 근본적인 한계'이다.

① 유용한 경제 지표로서의 GDP → 첫 문장에서 GDP가 유용한 경제적 지표라고 언급되긴 하나 이는 서두에 불과하며, 글의 중심 내용은 GDP의 한계이다.

③ GDP: 국가 행복의 척도 → GDP가 국가의 행복을 알려 주지 못한다는 글의 내용과 반대된다.

④ GDP가 국가 행복에 미치는 영향 → 이 글은 GDP가 국가 행복을 반영하는지에 관한 내용이지, 그것에 영향을 미치는지에 관해서는 다루고 있지 않다.

해석 국내 총생산(GDP)은 한 국가에서 생산되는 재화와 서비스의 가치를 보여 주는 유용한 지표이지만, 총 생산성이 한 사회의 행복에 관한 모든 이야기를 해주지는 않는다. 더 높은 생산량이 반드시 더 나은 삶의 질에 기여하는 것은 아니며, 재화와 서비스의 재정적 가치는 국가의 성공을 진정으로 가늠하기에 충분하지 않다. GDP는 특히 장기적인 관점에서, 국가의 행복을 결정하는 비화폐적 요소들을 설명하지 않는다. 경작지 손실이나 어류 남획, 조기 중퇴나 조직적인 노인 차별, 또는 성적 불평등이나 사회적 배제 같은 경쟁력을 약화시킬 수 있는 활동들과 상황들은 모두 GDP 지표의 레이더에 잡히지 않는다.

어휘 indicator 지표 productivity 생산성 well-being 행복, 복지 output 생산량 make for 기여하다 assess 가늠하다 account for 설명하다 non-monetary 비금전적인 undermine 약화시키다 competitiveness 경쟁력 arable 곡식을 경작하는 overfishing (어류) 남획 dropout 중퇴(자) ageism 노인 차별 exclusion 배제 radar 레이더

08

정답 ③

해설 여러 사회 심리학자들의 연구에 따르면, 단순히 누군가의 옆에 있거나 또는 심지어 사진만 보더라도 그 사람의 감정이 매우 짧은 시간 내로 옮겨 온다는 내용의 글이다. 따라서 감정의 전이를 뜻하는, 빈칸에 들어갈 말로 가장 적절한 것은 ③ '전염'이다.

① 무관심 → 누군가를 보는 것만으로도 같은 감정을 느끼는 것은 무관심한 것과 반대된다.

② 만족 → 빈칸 문장의 앞은 스트레스, 즉 부정적 감정이 전염되는 내용이므로 긍정적인 감정이 포함된 선지는 정답이 될 수 없다.

④ 책임 → 감정을 전염 받은 사람들이 의무적으로 같은 감정을 느끼는 것은 아니므로 적절하지 않다.

해석 Ron Friedman과 같은 사회 심리학자들은 단순히 기분이 좋은 사람 근처에 있는 것만으로도 사람들의 의욕(따라서 그들의 수행)을 높이기에 충분할 수 있으며, 짜증이 난 사람과 가까이 있는 것은 반대 효과가 나타날 수 있다는 것을 발견했다. Friedman과 그의 동료들은 사람들이 완전히 서로 다른 일을 하고 있을 때도 이런 일이 일어나며, 이는 아무런 대화 없이도 5분 이내에 일어남을 보여 주었다. 스트레스 역시 누출된다. 다른 연구자들은 사람들에게 예기치 않은 대중 연설을 약간 요청하면 말하는 사람들을 불안하게 만들 뿐만 아니라, 그들의 말을 듣고 있는 사람들의 스트레스 수준을 높이기도 한다는 것을 발견했다. 그리고 이런 전염을 유발하는 데 긴 시간이 걸리지 않는다. 게다가, 독일의 연구자들은 단순히 미소 짓거나 찌푸리고 있는 사람들의 사진을 보는 것만으로도, 심지어는 0.5초만 사진을 보더라도 같은 감정을 유발하기에 충분하다는 것을 발견했다.

어휘 merely 단순히 lift 들어 올리다, 북돋우다 motivation 동기 (부여), 의욕 irritable 짜증이 난 completely 완전히 leak 새다 nervous 불안해하는 provoke 유발하다 grimace 얼굴을 찡그리다

09

정답 ④

해설 주어진 문장은 이것(This)이 동료와 고객과 계속 연락해야 하는 비즈니스에 좋다는 내용으로, This는 이동 중에 휴대 기기로 메일함을 확인할 수 있다는 ④ 앞 문장의 내용을 받는 것이 가장 자연스럽다. 또한 ④ 뒤 문장의 maintain such contacts가 주어진 문장의 keep in touch with colleagues and clients를 가리키므로, 주어진 문장이 들어갈 위치로 가장 적절한 것은 ④이다.

해석 블루투스라는 놀라운 기술은 두 무선 장치 간에 데이터를 교환하는 훌륭한 방법을 제시한다. 그것은 상호운용성을 제공하는데, 이는 당신이 휴대용 블루투스 장치를 이용하여 기존 블루투스 지점과 연결할 수 있다는 의미이다. 이 방법으로, 당신은 어디를 가든 데이터 전송용 케이블이나 드라이버 소프트웨어 CD를 가지고 다닐 필요가 없다. 당신은 소프트웨어를 설치할 걱정 없이 최상의 무선 기능을 즐길 수 있다. 또한, 당신은 블루투스로 이동 중에 휴대 정보 단말기와 휴대 전화를 이용하여 인터넷을 서핑하거나 당신의 메일함을 확인할 수 있다. <u>이는 특히 동료와 고객과 연락을 유지해야 하는 비즈니스 분야에서 매우 유용할 수 있다.</u> 블루투스는 당신이 업무상 이동 중일 때조차 이러한 연락을 유지할 수 있게 해줄 것이다.

어휘 keep in touch with ~와 계속 연락하다 wireless 무선의 interoperability 상호운용성 portable 휴대용의 lead 전깃줄, 케이블 install 설치하다 PDA(=personal digital assistant) 휴대 정보 단말기 browse (인터넷을) 돌아다니다 inbox 받은 메일함

10

정답 ③

해설 5번째 문장에서 기존 가입자의 경우 가격 변경이 점진적으로 시행될 것이라고 언급되었으며, 마지막 두 문장에서도 2014년 이후로 기존 회원들을 위한 가격 유지 특전을 제공하지 않아 왔다고 언급되었다. 따라서 글의 내용과 일치하지 않는 것은 ③ '기존 가입자는 이번 가격 인상의 대상이 되지 않을 것이다.'이다.
① 매달 10달러를 내는 사람은 HD를 이용할 수 없을 것이다. → 3번째 문장에서 언급된 내용이다.
② 인상된 가격은 신규 가입자에게 즉시 적용된다. → 4번째 문장에서 언급된 내용이다.
④ 넷플릭스는 2014년부터 요금제 가격을 인상해 왔다. → 마지막 2, 3번째 문장에서 언급된 내용이다.

해석 넷플릭스는 미국에서 모든 요금제에 걸쳐 가격을 인상할 예정이다. 이 회사의 스탠다드 요금제는 월 14달러에서 15.50달러로 인상될 것이고, 4K 요금제는 월 18달러에서 20달러로 인상될 것이다. HD가 포함되지 않은 베이식 요금제도 월 9달러에서 10달러로 인상될 것이다. 이 가격 인상은 신규 가입자에게 즉시 실시된다. 기존 가입자의 경우엔 변경 사항이 "점진적으로" 시행될 것이며, 넷플릭스는 가격 인상이 실시되기 30일 전에 회원들에게 메일을 보내겠다고 약속한다. 넷플릭스 요금제의 가격은 최근 몇 년 동안 꾸준히 올랐다. 넷플릭스가 2014년에 첫 가격 인상을 발표했을 땐, 그 회사는 월 1달러 인상으로 가입자들을 잃을 것을 매우 우려하여 기존 회원들은 2년간 가격을 유지하게 했다. 그것은 그 이후 몇 년 동안 그런 후한 특전을 제공하지 않아 왔다.

어휘 plan (특정 요금) 제도 hike (가격의) 인상 go into effect 효력이 발생된다, 실시되다 immediately 즉시 subscriber 가입자 roll out 출시[시작]하다 gradually 점진적으로 steadily 꾸준히 bump 인상 generous 후한 perk 특전 be subject to ~의 대상이다

01	②	02	③	03	④	04	③	05	③
06	④	07	④	08	①	09	④	10	②

01

정답 ②

해설 that 이하의 내용에 유의했을 때, 모든 사람이 동등한 양의 물품을 받을 수 있으려면 그 물품을 공평하게 나누어주는 것이 전제되어야 하므로, 빈칸에 들어갈 말로 가장 적절한 것은 ② 'distribution(분배)'이다.
① 수집 ③ 보존 ④ 소비

해석 정부에 의한 구호물자의 공정한 분배는 모든 피해자가 동등한 양을 받을 수 있도록 보장했다.

어휘 relief supply 구호물자 ensure 보장하다 equal 동등한

02

정답 ③

해설 모든 신입 사원이 업무 시작 전 불가피하게 교육을 끝마쳐야 한다는 것은 그 교육의 이수가 의무적이라는 의미이다. 따라서 빈칸에 들어갈 말로 가장 적절한 것은 ③ 'mandatory(의무적인)'이다.
① 유익한 ② 부차적인 ④ 전문적인

해석 그 교육은 의무적인데, 이는 모든 신입 사원이 근무를 시작하도록 허가받기 전에 그것을 필연적으로 이수해야 함을 의미한다.

어휘 hire 신입 사원 inevitably 필연적으로 complete 끝마치다 authorize 허가하다, 권한을 부여하다

03

정답 ④

해설 (it falls → does it fall) 접속사 nor를 사용하여 부정 동의를 나타낼 경우, nor 뒤의 주어와 동사는 의문문의 어순으로 도치되어야 하므로, nor does it fall off가 되어야 한다.
① Although는 접속사이므로 뒤에 절이 온 것은 적절하다.
② that은 맥락상 앞서 나온 a body architecture를 가리키는 대명사이므로 단수로 수일치한 것은 적절하다.
③ '구성하다'라는 뜻의 타동사 compose는 수동태로 바꾸면 be composed of의 형태를 취한다. 맥락상 거북이 껍데기가 위아래 뼈 구조를 '구성하는' 것이 아니라 위아래 뼈 구조로 '구성되는' 것이므로 수동태 is composed of는 적절하게 쓰였다.

해석 무척추동물에서 포유동물에 이르기까지 수많은 동물이 껍데기를 진화시켰지만, 거북이의 것 같은 몸 구조를 갖춘 동물은 없다. 거북이 껍데기는 몸의 각 면을 따라 만나는 위아래의 뼈 구조로 구성되어 있으며, 그것이 몸의 필수 부위이기에 거북이는 껍데기 밖으로 나갈 수 없고, 그것이 떨어져 나가지도 않는다.

어휘 numerous 수많은 invertebrate 무척추동물 mammal 포유동물 architecture 구조 bony 뼈의 integral 필수적인 exit 나가다

04

정답 ③

해설 Linda가 Paul에게 공급업체의 가격 인상에 대한 자사의 합의를 증빙하는 기록이 있는지 물어보고 있다. 빈칸 뒤에서 Linda가 고마움을 표하며 무엇이든 찾으면 알려달라고 하는 것으로 보아, 빈칸에서 Paul이 기록을 한번 찾아보겠다고 했음을 유추할 수 있다. 따라서 빈칸에 들어갈 말로 가장 적절한 것은 ③ '제가 그들과의 대화 기록을 확인해 볼게요.'이다.
① 그들의 기록은 저한테 없어요.
② 그들은 우리에게 가장 중요한 공급업체예요.
④ 소비자들이 우리 가격의 인상에 대해 불만이 있어요.

해석 Linda Banes: 안녕하세요, Paul. 바쁘신 와중에 방해해서 죄송하지만 급히 요청할 일이 있어서요.
Paul Ozak: 전혀 문제 될 것 없어요. 무슨 일인가요?
Linda Banes: 우리 공급업체 중 하나인 Mears로부터 우리가 그들의 운임 인상에 합의했다고 주장하는 이메일을 받았어요. 혹시 이 합의에 관한 기록이 있으신가요?
Paul Ozak: 제가 그들과의 대화 기록을 확인해 볼게요.
Linda Banes: 감사합니다. 뭐라도 찾으시면 알려주세요.

어휘 disturb 방해하다 urgent 급한 supplier 공급업체 claim 주장하다 freight charge 운임

05

정답 ③

해설 도움이 필요한 사람들을 지원함으로써 공동체에 변화를 불러오는 바자회에 관한 내용이다. 따라서 글의 제목으로 가장 적절한 것은 ③ '명분 있는 쇼핑을 하고 우리 공동체를 지원해 주세요'이다.
① 오셔서 다양한 현지 음식을 맛보세요
② 여러분의 예술 창작물을 판매할 기회를 잡으세요
④ 어린이를 위한 보물찾기 행사에서 함께 즐겨 보세요 → 글에서 언급된 treasure는 소중히 다룬 물건이라는 의미로 쓰여 보물찾기와는 무관하다.

06

정답 ④

해설 글의 후반부에서 대중교통을 권하긴 하나 주차가 가능하다고 언급되므로, 글의 내용과 일치하지 않는 것은 ④ '주차 공간은 제공되지 않는다.'이다.
① 금요일에는 주말보다 더 일찍 끝난다. → 글의 초반부에서 언급된 내용이다.
② 아이들을 위해 지정된 놀이 공간이 있다. → 글의 중반부에서 언급된 내용이다.
③ 현장에서 중고품을 바로 기부할 수 있다. → 글의 후반부에서 언급된 내용이다.

05-06

해석 　　　명분 있는 쇼핑을 하고 우리 공동체를 지원해 주세요

선샤인 자선 바자회에 여러분을 초대합니다! 도움이 필요한 사람들을 지원함으로써 우리 공동체에 변화를 불러오는 동시에 다양한 품목에 대해 놀라운 거래를 할 수 있는 멋진 기회입니다.

일시 & 장소
• 날짜: 10월 21일 금요일 - 10월 23일 일요일
• 시간: 오전 10시 - 오후 5시 (금요일)
　　　　오전 10시 - 오후 7시 (토요일 & 일요일)
• 장소: 나파밸리 타운스퀘어

기대할 수 있는 것
• 소중한 중고품: 훌륭한 상태의 다양한 중고 물품이 있을 예정입니다.
• 즐거운 활동: 페이스 페인팅, 동물 풍선, 지정된 어린이 놀이 공간으로 아이들을 즐겁게 해줍니다.
• 식음료: 맛있는 식사를 저렴한 가격에 제공합니다.

더 기여할 수 있는 방법
• 자원봉사자 역할: 설치와 청소 등의 업무를 돕고 자원봉사 시간을 받으세요.
• 기부 장소: 현장에서 새 제품이나 조심히 사용한 물품을 기부하여 자선 행사에 직접 기여하세요.

※ 참가비는 무료이며 별도의 등록이 필요하지 않습니다. 주차가 가능하지만, 주차장이 빠르게 찰 것이므로 대중교통 이용을 권장합니다.

어휘 bazaar 바자회 secondhand 중고의 pre-loved 중고의 designated 지정된 affordable 저렴한 station (특정 활동을 위한) 장소 gently 조심히, 순하게 on-site 현장에서 registration 등록 available 이용 가능한 cause 대의명분

07

해설 경제가 세계화됨에 따라 국가가 통제할 능력이 있는 것들의 범위가 축소되고, 그로 인해 국가가 경제 정책에서 할 수 있는 선택의 범위가 줄어든다는 내용의 글이다. 따라서 글의 요지로 가장 적절한 것은 ④ '세계화는 경제 정책에 대한 국가의 통제력을 줄일 수 있다.'이다.

① 국가는 세계화 속에서 그 기능을 완전히 상실한다. → 국가가 여전히 하나의 국가로서 공식적인 능력을 그대로 가지고 있다는 글의 내용과 반대된다.

② 세계 경제는 점점 더 유동적으로 되고 있다. → 세계화에 따른 세계 경제가 유동적이라는 언급이 있긴 하나, 이는 국가의 통제력 감소의 원인을 설명하기 위한 내용에 불과하다.

③ 정부는 국가의 시장에 개입할 필요가 있다. → 정부가 경제 정책에 있어 통제 가능한 범위가 줄어들 수 있다는 예측을 하고 있을 뿐, 더 나아가 경제, 특히 시장에 적극적으로 개입해야 한다는 주장을 하고 있지는 않다.

해석 오늘날 자유롭게 이동하는 세계 경제의 발전은 미래에 정부가 실제로 얼마나 많은 책략의 여지를 가질 것인가에 대해 의문을 제기한다. 국가는 스스로 위축되는 것을 볼 수도 있는데, 그것이 가진 권력의 정식적인 재분배에 의해서가 아니라, 전 세계 경제 및 사회 기능이 세계화의 단일 단위로 작동하기 시작함에 따른, 그것이 통제할 수 없는 주체와 과정의 성장에 의해서이다. 이 경우, 국가가 행하고 싶을지도 모르는 경제 정책의 전 영역이 국가가 통제하기 불가능한 것으로 드러날 수도 있다. 국가는 하나의 국가로 남아 있으며 그것의 공식적인 능력은 그대로 남아 있지만, 국가가 통제할 능력이 있는 것들의 범위가 줄어들 수 있을 뿐이다. 거대하고 유동적인 세계 경제의 발전과 더불어, 세계의 투자자와 자본 시장이 아마도 각국가의 경제 발전을 매우 강하게 결정하여, 국가는 사실 경제 정책에 있어 선택의 범위가 다소 좁을 뿐이다.

어휘 call sth into question ~에 의문을 제기하다 maneuver 책략 diminish 줄이다, 약화시키다 reallocation 재분배 actor 행위자, 관계자 capacity 능력 shrink 줄어들다 fluid 유동적인 narrow 좁은 intervene 개입하다

08

해설 기계가 정보의 수집, 평가, 처리에는 능숙하지만, 그 정보를 다른 맥락 또는 분야에 적용하는 방법은 잘 모른다는 내용의 글이다. 빈칸 앞에서도 프로그래밍의 틀에 갇혀 있다고 언급되는 것을 보아, 기계가 하지 못하는 일을 가리키는 빈칸에 들어갈 말로 가장 적절한 것은 ① '특정한 사고 영역에서 벗어나다'이다.

② 인문 분야의 정보를 해석하다 → 인류 이동 연구에 정보를 적용하지 못한다는 예시가 언급되나, 이는 어느 한 분야의 정보를 다른 분야에 활용하지 못함을 설명하는 것이지, 인문 분야의 정보를 이해하지 못한다는 의미가 아니다.

③ 많은 데이터를 한꺼번에 수집하다 → 범람하는 정보를 모으는 데 능숙하다고 언급되므로 적절하지 않다.

④ 분석을 통해 문제 해결책을 도출하다 → 해안 지역의 기후 변화 문제에 관한 데이터를 평가한 후, 개선 및 방지법에 관한 결론을 산출할 수 있다는 예시가 언급되므로 적절하지 않다.

해석 기계는 범람하는 정보를 수집하고 이해하고 처리하는 데 능숙하지만, 이 정보를 다른 맥락에 적용하는 법을 아는 데는 덜 숙련되어 있다. 예를 들어, 수온, 해류, 날씨 패턴, 그리고 다른 요인들을 평가하면서, 기후 변화가 해안 지역에 미치는 영향의 모형을 만들 수 있는 기계를 생각해 보자. 이 기계는 그 모든 데이터를 평가하여, 주변 건축물을 개선하고 침식을 방지하는 방법에 관한 결론을 산출할 수 있다. 그러나 그 같은 기계는 데이터를 다른 분야에서 어떻게 사용할지는 상상하지 못할 것이다. 예를 들어, 그것은 인류 이동에 관한 연구에 그 정보를 사용하거나 수산업 분야의 사업에 그것을 적용하는 결정을 내리지 않을 것이다. 프로그래밍의 컨테이너(틀)에 갇혀 있는 그것은 특정한 사고 영역에서 벗어나지 못할 것이다.

어휘 adept 능숙한 model 모형[견본]을 만들다 coastal 해안의 assess 평가하다 current 해류 yield 산출하다 architecture 건축(물) combat 방지하다 erosion 침식 deploy 배치하다, 효율적으로 사용하다 migration 이동 operation 운영 fisheries industry 수산업 derive 끌어내다 interpret 해석하다 humanistic 인문(학)의 specific 특정한 domain 영역

09

해설 주어진 글은 적보다 친구를 조심하라는 모순된 속담 하나를 제시하고 있는데, 그다음엔 그 속담을 It으로 받아 뜻을 해석해 주는 (C)가 와야 한다. 그리고 (C)에서 언급된 미국 학생과 중국 학생에 대한 실험 방식 이후엔 실험 결과 및 해석 내용을 알려주는 (B)가 와야 하며, 마지막으로는 그 해석을 The bottom line is ~로 요약해 주는 (A)로 마무리되어야 한다. 따라서 글의 순서로 가장 적절한 것은 ④ '(C) - (B) - (A)'이다.

해석 "적보다는 친구를 조심하라"라는 자기 모순되는 듯한 속담을 들어본 적이 있는가? (C) 그것은 우리가 신뢰하게 된 사람들을 조심해야 함을 의미한다. 한 연구에서, 그렇게 모순적인 격언들과 모순적이지 않은 격언들이 미국 대학생들과 비슷한 나이대의 중국 학생들에게 제시되었다. (B) 흥미롭게도, 미국 학생들은 모순적인 격언에 대한 반감을 보여 준 반면에, 중국 학생들은 그것을 선호했다. 그 차이는 문화적 차이를 반영하고 있는데, 서양적 사고는 내적으로 일관된 생각을 선호하는 반면, 동양적 사고는 모호한 것에 편안해한다. (A) 요는, 서양의 사고방식은 양자택일형 분류를 선호하는 반면, 동양의 사고방식은 덜 명확한 구분을 받아들인다는 것이다. 이는 문화적 배경이 어떤 학생들에게는 분류 지침을 복잡하게 만들고 그 지침을 이해하기 더 어렵게 만들 수도 있다는 것을 보여 준다.

어휘 proverb 속담 beware of 조심하다 contradict 모순되다 bottom line 요점 either-or 양자택일의 category 범주 clear-cut 명확한 division 구분 illustrate 분명히 보여 주다 complicate 복잡하게 하다 classification 분류 guideline 지침 grasp 이해하다 dislike 반감 discrepancy 차이 consistent 일관된 comfortable 편안한 ambiguity 모호함 cautious 조심하는

10

정답 ②

해설 이 글은 툰드라에 사는 동물들이 추위에 적응하여 생존하는 다양한 방식을 설명하고 있다. 따라서 글의 흐름상 어색한 문장은 과한 지방 저장이 건강에 해로울 수 있다는 내용의 ②이다.

해석 툰드라의 동물들은 극한의 환경에 적응되어 있으며, 식물과 곤충이 짧은 성장 시기에 일시적으로 폭발적으로 증가하는 것을 이용한다. 툰드라 야생 동물에는 노르웨이레밍과 북극 토끼 같은 작은 포유류와 카리부 같은 큰 포유류가 포함된다. 이 동물들은 겨울 동안 생명을 유지하고 몸을 보온하기 위해 지방 저장량을 축적한다. (지방 저장은 생존을 위해 필수적이지만, 너무 많으면 만성적인 건강 문제로 이어질 수 있다.) 그것들은 또한 추가적인 단열을 위해 두꺼운 털가죽을 가지고 있다. 어떤 동물들은 긴 겨울 동안 동면하면서 에너지를 아끼는 한편, 다른 동물들은 겨울 동안 더 따뜻한 지역으로 이동한다. 그리고 그것들은 성장 시기에 툰드라로 돌아와 먹고, 짝짓기를 하고, 둥지를 튼다.

어휘 adapt 적응시키다 take advantage of 이용하다 temporary 일시적인 explosion 폭발적인 증가 wildlife 야생 동물 mammal 포유류 arctic hare 북극 토끼 caribou 순록 store 저장[비축](량) insulate 단열하다, 보온하다 chronic 만성적인 hibernate 동면하다 migrate 이동하다 mate 짝짓기를 하다 nest 둥지를 틀다

01	②	02	④	03	④	04	④	05	③
06	④	07	③	08	②	09	③	10	③

01

정답 ②

해설 Despite에 유의했을 때, 빈칸에는 여행객들을 단념시켜 많이 오지 않게 할 만한, 즉 여행객에게 까다롭고 좋지 않은 여행 조건의 특성이 와야 한다. 따라서 빈칸에 들어갈 말로 가장 적절한 것은 ② 'adverse(불리한)'이다.
① 다양한 ③ 적합한 ④ 비슷한

해석 불리한 여행 조건에도 불구하고, 모험을 즐기는 여행객들은 단념하지 않고 그 국가를 많이 방문한다.

어휘 adventurous 모험을 즐기는 discourage 단념시키다

02

정답 ④

해설 문장의 동사로 이미 is expected가 있으므로, 빈칸에는 준동사가 와야 함을 알 수 있다. 즉, 빈칸부터 quantum mechanics까지가 주어인 The scientist를 수식하는 분사구인데, 타동사 establish 뒤에 목적어인 groundbreaking theories가 있고 의미상으로도 과학자가 이론을 '정립할' 것이므로 능동의 현재분사가 쓰여야 한다. 따라서 빈칸에 들어갈 말로 가장 적절한 것은 ④ 'establishing'이다.

해석 양자 역학 분야에서 획기적인 이론들을 정립한 그 과학자는 노벨상을 받을 것으로 예상된다.

어휘 groundbreaking 획기적인 quantum mechanics 양자 역학 award 수여하다

03

정답 ④

해설 (its → their) 소유격 its가 가리키는 것은 맥락상 앞서 나온 tornadoes이므로, 그에 수일치하여 복수인 their로 고쳐야 한다.
① 비교급을 이용하여 최상급을 표현하는 경우, '비교급 ~ than + any other + 단수 명사' 또는 '비교급 ~ than + all the other + 복수 명사' 구조를 취한다. 여기서는 any other가 쓰이고 있으므로 뒤에 단수 명사 country가 오는 것은 적절하다.
② is의 주어는 맥락상 단수 명사인 the twister count이므로 그에 수일치하여 단수 동사로 쓰인 것은 적절하다.
③ 2형식 동사로 쓰인 stay가 과거분사형 형용사인 undocumented를 보어로 취하고 있는 것은 적절하다.

해석 미국이 다른 어떤 나라보다 토네이도가 더 많이 발생하긴 하지만, 근처에 수분 공급원이 있는 다른 크고 비교적 평평한 나라들의 토네이도 발생 총계는 기록이 보여 주는 것보다 더 높을 것이다. 많은 폭풍이 사람이 살지 않는 지역에서 발생해서 토네이도 발생을 수량화할 수 있는 데이터가 없기 때문에, 러시아는 증거 자료가 없는 상태로 남아 있는 많은 토네이도를 경험한다.

어휘 twister 토네이도 count 총수, 총계 relatively 비교적 flat 평평한, 평지인 moisture 수분 undocumented 증거 자료가 없는 available 이용 가능한 quantify 수량화하다 occurrence 발생 uninhabited 사람이 살지 않는

04

정답 ④

해설 A가 영어 프로그램 관리직에 지원한 B를 면접하는 상황이다. 빈칸 뒤에서 B가 자신이 회사에 보탬이 될 만한 점을 이야기하고 A가 그것이 필요하다고 답하고 있는 것으로 보아, A가 빈칸에서 B의 장점을 물어보았을 것으로 추측할 수 있다. 따라서 빈칸에 들어갈 말로 가장 적절한 것은 ④ '이 직무에 대한 본인의 강점을 말씀해 주세요.'이다.
① 최근 기억에 남는 경험을 들려주실 수 있나요?
② 본인 자산의 대략적인 가치는 얼마입니까?
③ 하지만 영어를 잘 가르치는 것이 전부는 아닙니다.

해석 A: Baker 씨, 이 자리에 지원한 이유는 무엇인가요?
B: 저는 항상 이런 영어 프로그램을 관리하는 데 열정을 가지고 있었습니다.
A: 그렇군요. 이 직무에 대한 본인의 강점을 말씀해 주세요.
B: 제 영어 교사로서의 풍부한 경험이 귀사의 팀에 귀중한 자산이 되리라 생각합니다.
A: 정말 인상적이네요. 저희는 당신과 같은 배경을 가진 사람이 필요하거든요.

어휘 passionate 열정적인 valuable 귀중한 asset 자산 impressive 인상적인 memorable 기억할 만한 approximate 대략의 strength 강점

05

정답 ③

해설 최근 지진 경보가 지연되어 주민들이 큰 피해를 보았음을 강조하며, 향후 지진의 영향을 줄이기 위한 지진 경보 시스템 강화를 촉구하는 내용의 글이다. 따라서 글의 목적으로 가장 적절한 것은 ③ '지진 경보 시스템 작동 지연에 대한 개선을 요구하려고'이다.
① 지진 경보 시스템의 신속한 가동에 대해 칭찬하려고 → 오히려 경보 시스템의 가동이 지연되었다는 내용이다.
② 지진 경보 시스템에 대한 주민들의 협조를 촉구하려고
④ 지진 경보 시스템의 잦은 오작동 원인에 대해 질의하려고 → 오작동이 빈번하다는 언급은 없으며, 그 원인을 물어보고 있지도 않다.

06

정답 ④

해설 지진 경보 지연으로 창문과 가구부터 집까지 아울러 파손되어 재정적 곤경이 발생했다고 언급된다. 맥락상 properties는 '재산'이라는 뜻으로 쓰였으므로, 이와 의미가 가장 가까운 것은 ④ 'possessions(재산)'이다.
① 땅 ② 특징 ③ 자질

05-06

해석 수신: Harmony 구청
발신: Ethan Parker
날짜: 7월 24일
제목: 지진 경보 시스템

관계자분들께,

최근 지진 경보가 지연되어 우리 지역 사회의 개인 재산에 큰 피해를 준 것에 대한 우려로 메일을 보내드립니다. 제때 경보가 발령되지 않아 많은 주민이 대비하지 못했고, 그 결과 창문과 가구가 부서진 것부터 집에 심한 피해를 당한 것까지 이르는 재정적 곤경이 발생했습니다. 그 경보 지연으로 필요한 예방 조치를 취할 수 있는 저희의 능력이 크게 제한된 것입니다.

저는 시에서 즉시 지진 경보 시스템을 강화할 것을 촉구합니다. 기술을 업그레이드하고, 시스템을 더 많이 테스트하고, 명확한 소통 채널을 확립하는 것이 향후 지진의 영향을 줄이는 데 필수적입니다.

이 중대한 문제에 관심을 가져주셔서 감사합니다. 지진 대비 태세를 강화하고 모든 주민의 안전을 보장하기 위한 신속한 조치를 기대하겠습니다.

진심을 담아,
Ethan Parker 드림

어휘 earthquake 지진 warning 경고 regarding ~에 관하여 significant 상당한 timely 제때의 alert 경보 resident 주민 distress 곤경 precaution 예방 조치 urge 촉구하다 immediately 즉시 strengthen 강화하다 reduce 줄이다 anticipate 기대하다 swift 신속한 preparedness 대비 (태세)

07

정답 ③

해설 인간은 수십 년간 아기에게 우유를 먹이는 것을 장려해 왔지만, 이는 모유에만 존재하는 성분의 건강상 이점을 간과한 것이라는 내용의 글이다. 모유는 우유보다 구조적 및 영양적으로 독특한 지방질을 지니고, 소화계 발달에 큰 역할을 하고, 출생 후 신체 발달 변화를 자극하며, 식품 알레르기의 위험을 줄인다는 것이다. 따라서 글의 주제로 가장 적절한 것은 ③ '모유가 우유에 비해 가지는 이점'이다.
① 모유가 알레르기에 미치는 영향 → 모유가 식품 알레르기의 위험성을 줄인다는 언급이 있으나, 이는 모유의 이점 중 하나에 불과하다.
② 모유와 우유의 성분 → 모유와 우유의 성분이 무엇인지 구체적으로 언급되지 않았으며, 우유에는 없는 모유가 가진 성분의 '효과'에 초점을 맞춘 글이다.
④ 아기에게 우유를 먹이는 것의 단점 → 아기에게 우유보다 모유를 먹이는 것이 더 좋다는 논지의 글일 뿐, 우유를 먹일 때의 단점은 언급된 바 없다.

해석 우리가 손쉽게 자연을 능가할 수 있다는 순진한 믿음은 어떤 면에서는 수십 년간 아기들에게 우유를 먹이는 것을 장려한 데서 전형적으로 나타난다. 이는 모유에 우유에는 없는 미묘한 건강 인자가 함유되어 있을 가능성을 간과한 것이다. 연구에 따르면 모유와 우유의 지방질에 상당한 차이가 있는데, 모유의 지방질은 구조적 및 영양적으로 매우 독특하다. 우리는 또한 이제 모유가 소화계의 발달에 큰 역할을 한다는 것을 알고 있다. 또한 모유의 독특한 영양 성분은 출생 후에 나타나는 신체 발달 변화를 자극하는 요인들을 제공한다. 역학적인 증거는 이제 모유가 식품 알레르기의 위험을 감소시킨다는 것을 시사하기도 한다.

어휘 naive 순진한 readily 손쉽게 improve upon ~보다 나은 결과를 내다 exemplify 전형적인 예가 되다 promotion 장려 bottle-feed (아기에게 모유가 아닌) 우유를 먹이다 overlook 간과하다 subtle 미묘한 absent 없는 substantial 상당한 nutritionally 영양적으로 breast milk 모유 digestive 소화의 composition 성분 stimulate 자극하다 epidemiological 역학적인 disadvantage 단점, 불리한 점

08

정답 ②

해설 높은 소득이 반드시 행복과 연결되지는 않는다는 내용의 글이다. 돈과 행복을 동일시한 Schopenhauer의 생각이 틀렸으며, 소득 증가와 행복 증가 간에 명확한 상관관계가 없다는 언급으로 보아, 부를 추구하는 것이 행복으로 이어지지는 않으리라고 유추할 수 있다. 따라서 빈칸에 들어갈 말로 가장 적절한 것은 ② '개인의 행복으로 갈 것 같지 않은 길'이다.
① 사회적 관계를 해칠 것 같은 → 돈과 인간관계의 상관성에 관해서는 언급되지 않았다.
③ 행복의 추구보다 더 중시되는 → 부를 추구하는 것과 행복을 추구하는 것의 가치를 비교하는 내용은 없다.
④ 직업 세계에서의 가장 강력한 동기 부여 → 돈을 벌려고 더 열심히 일한다는 언급이 있으나 이조차 온전히 충족되지 않을 행복에 달하기 위한 수단으로 거론되며, 애초에 직업 세계에 관해서는 언급된 바 없다. 또한 이 글은 부의 추구에 회의적인 논조를 취하고 있으므로 적절하지 않다.

해석 Schopenhauer는 돈에 대한 갈망이 만연하다는 것에선 옳았을지 모르지만, 돈과 행복을 동일시하는 문제에 대해서는 틀렸다. 지난 20년 동안 부를 추구하는 것이 개인의 행복으로 갈 것 같지는 않은 길이라는 압도적인 증거가 나타났다. 이렇듯 소득 증가와 행복 증가 사이의 명확한 상관관계가 없다는 것이 현대 사회 과학에서 가장 강력한 발견 중 하나가 되었다. 일단 우리의 수입이 우리의 기본적인 필요를 충족시키는 양에 도달하면, 그 이상의 증가는 우리 삶의 만족도에 오히려 별 보탬이 되지 않는다. 이는 우리가 더 부유해지고 더 많은 소유물을 축적함에 따라 우리의 기대는 높아지고, 그래서 우리는 우리의 행복을 증진시킬 더 많은 소비재를 사기 위해 돈을 벌려고 훨씬 더 열심히 일하지만, 우리의 기대는 다시 한번 높아지는 과정이 반복되기 때문이다. 심리학자 Martin Seligman은 이를 '쾌락의 쳇바퀴'라고 부른다.

어휘 widespread 널리 퍼진 identify A with B A와 B를 동일시하다 overwhelming 압도적인 pursuit 추구 correlation 상관관계 if anything (부정문 뒤에서) 오히려 satisfaction 만족 accumulate 축적하다 belongings 재산, 소유물 boost 증진시키다 well-being 행복 hedonic 쾌락의 treadmill 쳇바퀴 motivation 동기 부여

09

정답 ③

해설 주어진 문장은 일부 단어가 색의 이름이고 가끔 그러한 단어의 잉크 색이 단어에 적힌 색과 다르다는 속임수가 있다는 내용으로, 이를 ③ 뒤 문장의 this가 받아, 그 속임수(it)가 피험자의 혼란을 일으킨다는 내용으로 이어지는 것이 자연스럽다. 따라서 주어진 문장이 들어갈 위치로 가장 적절한 것은 ③이다.

해석 스트룹 테스트는 관련 없는 자극의 방해를 억제하는 인지 능력을 측정하는 데 사용되는 심리 평가 도구이다. 그것은 사람에게 서로 다른 색 잉크로 인쇄된 단어를 보여 주고, 그에게 잉크의 색을 식별하도록 요청하는 것을 수반한다. 그리고 화면에 단어가 나타날 때와 사람이 정답을 말할 때 사이의 시간이 측정된다. 속임수는 일부 단어가 색의 이름인데, 때로는 이러한 단어가 인쇄된 잉크의 색이 단어에 명명된 색과 다르다는 것이다. 이런 일이 일어날 때, 그것은 그 사람을 약간 혼란스럽게 하여 반응 시간이 더 느려진다. 사람들은 실제로 잉크의 색이 단어로 명명된 색과 일치할 때, 예를 들어 '빨강'이라는 단어가 빨간색 잉크로 인쇄되어 있을 때, 그것이 그렇지 않을 때보다 잉크의 색을 더 빠르게 식별한다.

어휘 trick 속임수 psychological 심리의 assessment 평가 cognitive 인지의 inhibit 억제하다 interference 간섭, 방해 irrelevant 무관한 stimulus 자극(pl. stimuli) identify 식별하다 mildly 약간 confuse 혼란스럽게 하다 match 일치하다

10

정답 ③

해설 4번째 문장에서 지역 사회 행사를 위해 다용도 공간을 임대한다고 언급되므로, 글의 내용과 일치하는 것은 ③ '그것은 다양한 지역 행사를 위해 공간을 임대한다.'이다.

① 그것은 전통 예술에 한정된 수업들을 제공한다. → 2번째 문장에서 전통문화뿐 아니라 외국어, 음악, 미술 수업도 제공한다고 언급되므로 옳지 않다.

② 그것은 수업을 월 단위로 구성한다. → 3번째 문장에서 수업은 월이 아닌 계절 단위로 구성된다고 언급되므로 옳지 않다.

④ 그것은 다문화 프로그램을 위한 강사들을 구한다. → 마지막 문장에서 다문화 교육을 지원한다는 내용만 있을 뿐, 이를 위한 강사를 모집한다는 내용은 언급되지 않으므로 옳지 않다.

해석 **ABC 커뮤니티 센터 소개**

지역 문화의 중심지로서 ABC 커뮤니티 센터는 지역 시민들의 삶을 풍요롭게 하는 데 전념하고 있습니다. 저희는 외국어, 음악, 미술, 전통문화와 같은 다양한 분야에서 폭넓은 수업을 제공합니다. 모든 수업은 봄, 여름, 가을, 겨울의 계절 학기로 구성되어 있습니다. 또한 저희 시설은 임차 가능하며, 지역 사회 행사 및 활동을 위한 다용도 공간을 제공합니다. 저희는 지역 교육 당국과 긴밀히 협력하여, 부모 대상 교육 계획, 다문화 교육, 청소년 진로 지도를 지원합니다.

어휘 hub 중심지, 중추 be devoted to ~에 전념하다 enrich 풍요롭게 하다 seasonal 계절의 term 학기 facility 시설 rent 임차; 임대하다 versatile 다용도의 venue 장소 authority (관계) 당국 initiative 계획 multicultural 다문화의 instructor 강사

01	④	02	②	03	②	04	③	05	④
06	③	07	②	08	④	09	④	10	④

01

정답 ④

해설 전동 킥보드가 광범위하게 설치되어 다수가 편리하게 누리고 있다는 내용으로 보아 그것이 보편화되었음을 알 수 있다. 따라서 빈칸에 들어갈 말로 가장 적절한 것은 ④ 'widespread(널리 퍼진)'이다.

① 드문 ② 오래가는 ③ 멋진

해석 오늘날 전동 킥보드가 도시 지역에 광범위하게 설치된 덕분에 널리 퍼져 있어, 많은 통근자가 그 편리함을 누리고 있다.

어휘 electric scooter 전동 킥보드 extensive 광범위한 installation 설치 locale 장소 commuter 통근자 convenience 편리함

02

정답 ②

해설 (it → which) 두 개의 절을 연결하는 접속사가 없으므로 접속사 역할을 하는 관계대명사가 필요하다. 따라서 전치사 of의 목적어 자리에 있는 인칭대명사 it을 목적격 관계대명사 which로 고쳐야 한다.

① 동사 puts의 주어는 동명사인 Letting이므로 단수 형태로 적절하게 쓰였다.

③ 준사역동사 help는 '(to) RV'를 목적격 보어로 취하므로 learn의 쓰임은 적절하다.

④ 문맥상 they가 가리키는 것은 babies이고, 아기들이 '지치게 하는' 것이 아니라 '지치는' 것이므로 수동태 are exhausted는 적절하게 쓰였다.

해석 우는 것은 코르티솔이라는 호르몬의 분비를 촉진하는데, 그것이 너무 많으면 성장하는 뇌에 해를 끼칠 수 있으므로, 아기들을 장기간 울게 내버려 두는 것은 그들을 뇌 손상의 위험에 처하게 한다. 많은 전문가들은 아기들을 "울다 지치게" 놔두는 것이 그들이 잠드는 법을 익히도록 돕는 좋은 연습이라고 말하지만, 울게 내버려진 아기들은 단지 지쳐서 결국 잠드는 것일 것이다.

어휘 prolonged 장기적인 trigger 촉발하다 eventually 결국 exhaust 지치게 하다

03

정답 ②

해설 B가 A에게 두 사람의 기획안에 대한 사장의 반응을 전달하는 상황이다. B가 사장이 단호하게 반대했다고 하자, A가 재무 이익 추정치도 보여드렸는지 확인하는 질문을 했다. 이에 B가 빈칸 내용으로 답하자, A가 기대와 다른 결과라고 하며 다시 처음부터 시작해야 한다는 말을 하고 있다. 이를 보아 빈칸에는 사장이 재무 이익 추정치와 관계없이 여전히 기획안을 반대했다는 의미의 내용이 와야 하므로, 빈칸에 들어갈 말로 가장 적절한 것은 ② '안타깝게도 아무 소용이 없었어요.'이다.
① 아니요, 그분은 약간의 수정을 요청하셨어요.
③ 네, 그분은 진행 속도를 높여달라고 요청하셨어요.
④ 물론이죠, 그 기획안은 수익이 급증할 것으로 추정하고 있어요.

해석 A: 안녕, Steve. 사장님 사무실에서 막 돌아오는 길이에요?
B: 네. 방금 우리 기획안을 보여드렸어요.
A: 오. 사장님이 그것에 대해 뭐라고 하셨나요?
B: 그분은 단호하게 반대하셨어요.
A: 재무 이익 추정치도 보여드렸어요?
B: 안타깝게도 아무 소용이 없었어요.
A: 우리가 원하던 소식이 아니네요. 그렇다면 그것을 재평가하고 다시 시작해야겠어요.

어휘 firmly 단호히 oppose 반대시키다 financial 재무의 estimate 추정치; 추정하다 reassess 재평가하다 start over 다시 시작하다 modification 수정 accelerate 속도를 높이다 surge 급증 revenue 수익

04

정답 ③

해설 Michel이 SwiftShop에서 산 물건을 반품 및 환불하려는 상황이다. SwiftShop에서 환불 방식을 안내한 후 Michel이 빈칸 내용을 말하자, SwiftShop이 영업일 기준의 처리 기간을 알려 주었다. 따라서 Michel이 환불하는 데 얼마나 걸리는지를 물어봤을 것으로 유추할 수 있으므로, 빈칸에 들어갈 말로 가장 적절한 것은 ③ '예상 기간을 알려 주실 수 있나요?'이다.
① 배송 절차는 얼마나 걸리나요?
② 다른 환불 방법을 원합니다.
④ 은행 영업시간 때문에 결제를 할 수 없습니다.

해석 Michel: 안녕하세요, 지난주에 이 스토어에서 구매한 제품에 대한 반품 및 환불을 요청하고 싶습니다.
SwiftShop: 물론입니다. 신속한 처리를 위해 제품 번호를 알려 주시겠습니까?
Michel: 네, N9030A입니다.
SwiftShop: 감사합니다. 알겠습니다. 환불은 본래의 결제 수단으로 처리될 예정입니다.
Michel: 예상 기간을 알려 주실 수 있나요?
SwiftShop: 처리하는 데 영업일 기준 3~5일이 소요됩니다. 더 궁금하신 점이 있나요?
Michel: 아뇨, 괜찮습니다. 감사합니다.

어휘 refund 환불 expedite 신속히 처리하다 business day 영업일, 평일 shipping 배송 estimated 추정된 duration 기간

05

정답 ④

해설 다양한 프로그램을 통해 농구 실력을 향상할 수 있는 여름 농구 캠프를 홍보하는 글이다. 따라서 글의 제목으로 가장 적절한 것은 ④ '농구 실력 향상으로 여름을 더 즐겁게 보내세요'이다.
① 길거리 농구 시합에서 큰 상금을 타 가세요
② 가장 좋아하는 농구 선수의 유니폼을 받아 보세요
③ 우리의 여름 농구 토너먼트에서 에너지를 느껴 보세요

06

정답 ③

해설 글의 후반부에서 농구 캠프 유니폼은 모든 참가자를 위한 혜택으로 언급되므로, 글의 내용과 일치하지 않는 것은 ③ '캠프 유니폼은 상위 참가자를 위한 보상이다.'이다.
① 참가비에 식사 비용이 포함된다. → 글의 초반부에서 언급된 내용이다.
② 참가자는 실제 경기를 흉내 내 볼 수 있다. → 글의 중반부에서 언급된 내용이다.
④ 결제는 송금으로 할 수 있다. → 글의 후반부에서 언급된 내용이다.

05-06

해석 **농구 실력 향상으로 여름을 더 즐겁게 보내세요**

농구 실력을 업그레이드할 수 있는 최고의 기회인 2024 여름 농구 캠프에 여러분을 초대합니다! 이 캠프는 다양한 실력 수준에 맞게 설계되었으며, 전문 코치들이 지도합니다.

세부 정보
◆ 날짜: 2024년 7월 15일 - 2024년 7월 21일
◆ 위치: 선셋 밸리 스포츠 센터
◆ 대상: 초등학생 ~ 고등학생
◆ 비용: 1인당 360달러 (점심 및 간식 포함)
◆ 신청 마감일: 2024년 6월 30일

프로그램

기초 훈련	드리블, 슈팅, 패스 등 연습하기
전술 교육	경기 상황에 맞는 전략 및 전술 배우기
경기 연습	연습 경기를 통한 실제 경기 경험 쌓기
특별 강의	프로 선수와의 만남 및 질의응답 시간

혜택
◆ 모든 참가자를 위한 수료증 및 캠프 유니폼
◆ 우수 참가자를 위한 상 및 상품

참가 신청 방법
홈페이지(https://basketballcamp2024.org)에서 신청서 작성 ▶ 신청비 납부(계좌 이체 및 카드 결제 가능) ▶ 확인 메일 수신

문의: 094-714-1107 또는 info@basketballcamp2024.org

어휘 eligibility 자격 tactical 전술적인 strategy 전략 scrimmage 연습 경기 benefit 혜택 certificate 증서 completion 완료, 수료 outstanding 뛰어난 application 신청서 bank transfer 계좌 이체 confirmation 확인 inquiry 문의 simulate 모의 실험하다, 흉내 내다 wire transfer 송금

정답 ②

해설 노인들은 역사의 산증인으로서 수많은 기억을 보존하고 있고, 이러한 기억을 미래 세대에 전달하는 역할을 한다고 말한다. 따라서 글의 요지로 가장 적절한 것은 ② '노인들은 세대를 연결하는 중추적인 역할을 한다.'이다.
① 노인들의 약점은 젊은 사람들이 보완할 수 있다. → 노인의 약점보다는 강점에 초점을 둔 글로, 오히려 노인이 젊은 사람들에게 해줄 수 있는 것에 관한 내용이다.
③ 지혜는 글로 쓰인 이야기를 통해 전해져 내려온다. → 지식이 노인의 이야기를 통해 다음 세대에 전달된다는 내용이긴 하나, '글로 쓰인' 이야기로 한정하고 있지 않다. 또한 글의 중심 소재인 '노인'을 포함하지 않은 선지이므로 정답이 될 수 없다.
④ 나이가 들면 기억이 흐려진다. → 노인의 기억 보존자로서의 역할을 강조하는 글이므로 적절하지 않다.

해석 노인들은 더 적은 것과 더 많은 것을 모두 가지고 있다. 그들은 힘, 체력, 이동성과 같은 신체 능력의 감소를 겪는다. 그러나 노인들은 역사와 스토리텔링의 샘에 힘이 저장되어 있다. 시간의 수집가이자 기억의 보존자로서, 꽤 적절한 노년까지 살아남은 노인들에게는 그들의 편에 시간, 즉 언젠가 그들의 발자취를 따를 젊은 사람들에게 대개 이야기의 형태로 현명하고 창의적으로 나눠 줄 수 있는 시간이 있다. 이런 이야기를 잘 전달하는 것은 다음 세대의 생존자, 즉 미래에 공유되고 집단적인 특정 정체성을 전달함으로써 한 세대가 다음 세대에 자신을 맡길 수 있는 특정 능력을 나타낸다.

어휘 elder 노인 decline 감소 stamina 체력 mobility 이동성 reservoir 저장소 wellspring 샘, 원천 preserver 보존자 reasonably 꽤 dispense 나눠 주다 follow in one's footsteps ~의 전철을 밟다 entrust 맡기다 pass on 전달하다 collective 집단의 supplement 보충하다 pivotal 중추의 pass down 전해 주다 fade 서서히 사라지다

정답 ④

해설 이 글은 공정 무역과 그에 대한 찬반 입장을 소개하고 있다. 공정 무역을 반대하는 사람들은 상품의 가격이 폭락하는 상황에서는 농부들이 다른 생계 수단으로 옮겨가야 하는데, 공정 무역 농부들은 수익이 고정되어 있어 여전히 불안정한 부문에 남게 될 것이라고 주장한다. 즉, 고정 수익이 농부들에게 그 부문이 아직 안전하다고 잘못된 인식을 주는 것이므로, 빈칸에 들어갈 말로 가장 적절한 것은 ④ '농부들이 시장의 안정성에 대해 오해하게 만든다'이다.
① 농부들이 얻는 수익을 줄이다 → 농부들이 공정 무역을 통해 좋은 수익을 고정으로 보장받는다는 글의 내용과 반대된다.
② 환경에 대한 부담을 늘리다 → 오히려 환경이 집약적인 산업 농업에서 벗어나 휴식을 취할 수 있다고 언급되므로 적절하지 않다.
③ 기업의 브랜드 이미지를 훼손하다 → 브랜드 이미지에 미치는 영향에 관해선 언급되지 않았다.

해석 유럽과 미국에서 공정 무역 라벨이 부착된 제품의 판매량이 빠르게 증가하고 있다. 공정 무역 브랜드는 환경, 건강, 공정 노동 기준에 관심이 있는 소비자를 대상으로 하여 인지도를 높이고자 한다. 공정 무역 지지자들은 개발도상국의 소규모 농부들이 공정한 가격을 보장받음으로써 이익을 얻는 동시에, 환경은 집약적인 산업 농업에서 벗어나 휴식을 취한다고 말한다. 그러나 비평가들은 소비자들이 너무 큰 비용을 지불하고 그렇게 공정 무역이 시장 변동과 관계없이 좋은 수익을 보장하는 것은 농부들이 시장의 안정성에 대해 오해하게 만든다고 말한다. 커피와 같은 글로벌 상품의 가격이 공급 과잉으로 인해 떨어질 때, 공정 무역을 통해 고정 수입을 보장받은 농부들은 다른 작물이나 생계 수단으로 전환했어야 하는 시기가 지나도 여전히 불안정한 부문에 남게 될 것이라고 자유 시장 경제학자들은 주장한다.

어휘 fair trade 공정 무역 rapidly 빠르게 profile 인지도, 관심 target 목표로 삼다 guarantee 보장하다; 보장 intensive 집약적인 critic 비평가 return 수익 regardless of ~에 상관없이 fluctuation 변동 commodity 상품 oversupply 과잉 공급 unstable 불안정한 undermine 약화시키다, 훼손하다 mislead 오해하게 하다

정답 ④

해설 주어진 글은 인간과 동물의 유사성에 대한 철학자들의 의견이 나뉘었다는 내용으로, 이후에는 동물이 그저 기계적인 존재라는 Descartes의 주장을 설명하는 (B)가 먼저 나오고, 그다음 (C)의 about 200 years later, however를 통해 앞서 언급된 Descartes의 주장과 반대되는, 인간과 동물이 유전적으로 이어져 있다는 Charles Darwin의 주장이 나와야 한다. 마지막으로는 (A)의 That was the same vein으로 (C)에서 언급된 내용을 받아, 동물과 인간의 연속성이라는 Wundt의 같은 주장이 이어지는 것이 자연스러우므로, 글의 순서로 가장 적절한 것은 ④ '(B) - (C) - (A)'이다.

해석 인간과 동물의 유사성에 대한 질문은 수 세기 동안 철학자들을 분열시켜 왔다. (B) 15세기에 프랑스 철학자 René Descartes는 동물이 복잡한 기계에 지나지 않는다고 주장했다. 만약 그가 옳았다면, 동물을 관찰하는 것은 우리에게 우리 자신의 행동에 관해 아무것도 말해 줄 수 없었을 것이다. (C) 그러나 약 200년 후 Charles Darwin이 인간은 유전적으로 다른 동물들과 연결되어 있다고 주장했을 때, 동물 실험이 중요한 정보를 제공할 수 있다는 것이 분명해졌다. (A) 그것은 독일의 의사이자 철학자, 심리학자인 Wilhelm Wundt의 입장과 같은 맥락이었는데, 그는 가장 작은 동물에서부터 우리 자신에 이르기까지 생명의 연속체를 설명했다.

어휘 philosopher 철학자 vein 방식, 태도 physician 의사 psychologist 심리학자 continuum 연속체 claim 주장하다 assert 주장하다 genetically 유전적으로 significant 중요한

정답 ④

해설 상담에서 조언받는 고객은 조언자가 그들의 삶을 통제할 것을 두려워하는데, 숙련된 조언자는 고객의 이런 두려움을 인식하고 고객이 자신의 삶을 통제하고 있다는 것을 보장하기 위해 조치를 취한다는 내용의 글이다. 따라서 글의 흐름상 어색한 문장은 훌륭한 변호사가 소송에 이기기 위해 갖춰야 할 자질을 말하는 ④이다.

해석 상담 관계를 시작하는 고객이 치러야 하는 주된 대가는 그의 업무, 그의 사업 또는 그의 삶에 대한 통제력의 잠재적 상실이다. 일단 그 (상담) 상황에 있게 되면, 조언가는 한때 고객이 단독으로 통제하던 문제에 영향을 미칠 수 있는 잠재력을 가진다. 아픈 사람들은 환자가 되는 것을 거부하는데, 왜냐하면 그들은 자신들이 아니라 그들의 의사가 그들의 삶을 통제할 것을 두려워하기 때문이다. 이웃과의 분쟁에서 변호사의 도움을 구하는 것은 고객이 전혀 시작할 것이라고 생각하지 못했던 소송으로 이어질 수도 있다. (따라서 훌륭한 변호사는 소송에 이기기 위해 법적 선례들을 분석하고 강력한 증거를 제시할 수 있어야 한다.) 숙련된 조언자들은 고객들의 그러한 두려움을 인식하고, 그들의 조언자가 아니라 그들이 문제와 그들의 삶을 통제하고 있다는 것을 고객에게 보장하기 위해 조치를 취한다.

어휘 potential 잠재적인 affair 업무, 일 on the scene 현장에 dispute 분쟁 lawsuit 소송 initiate 시작하다 analyze 분석하다 precedent 선례 compelling 설득력 있는, 강력한 skilled 숙련된 take a step 조치를 취하다 assure 보장하다

01	④	02	②	03	②	04	④	05	③
06	④	07	③	08	④	09	③	10	④

01

정답 ④

해설 'so ~ that' 구문이 쓰인 것에 유의했을 때, 작품을 보는 사람마다 서로 다른 감상을 낳고 그것의 진짜 의미에 대한 의견이 분분하기 위해서는, 그 작품이 개개인의 관점에 따라 좌우되는 성질을 지니고 있어야 한다. 따라서 빈칸에 들어갈 말로 가장 적절한 것은 ④ 'subjective(주관적인)'이다.
① 섬세한 ② 인위적인 ③ 실용적인

해석 그 작품은 매우 주관적이어서 보는 사람에 따라 완전히 다른 감상을 끌어내어, 그것의 진정한 의미와 의도에 대한 논쟁을 일으킨다.

어휘 evoke 불러일으키다 appreciation 감상 spark 촉발하다

02

정답 ②

해설 맥락상 a number of experts conduct는 앞에 목적격 관계대명사가 생략된 관계사절이며, 빈칸에는 문장의 동사가 와야 한다. 문장의 주어는 Some of the environmental research인데, '부분명사 of 전체명사'가 주어로 오는 경우 of 뒤의 명사에 동사를 수일치시켜야 하므로, 불가산명사 the environmental research에 수일치한 단수 동사가 쓰여야 한다. 따라서 빈칸에 들어갈 말로 가장 적절한 것은 ② 'focuses'이다.

해석 많은 전문가들이 수행하는 환경 연구 중 일부는 기후 변화가 생물 다양성에 미치는 영향에 초점을 맞추고 있다.

어휘 conduct 수행하다 biodiversity 생물 다양성

03

정답 ②

해설 (Because → Because of) 접속사 because 뒤에는 절이 와야 하는데, 여기서는 the pressure for short-term returns라는 명사구가 오고 있으므로 Because를 전치사 Because of로 고쳐야 한다.
① think가 5형식 동사로 쓰일 때 'think of A as B'의 구조를 취할 수 있는데, 이를 수동태로 바꾸면 'A be thought of as B'의 구조가 된다. 이때 전치사 of와 as가 생략되지 않도록 유의해야 한다.
③ 의문형용사 what이 명사 products를 수식하여, understanding의 목적어 역할과 want의 목적어 역할을 동시에 하고 있는 것은 적절하다.
④ 'A에(게) B를 갖게 하다'라는 뜻의 'equip A with B' 구문이 적절하게 쓰이고 있으며, 맥락상 '~에 기반한'이라는 뜻의 분사형 형용사 based on의 쓰임 또한 적절하다.

해석 고객의 요구를 이해하는 것은 손실이 큰 프로세스로 여겨진다. 단기 수익에 대한 압박 때문에 일부 기업들은 고객들이 무슨 제품을 원하는지를 정확히 이해하는 것을 포기하고, 대신 고객들에게 직접 제품을 개발할 수 있도록 신속한 프로토타이핑을 기반으로 한 도구를 갖추게 한다.

어휘 costly 대가가 큰 short-term 단기의 return 수익 rapid 신속한 prototyping 프로토타이핑, 시제품화

04

정답 ④

해설 B가 딸을 위한 베개를 사는 상황이다. A가 빈칸 앞에서는 분홍색이나 노란색 베개를 추천하고, 뒤에서는 '그 경우' 목과 척추 통증을 막아 주는 베개를 새롭게 추천하고 있다. 이를 보아 B가 빈칸에서 A가 앞서 추천했던 두 가지 색과 관계없는, 몸에 불편하지 않은 것을 요구했으리라고 유추할 수 있다. 따라서 빈칸에 들어갈 말로 가장 적절한 것은 ④ '편안하기만 하면 어떤 색이든 괜찮아요.'이다.
① 색은 상관없고 그냥 더 싼 게 좋아요.
② 죄송하지만 이 디자인은 색이 두 가지밖에 없습니다.
③ 그 애는 눈이 덜 아픈 무난한 패턴을 선호해요.

해석 A: 안녕하세요. 무엇을 도와드릴까요?
B: 제 딸을 위한 베개를 찾고 있어요.
A: 분홍색이나 노란색 베개는 어떠세요? 이 두 가지가 저희 상품 중 최고입니다.
B: 편안하기만 하면 어떤 색이든 괜찮아요.
A: 알겠습니다, 그렇다면 이 종류를 추천해 드리고 싶네요. 가격은 조금 비싸지만, 목과 척추의 정렬을 올바르게 유지해서 통증을 막아 주거든요.
B: 오, 그 애가 좋아할 것 같네요.

어휘 pillow 베개 pricey 비싼 maintain 유지하다 spine 척추 alignment 정렬, 가지런함 available 구할 수 있는 plain 평범한, 무늬가 없는 comfortable 편안한

05

정답 ③

해설 공립 공원에 쓰레기가 방치되어 미관과 건강을 해치는 점에 대해 불만을 표하는 글이다. 따라서 글의 목적으로 가장 적절한 것은 ③ '공원의 쓰레기 방치에 대한 불만을 제기하려고'이다.
① 공원의 쓰레기통 설치 확대를 요청하려고 → 쓰레기통의 관리 미흡에 관해서만 지적하고 있을 뿐, 쓰레기통의 수를 늘려 달라는 언급은 없다.
② 공원 쓰레기의 미적 용도 재활용을 건의하려고
④ 공원의 쓰레기 무단 투기에 대한 벌금 도입을 제안하려고

06

정답 ④

해설 공원의 정기적인 쓰레기 수거는 투자가 필수적인 영역이니 이를 헤아려 고쳐 달라는 내용의 글이다. 맥락상 account는 '염두'라는 뜻으로 쓰였으므로, 이와 의미가 가장 가까운 것은 ④ 'consideration(고려)'이다.
① 계산서 ② 보고 ③ 설명

05-06

해석 수신: Thornsville 시 의회
발신: Liam Bennett
날짜: 10월 12일 화요일
제목: 공원 쓰레기 관리

관계자분께,

모든 일이 잘 되시길 바랍니다. 저는 공립 공원의 쓰레기 수거 도외시에 관한 우려를 표하고자 합니다. 저는 Rose Park와 Lakeside Park를 방문하는 동안, 쓰레기통이 넘치고 쓰레기가 여기저기 흩어져 있는 것을 지속적으로 목격했습니다.

쓰레기는 미관과 우리의 건강을 해칩니다. 어린 자녀가 있는 가족을 포함한 많은 방문객이 우리 공립 공원을 찾는다는 점을 고려할 때, 안전하고 쾌적한 공간을 보장하기 위해서는 정기적인 쓰레기 수거가 필수적입니다.

운영상의 제약이나 예산의 한계가 있을 수 있다는 점은 이해하지만, 이것은 투자가 필수적인 영역이라고 굳게 믿습니다. 이 문제를 염두에 두시어 조정해 주시길 바랍니다. 감사합니다.

진심을 담아,
Liam Bennett 드림

어휘 management 관리 neglected 방치된, 도외시된 removal 제거 consistently 지속적으로 overflowing 넘쳐흐르는 trash bin 쓰레기통 litter 쓰레기 scatter 흩어지게 하다 aesthetic 미적인 pleasant 쾌적한 operational 운영의 constraint 제약 budgetary 예산의 limitation 한계 adjustment 조정

07

정답 ③

해설 공공 안전 기관에서 사용하기 시작한 로봇 경찰견에 대하여, 경찰 측은 위험한 업무 시 유용하다는 장점을 거론한 반면, 사생활 감시 단체 측은 공격적이거나 침해적일 수 있다는 우려를 표한다는 내용이다. 즉, 두 상반되는 의견이 제시되고 있으므로, 글의 주제로 가장 적절한 것은 ③ '로봇 경찰견에 대한 논쟁'이다.
① 공공 부문에서의 로봇의 유용성 → 로봇 경찰견의 사생활 침해에 관한 위험성도 언급되므로 정답이 되기엔 지엽적이다.
② 로봇 경찰견 사용 시 주의 사항 → 로봇 경찰견 사용의 안전장치가 필요하다는 취지의 주장이 언급되긴 하나 그 안전장치(주의 사항)가 구체적으로 제시되지는 않으며, 이에 반대되는 긍정적인 의견도 함께 다루는 글이므로 적절하지 않다.
④ 로봇이 사생활을 침해할 위험 → 로봇 경찰견의 공공 안전 기관 업무 시 유용성도 언급되므로 정답이 되기엔 지엽적이다.

해석 당신이 집을 잃고 임시 거처를 찾고 있다면, 당신을 스캔하여 병에 걸리지 않았는지 확인할 로봇 경찰견의 방문을 기대해 보라. 이것은 공공 안전 기관들이 동물의 것과 유사한 민첩함을 요구하는 업무를 위해 설계된 새로운 종류의 상업용 로봇을 활용하기 시작한 방법 중 하나의 예이다. 이 네 발 달린 기계를 실험 중인 소수의 경찰 관계자들은 이것들이, 긴급구조원들이 위험 상황을 정찰할 때 해를 입지 않게 해주는 기존의 드론 및 로봇과 같은 또 다른 유용한 도구일 뿐이라고 말한다. 반면, 인간종의 사생활 감시 단체는 경찰이 공격적이거나 침해적 사용에 대한 안전장치를 마련하지도 않은 채 비밀리에 그 로봇을 구입하려고 서두르고 있다고 경고한다. 사회가 로봇 보조 시대를 받아들이면서, 혁신과 사생활 사이의 균형을 맞출 수 있을지는 아직 지켜봐야 한다.

어휘 temporary 임시의 shelter 주거지 breed 종류 commercial 상업의 agility 민첩함 akin to ~와 유사한 handful 소수 emergency responder 긴급 구조원 scout 정찰하다 watchdog 감시 단체 aggressive 공격적인 invasive 침해하는 strike a balance 균형을 잡다 innovation 혁신 embrace 받아들이다 assistance 보조 sector 부문 caution 주의 controversy 논쟁

08

정답 ④

해설 점점 더 많은 인재가 직무 유연성, 즉 편한 곳에서의 근무를 바라고 있으며, 이는 회사 차원에서도 사무실 공간 마련을 안 해도 되는 등 이익이 된다는 내용의 글이다. 직무 유연성은 곧 물리적 장소 문제에 대한 해결책이므로, 빈칸에 들어갈 말로 가장 적절한 것은 ④ '지리적인'이다.
① 문화적인 → 이 글에서 언급된 업무적 제약은 문화 차이가 아닌 물리적 장소뿐이므로 적절하지 않다.
② 재정적인 → 직원 채용 시 드는 비용 문제에 관해서는 언급된 바가 없다.
③ 언어적인

해석 마케팅 채용 담당자들에 따르면, 업무 유연성이 최고의 마케팅 인재들이 가장 원하는 특전 중 하나이자, 대부분의 전문가들이 이직을 고려할 때 가장 추구하는 것이다. 이에 따라, 직원들이 완전히 원격지에서 근무할 수 있도록 허용하는 것이 점점 인기를 얻고 있다. 그것은 최고의 인재가 편리한 곳에서 근무할 수 있게 해주면서, 당신의 회사에 유연성을 부여하기도 한다. 당신은 사무실을 제공할 필요가 없고, 상호 이익이 되는 근로 협약을 맺을 수 있게 된다. 그것은 또한 많은 회사가 마케팅 인재를 구할 때 직면하는 특정 지리적 장벽을 없애므로, 당신이 인재 채용 시 더 넓은 그물을 던질 수 있게 한다.

어휘 recruiter 채용 담당자 flexibility 유연성 desire 원하다 perk (급료 이외의) 특전 talent 인재 remote 원격의, 먼 convenient 편리한 mutually 상호 간에 beneficial 유익한 cast 던지다 net 그물 barrier 장벽

09

정답 ③

해설 주어진 문장은 그것(That)이 일부 과학자들이 암 치료 연구보다 예방 및 발견 연구에 대한 집중을 요구하게 만드는 이유라는 내용인데, That은 암 발병 감소 성과가 치료법 발견보다는 조기 발견 및 예방 덕분이었다는 ③ 앞 문장의 내용을 받는 것이 자연스럽다. ③ 뒤 문장부터는 주어진 문장의 some scientists를 가리키는 The experts의 또 다른 이유 주장이 나오므로, 주어진 문장이 들어갈 위치로 가장 적절한 것은 ③이다.

해석 암으로 인한 사망자와 새로운 암 환자가 매년 조금씩 줄어들고 있다. 이는 1970년대 초 국가 차원의 암과의 전쟁이 시작된 이래 통계 수치가 처음으로 감소한 것이다. 최근의 성과는 대부분 실제 암 치료법의 발견보다는 조기 발견과 암 예방 성과, 특히 흡연율 감소에서 비롯된 것이다. 그 때문에 일부 과학자들은 연방 암 프로그램을 치료 연구보다 자금 지원이 적은 예방 및 발견 연구로 전환할 것을 요구한다. 그 전문가들은 또한 개인의 암은 매우 폭넓게 다양하고 세포 돌연변이가 너무 많기에 새로운 광범위하게 효과적인 치료법을 개발하기가 이전보다 매우 어려울 것이라고 말한다. 그들이 말하길 그것이 예방에 더 힘껏 집중해야 하는 또 다른 이유이다.

어휘 shift 전환 federal 연방 정부의 prevention 예방 detection 발견 funding 자금 지원 treatment 치료 slightly 조금 decline 감소 launch 개시 cure 치유법 mutation 돌연변이

10

정답 ④

해설 인구 밀도에 따라 지도를 변환하는 통계 지도에 관한 글이다. (A) 앞에서는 통계 지도가 수적 점유율에 따른 행정 단위의 크기 변화를 반영한다고 설명하고, 뒤에서는 인구가 가장 많은 나라가 인구 점유율이 반영되어 통계 지도에서 가장 클 것이라는 예를 들고 있으므로, (A)에 들어갈 연결사로 가장 적절한 것은 For instance이다. 또한 (B) 앞은 캐나다가 국토 면적은 중국과 비슷하지만 인구가 적어서 통계 지도에서는 작게 표시될 것이라는 내용이고, 뒤는 일본이 국토 면적은 몬태나주와 비슷하지만 인구가 많아서 통계 지도에서는 훨씬 더 크게 표시될 것이라는 상반되는 내용이므로, (B)에 들어갈 연결사로 가장 적절한 것은 on the other hand이다.

해석 통계 지도는 행정 단위들(국가, 주, 군 등)이 제시된 주제에서 그것들이 차지하는 수적 점유율을 그래프로 반영하기 위해 지도 면에서 확대되거나 축소되어 온 지도 변환이다. 예를 들어, 세계 각 나라의 인구 통계 지도에서, 중국처럼 인구가 가장 많은 나라는 세계 인구에서 그것이 차지하는 점유율을 반영하기 위해 가장 클 것이다. 인구가 매우 적은 나라들은 크기가 가장 줄어들 것이다. 그래프 결과는 매우 극적일 수 있다. 예를 들어, 국토 면적이 중국에 필적하는 캐나다는 인구 통계 지도에서 크게 줄어들 것인데, 왜냐하면 그것은 중국의 13억 명과 대조하여 약 2천6백만 명만을 가지고 있기 때문이다. 반면에, 일본은 국토 면적이 거의 몬태나주 정도지만, 1억 3천5백만 명의 밀집한 인구 때문에 인구 통계 지도에서 훨씬 더 커 보일 것이다.

어휘 cartogram 통계 지도 transformation 변환 administrative 행정의 county 군(郡) enlarge 확대하다 graphically 도표[그래프]로 numerical 수의 diminish 줄이다 dramatic 극적인 comparable 필적하는, 비교할 만한 as opposed to ~와 대조적으로 dense 밀집한

01

정답 ③

해설 확신이 없어 일자리 제안에 답하기를 미루고 있다는 빈칸 뒤의 내용으로 보아, 아직 그 제안을 수락할지 말지 정하지 못한 것임을 알 수 있다. 따라서 빈칸에 들어갈 말로 가장 적절한 것은 ③ 'hesitates(망설이다)'이다.
① 열망하다 ② 거부하다 ④ 결정하다

해석 그는 일자리 제안을 받았지만, 그것이 자신의 커리어 목표와 얼마나 잘 맞을지 확신하지 못하여, 그것을 받아들이기를 망설이고 대답을 미루고 있다.

어휘 postpone 미루다 unsure 확신하지 못하는

02

정답 ②

해설 미래 계획이 성사될 수 있으리라 확신하게 해주는 안정성 있는 수입원은 곧 믿고 의지할 만하다는 것이므로, 빈칸에 들어갈 말로 가장 적절한 것은 ② 'reliable(신뢰할 수 있는)'이다.
① 새로운 ③ 보이지 않는 ④ 순간의

해석 신뢰할 수 있는 수입원은 개인이 자신에게 재정적 안정성이 있음을 알고 확신을 지닌 채 자신의 미래를 계획할 수 있게 해준다.

어휘 confidence 확신, 자신 stability 안정성

03

정답 ④

해설 (is → was) last year라는 과거 시점 부사구가 있으므로 과거시제 was가 쓰여야 한다.
① to stay in은 cities를 수식하는 to 부정사의 형용사적 용법으로 쓰였으며, to 부정사의 목적어와 수식 대상이 같으므로 중복을 피해 in 뒤의 목적어 자리가 비어 있는 것은 적절하다.
② charging 이하는 more than 10 hotels를 수식하는 분사구인데, 타동사로 쓰인 charge 뒤에 목적어 over $400이 있으며, 의미상으로도 호텔이 400달러를 '청구하는' 것이므로 능동의 현재분사 charging은 적절하게 쓰였다.
③ '~배만큼 ~한[하게]'이란 의미를 지닌 배수사 비교 구문은 '배수사 + as + 형용사/부사 + as'의 구조를 취하므로, six times as much는 적절하게 쓰였다.

해석 숙박하기에 가장 비싼 도시 중 하나가 서울인데, 그곳에는 싱글룸 1박에 400달러가 넘는 요금을 받는 호텔이 현재 10곳이 넘는다. 당신은 호텔에서 1박에 모텔의 6배에 해당하는 요금을 내야 할 것인데, 지난해 서울의 평균 모텔 숙박비는 40달러 정도였다.

어휘 charge (요금을) 청구하다 average 평균의

04

해설 퇴사하는 직원에 관한 이야기를 나누는 상황이다. 빈칸 뒤에서 Hannah가 그렇다고 답하며 면접을 보러 오는 지원자들이 있다고 말한 것을 보아, 빈칸에는 퇴사자를 대신할 사람이 있을지와 같은 질문이 와야 함을 알 수 있다. 따라서 빈칸에 들어갈 말로 가장 적절한 것은 ④ '그렇군요. 회사에서는 그녀의 자리를 채울 사람을 뽑을까요?'이다.

① 그녀는 어떤 직책을 찾고 있나요?

② 아, 이런. 그녀가 왜 해고되었는지 아시나요?

③ 예상치 못한 일이네요. 당신이 퇴사하신다니 유감이에요.

해석 Dave Sanders: 저 방금 Britney가 회사를 나간다는 소식을 들었어요. 혹시 그 이유를 아세요?

Hannah Goldberg: 제게 새 일자리 제안을 수락했다고 하셨어요.

Dave Sanders: 그렇군요. 회사에서는 그녀의 자리를 채울 사람을 뽑을까요?

Hannah Goldberg: 네, 다음 주부터 면접을 보러 오는 지원자들이 있어요.

Dave Sanders: 다행이네요. 알려주셔서 감사합니다.

어휘 applicant 지원자 look for 찾다, 구하다 lay off 해고하다 unexpected 예상치 못한

05

해설 한강 변을 깨끗하게 치울 자원봉사자를 모집하는 안내문이므로, 글의 제목으로 가장 적절한 것은 ② '한강 정화 활동에 동참하세요'이다.

① 한강 공원에서 소풍을 즐기세요

③ 한강 변에서 건강을 위해 조깅하세요

④ 한강 자전거길 복원에 도움을 주세요

06

해설 글의 후반부에서 청소 용품을 집합 장소에서 나눠 준다고 언급되므로, 글의 내용과 일치하지 않는 것은 ③ '청소용품은 개인 지참해야 한다.'이다.

① 오전 조와 오후 조로 나뉜다. → 글의 초반부에서 언급된 내용이다.

② 여의나루역 밖에서 집합한다. → 글의 초반부에서 언급된 내용이다.

④ 비가 오는 경우 취소된다. → 글의 후반부에서 언급된 내용이다.

05-06

해석

한강 정화 활동에 동참하세요

한강은 아름다운 랜드마크이자 서울의 중요한 부분입니다. 하지만 여러분의 도움이 필요합니다! 강변을 깨끗하게 치우고 사랑하는 우리 강의 아름다움을 지키기 위한 자원봉사 캠페인인 "한강을 사랑하세요"를 개최합니다.

날짜: 2024년 7월 6일 토요일
시간: 원하시는 청소 시간을 선택하세요.
　　□ 오전 시간: 오전 10:00 - 오후 12:00
　　□ 오후 시간: 오후 2:00 - 오후 4:00
집합 장소: 여의나루역 2번 출구 밖

왜 자원봉사를 해야 하나요?
□ 깨끗한 물 유지하기: 여러분의 노력으로 한강이 반드시 깨끗한 물의 원천으로 유지되도록 도울 수 있습니다.
□ 플라스틱 오염 줄이기: 여러분의 도움으로 강에서 환경에 큰 위협인 플라스틱 쓰레기를 제거할 수 있습니다.

세부 사항
□ 청소용품: 장갑, 봉투, 집게는 집합 장소에서 나눠드립니다.
□ 다과: 모든 자원봉사자에게 간단한 다과가 제공됩니다.
□ 날씨: 우천 시 행사는 취소됩니다. 행사 관련 최신 소식은 저희 웹사이트 또는 소셜 미디어 채널을 통해 확인하시길 바랍니다.

오늘 신청하세요!
저희 웹사이트를 방문하세요: www.volunteerforseoul.com
저희에게 문의하세요: volunteering@seoul.com

어휘 vital 중요한 riverside 강변 preserve 지키다 beloved 사랑받는 session 시간 reduce 줄이다 pollution 오염 threat 위협 supplies 보급품 tongs 집게 hand out 나눠 주다 refreshment 다과, 간식 regarding ~에 관하여 sign up 신청하다 restore 복원하다

07

정답 ②

해설 이 글은 음악이 어린아이들에게 필수적인 요소이고, 특히 음악에 대한 수용성이 최고조에 달하는 시기인 어린 시절에 접하는 음악이 아이에게 큰 영향을 준다고 언급되었다. 따라서 글의 요지로 가장 적절한 것은 ② '어린 나이에 음악에 노출되는 것이 바람직하다.'이다.
① 음악은 세상 모든 인간에게 필수적이다. → 음악의 중요성을 말하는 글은 맞으나, '유아기'에 접하는 음악으로 한정되고 있으므로 적절하지 않다.
③ 교육자들은 아이들이 그들의 관심사를 추구하도록 도와야 한다.
④ 아이들은 문화적 다양성을 경험해야 한다. → 문화 중에서도 '음악'의 경험을 강조한 글이므로 정답이 되기엔 너무 포괄적이다.

해석 음악은 어린아이들의 삶에 스며드는 인간 존재의 필수 요소이다. 세상 곳곳의 모든 음악은 어린아이들이 무수한 방식으로 듣고 반응하도록 흥미를 유발하고, 흥분시키고, 교육하고, 초대할 수 있는 잠재력을 가지고 있다. 아이들 삶의 첫 장, 특히 유아기, 걸음마 배우는 시기, 미취학 시기는 세상에 대한 기쁨과 경이로움을 키우고, 그들이 알 수 있는 문화적, 예술적, 음악적 관행의 아름다운 다양성에 눈과 귀와 마음을 여는 경험을 그들에게 제공하기 적절한 때이다. 음악에 대한 수용성이 최고조에 달하는 이 시기에, 어린아이들을 돌보고 가르치는 사람들이 이 어린 시절을 세상의 음악 문화를 아이들의 삶에 도입하는 훌륭한 기회의 창으로 여기고, 그들의 기존 관심을 활용하여 그들의 청각적, 사회적, 문화적 인식을 넓히는 것이 옳다.

어휘 essential 필수적인 permeate 스며들다 intrigue 흥미를 유발하다 myriad 무수한 infancy 유아기 toddlerhood 아장아장 걷는 시기 preschool 취학 전의 opportune (시의)적절한 diversity 다양성 peak 정점, 최고조 receptiveness 수용성 capitalize on 활용하다 aural 청각적인 awareness 인식 desirable 바람직한

08

정답 ④

해설 사이코패스의 특징을 설명한 글이다. 사이코패스는 편도체 손상으로 인한 감정 부재 때문에 남에게 공감하거나 기본적인 도덕 개념을 이해하지 못하며, 폭력을 이성적으로 필요하다고 판단하여 행사한다는 내용이다. 즉, 이성은 있지만 감정을 위시한 그 밖의 요소들은 결여되었다는 것이므로, 빈칸에 들어갈 말로 가장 적절한 것은 ④ '이성 빼고 모든 것을 잃다'이다.
① 공포감에 굴복하다 → 사이코패스는 공포를 느끼게 하는 편도체가 손상되어 있다고, 즉 공포를 느끼지 못한다고 언급되므로 적절하지 않다.
② 폭력을 목적으로 여기다 → 사이코패스는 폭력을 욕구 충족을 위한 하나의 '수단'으로 여길 뿐이라고 언급되므로 적절하지 않다.
③ 이성을 빼앗기다 → 사이코패스는 폭력을 이성에 따라 행사한다고 했으며, 빈칸 바로 앞에서도 이성을 잃은 사람이 아니라고 언급되므로 적절하지 않다.

해석 신경 과학자들은 사이코패스의 뇌를 정의하는 특정 결함들을 밝혀내 왔다. 주된 문제는 공포와 불안과 같은 감정들을 촉진하는 뇌 영역인 편도체의 손상으로 보인다. 그 결과, 사이코패스는 다른 사람들을 기분 나쁘게 할 때 자신은 전혀 기분이 나쁘지 않다. 공격성은 그들을 불안하게 하지 않는다. 공포는 무섭지 않다. 이러한 감정의 결여는 사이코패스들이 자신의 부정적 경험으로부터 결코 배우지 못한다는 것을 뜻하는데, 그들은 출소 후 범죄를 저지를 가능성이 다른 죄수들보다 4배 더 높다. 그들에게 폭력은 이성적인 측면에서 잘못된 것이 없다. 다른 사람을 해치는 것은 자신이 원하는 것을 얻는 또 하나의 방법일 뿐이며, 욕구를 충족시키는 지극히 합리적인 방법이다. 감정의 부재는 가장 기본적인 도덕 개념을 이해할 수 없게 만든다. G. K. Chesterton이 말했듯, "미친 사람은 이성을 잃은 사람이 아니다. 미친 사람은 <u>이성 빼고 모든 것을 잃은</u> 사람이다."

어휘 neuroscientist 신경 과학자 identify 발견하다 deficit 결손 define 정의하다 psychopathic 정신병의, 사이코패스의 amygdala 편도체 promote 촉진하다 aggression 공격성 terrifying 무서운 adverse 부정적인 in terms of ~면에서 reason 이성 absence 부재 incomprehensible 이해할 수 없는 give in to ~에 굴복하다 be deprived of 빼앗기다 rationality 이성

09

정답 ④

해설 주어진 글은 Faraday가 조악한 발전기를 만들었다는 내용으로, 그다음엔 a crude power generator를 The generator로 받아 작동 원리를 설명하는 (C)가 와야 한다. 그리고 그 내용을 (B)의 This로 받아 그 덕분에 Edison과 Swan이 백열전구를 발명했다는 내용으로 이어지고, 마지막으로 (B)에서 언급된 an incandescent light bulb를 the incandescent bulb로 받아 그 백열전구가 최초의 실용적인 전구였다는 내용의 (A)로 마무리되는 것이 자연스럽다. 따라서 글의 순서로 가장 적절한 것은 ④ '(C) - (B) - (A)'이다.

해석 1831년에 Michael Faraday가 전류 생성 문제를 지속되는 방식으로 해결한, 조악한 발전기를 만들어 내면서 전기를 기술 분야에서 사용할 수 있게 되었다. (C) 그 발전기는 구리 선 코일 안에서 움직이는 자석을 이용하여, 선을 통해 흐르는 아주 작은 전류를 생성했다. (B) 이것이 미국의 Thomas Edison과 영국의 Joseph Swan에게 문을 열어 주어, 그들은 1870년 말에 각자 자신의 나라에서 백열전구를 발명했다. (A) 이전에도 다양한 유형의 전구가 다른 사람들에 의해 발명되긴 했었지만, 백열전구는 몇 시간 동안 계속 빛을 낼 수 있는 최초의 실용적인 전구였다.

어휘 viable 실행 가능한 crude 조악한, 엉성한 generator 발전기 electric current 전류 ongoing 계속 진행 중인 incandescent 백열의 practical 실용적인 on end 계속 respective 각자의 magnet 자석 copper 구리 tiny 아주 작은

10

정답 ③

해설 소비자로부터의 요구를 통해 엔지니어는 다양한 가치를 새 제품에 끼워 넣는다는 내용의 글이다. 엔지니어들은 그 가치를 기반으로 문제를 해결하고, 설계의 성공 여부를 판단하기도 한다고 기술되었다. 따라서 글의 흐름상 어색한 문장은 소프트웨어 엔지니어가 실제 앱 설계와 코딩보다는 행정과 기타 업무에 더 많은 시간을 쓴다는 내용의 ③이다.

해석 소비자로부터의 요구는 엔지니어가 사용의 편의성, 미적 질, 민감한 소재로부터의 보호와 같은 가치를 새 제품에 끼워 넣도록 지시한다. 공정성, 사생활, 보안, 개인의 자율성이나 존엄성과 같은 추가적인 사회적 가치 역시 도구나 기술의 설계에서 명시적인 요소로 다뤄질 수 있다. 엔지니어들은 문제 해결에 뛰어나기 때문에, 일단 그들이 자신들의 주의를 요구하는 문제를 알게 되면, 좋은 엔지니어들은 해결책을 찾을 것이다. (소프트웨어 엔지니어는 실제 애플리케이션 설계와 코딩보다는 행정과 기타 업무에 더 많은 시간을 쓴다.) 각각의 가치는 엔지니어들이 해결하고 싶어 하는 문제에 대한 매우 다양한 해결책, 따라서 매우 다양한 설계로 향하도록 지시하는 것도 당연하다. 결과적으로, 그 가치는 기기가 성공적으로 설계되었는지를 평가하기 위한 점검표의 또 다른 항목으로 사용될 것이다.

어휘 direct 지시하다 embed 끼워 넣다 aesthetic 미적인 sensitive 민감한 material 소재 fairness 공정성 security 보안 autonomy 자율성 dignity 위엄, 존엄성 explicit 명시적인 excel at ~에 뛰어나다 administration 행정 in turn 결과적으로 item 항목 assess 평가하다

01	②	02	②	03	①	04	③	05	②
06	①	07	③	08	③	09	②	10	③

01

정답 ②

해설 시민들이 내버려둔다고 불평하던 유휴지가 녹지로 바뀌는 일이 진행되는 시기는 도시가 개조될 때일 것이므로, 빈칸에 들어갈 말로 가장 적절한 것은 ② 'alteration(변화)'이다.
① 격리 ③ 부패 ④ 탐사

해석 시민들이 고정된 상태에 불만을 품고 있었던 사용되지 않은 땅이 이번 도시 변화 과정에서 녹지 공간으로 바뀌었다.

어휘 dissatisfy 불만을 느끼게 하다 static (변화 없이) 고정된 transform 바꾸다

02

정답 ②

해설 and 앞에서 '~하느라 바쁘다'라는 뜻의 관용 표현인 'be busy (in) RVing'이 사용되고 있는데, 빈칸은 등위접속사 and를 통해 cleaning과 병렬되는 자리이다. 참고로 빈칸을 동사구 were busy와 병렬되는 동사로 보면 똑같이 과거시제여야 하므로 arrange는 불가능하며, 빈칸 뒤에 목적어 dishes가 나오므로 수동태인 were arranged도 불가능하다. 따라서 빈칸에 들어갈 말로 가장 적절한 것은 ② 'arranging'이다.

해석 우리는 집들이를 위해 집 안 구석구석을 청소하고 식탁에 음식을 차리느라 바빴다.

어휘 housewarming party 집들이 arrange 배열하다

03

정답 ①

해설 (determine → be determined) 사역동사 let은 목적어와 목적격 보어의 관계가 능동이면 RV를, 수동이면 be p.p.를 목적격 보어로 취하는데, 여기서는 백라이트가 켜져 있는 시간이 '결정하는' 것이 아니라 '결정되는' 것이므로 be determined가 되어야 한다.
② 'prevent O from RVing'는 'O가 ~하지 못하게 막다'라는 뜻의 구문이다.
③ 관계대명사 which가 a light sensor를 선행사로 받아 주어가 없는 불완전한 절을 이끌고 있는 것은 적절하다.
④ it은 맥락상 앞서 나온 the backlight를 가리키는 대명사이므로 단수로 수일치한 것은 적절하다.

해석 백라이트를 사용할 때, 많은 휴대전화가 그것의 작동 시간이 정해지게 해 주므로, 그 시간을 줄여서 그것이 배터리를 소모하지 않게 할 수 있다. 그리고 일부 휴대전화는 빛 센서가 있는데, 그것은 밝은 환경에서는 백라이트를 끄고, 더 어두운 환경에서는 그것을 사용 가능하게 할 수 있다.

어휘 duration (지속) 시간 operation 작동 drain 소모하다 shorten 줄이다 bright 밝은

04

정답 ③

해설 A의 컴퓨터가 스팸 때문에 바이러스에 감염된 것으로 추측되는 상황이다. B가 빈칸 앞에서는 그런 이메일을 열어 보지 않을 것을 염두에 두기만 해도 컴퓨터가 덜 감염될 수 있다고 말했고, 빈칸 뒤에서는 컴퓨터 보안을 위해 평상시에 해야 할 일들을 조언하고 있다. 이를 보아 A가 빈칸에서 또 다른 컴퓨터 감염 예방법을 물어보았을 것을 유추할 수 있으므로, 빈칸에 들어갈 말로 가장 적절한 것은 ③ '그밖에 내가 예방을 위해 주기적으로 할 수 있는 일이 뭘까?'이다.
① 스팸 차단 프로그램을 설치하는 게 어때?
② 넌 그런 이메일을 받으면 어떻게 해?
④ 네 컴퓨터가 이미 감염됐으면 어떻게 해?

해석 A: 내 컴퓨터가 바이러스에 감염됐어.
B: 어쩌다 그렇게 된 거야? 짚이는 점이라도 있어?
A: 음, 내가 어제 이상한 이메일을 열어 봤거든. 그래서 그런 것 같아.
B: 아, 이런. 그런 이메일은 절대 열어 보지 말았어야지. 이 점을 염두에 두기만 해도 컴퓨터가 감염될 위험을 줄일 수 있는데.
A: 그밖에 내가 예방을 위해 주기적으로 할 수 있는 일이 뭘까?
B: 항상 바이러스 백신 프로그램을 돌리고 비밀번호를 자주 변경해.
A: 알겠어, 기억해 둘게.

어휘 infect 감염시키다 clue 실마리, 단서 mindful 염두에 두는 reduce 줄이다 install 설치하다 block 차단하다 prevention 예방

05

정답 ②

해설 아이들의 등하굣길용 도로 폐쇄 날짜가 학년 시작과 겹침으로써 발생하는 문제들을 우려하며 그 날짜를 조정해 달라고 요청하는 내용의 글이다. 따라서 글의 목적으로 가장 적절한 것은 ② '도로 폐쇄 날짜 변경을 요청하려고'이다.

① 안전하지 않은 도로의 폐쇄를 부탁하려고 → 도로 폐쇄 자체를 요청하는 것이 아니라, 이미 예정된 도로 폐쇄의 변경을 요청하는 내용이다.

③ 교통 폐쇄를 위한 대체 도로를 알아내려고 → 글에서는 대체 경로가 이미 알려진 것으로 전제되어, 그 경로에 관한 부수적인 문제점이 언급되고 있다.

④ 학교 근처 도로의 치안 활동에 대해 항의하려고

06

정답 ①

해설 평일의 도로 폐쇄가 교통 혼잡이나 잠재적 안전 위험과 같은 문제를 일으킨다는 내용이다. 맥락상 poses는 '제기하다'라는 뜻으로 쓰였으므로, 이와 의미가 가장 가까운 것은 ① 'causes(야기하다)'이다.

② 위치시키다 ③ 모형을 만들다 ④ 가장하다

05-06

해석 수신: 공공사업부
발신: Max Patton
날짜: 2월 22일
제목: 지역 도로 관련 우려 사항

관계자분께,

저는 Wenham에 오랫동안 거주해 온 주민으로서, 곧 있을 Grapevine Road와 Greville Street 사이의 도로 폐쇄에 대한 우려를 전달하고자 합니다.

지역 초등학교에 다니는 두 어린 자녀를 둔 부모로서, 3월 8일부터 26일까지의 평일 도로 폐쇄가 큰 문제를 <u>제기합니다</u>. Grapevine Road는 저를 포함한 많은 학부모가 등교 및 하교를 위해 이용하고 있습니다. 특히 폐쇄 날짜가 학년 시작과 겹쳐서 걱정입니다. 그 날짜를 조정할 수 있을까요? 제안된 대체 경로로 교통 혼잡이 발생할 수 있으며, 이는 어린이들의 안전에 잠재적인 위험이 될 수 있습니다.

이해해 주셔서 감사드리며, 지역에 어린 자녀를 둔 가족을 위해 어떤 해결책이나 조정이 이루어질 수 있기를 기대합니다.

안부를 전하며,
Max Patton 드림

어휘 regarding ~에 관하여 resident 주민 upcoming 곧 있을 closure 폐쇄 challenge 문제 drop-off 내려 주기 overlap 겹치다 adjust 조정하다 alternate 대신인 congestion 혼잡 appreciate 감사하다 alternative 대체의 complain 항의하다 policing 치안 유지 활동

07

정답 ③

해설 오늘날 고등 교육 기관에서 학생들이 쇼핑하듯 수업을 시험 삼아 듣고 고르는 현상을 설명하는 글이다. 따라서 글의 제목으로 가장 적절한 것은 ③ '쇼핑과 유사한 수강 신청'이다.

① 엄격함으로 가득 찬 오늘날의 수업 → 오늘날의 수강은 엄격하다기보다, 쇼핑하는 것처럼 자유롭다는 내용이므로 적절하지 않다.

② 학습을 위한 현명한 쇼핑객이 되는 법 → 수업을 고르는 것이 쇼핑과 같다는 현상을 이야기하고 있을 뿐, 현명하게 고르는 방법을 언급하고 있지는 않다.

④ 대학생: 온라인 몰의 가장 큰 고객 → 글에서 언급된 쇼핑몰은 비유로 쓰이고 있는 것으로, 실제 몰에 관한 내용이 아니다. 비유적 의미의 '쇼핑몰'로 보더라도 온라인상에서 수업을 시도해 보는 내용은 언급된 바 없다.

해석 오늘날, 현대 고등 교육 기관은 매우 다양한 "상품"을 제공하고, "고객"인 학생들이 원하는 것을 찾을 때까지 둘러볼 수 있게 하며, 심지어는 그러도록 장려한다. 개별 고객들은 원하는 지식 묶음을 무엇이든 자유롭게 "구매"할 수 있으며, 대학은 고객이 요구하는 것을 무엇이든 제공한다. 일부 꽤 명망 있는 기관에서는 이러한 쇼핑몰 환경이 극단으로 치달아 있다. 첫 몇 주간의 수업에서 학생들은 상품을 시도해 본다. 그들은 수업에 가서, 교수가 어떤 사람인지 보기 위해 10분간 머물다가, 종종 교수가 말하는 중에 다른 수업을 시도해 보려고 걸어 나간다. 쇼핑몰 매장에 둘러보는 사람이 드나드는 것처럼 학생들은 수업을 들락날락한다. 학생들은 "당신이 가진 것을 보여줄 수 있게 10분 드릴게요. 그러니 최선을 다하세요."라고 말하고 있는 것 같다.

어휘 institution 기관 a wide array of 다수의 bundle 묶음 prestigious 명망 있는 carry to an extreme 극단으로 치닫다 sample 시도해 보다 merchandise 상품 browser 둘러보는 사람 give it one's best shot 최선을 다하다 strictness 엄격함 sign up for 신청하다

08

정답 ③

해설 공동 작업의 결점에 관한 글이다. 필자는 경험에 비추어 팀 작업이 단독 작업보다 과정이 비생산적이고 결과물도 만족스럽지 않았음을 말하고 있다. 따라서 빈칸에 들어갈 말로 가장 적절한 것은 ③ '여러 사람이 한 사람보다 낫지는 않다'이다.

① 홀로서기에는 용기가 필요하다 → 단독 작업의 어려움이 아니라, 오히려 그것이 더 나음을 주장하는 글이므로 적절하지 않다.

② 소수의 의견이 더 중요할 수도 있다 → 팀 작업 시 가장 우세한 성격의 작업물이 곧 결과물이 되는 것을 부정적으로 언급하고는 있으나 이는 어쨌든 팀 작업을 가정하는 것으로, 팀 작업이 좋지 않다는 주장을 뒷받침하기 위한 근거 중 하나에 불과하다.

④ 문제를 나누면 그 부담이 줄어든다 → 공동 작업의 단점을 말하는 글의 논조에 반대된다.

해석 혼자서 가장 잘 집중하는 사람으로서, 나는 공동 작업에 결점이 있을 수 있다는 것을 알게 되었다. 팀으로 일할 때, 나는 내가 모든 일을 다 하거나, 모든 일을 다시 해야 하거나, 다른 사람들이 제 몫을 하게 하는 데 너무 많은 시간을 소비해서 결과물이 혼자 할 때보다 더 안 좋다는 것을 발견하는 경우가 많다. 나는 성공적인 팀 작업에 몇 차례 참여해 본 적은 있지만, 항상 팀이 어떻게 (작업에) 착수해야 할지 결정하기가 어렵다고 느꼈다. 각자에게 한 부분을 맡기면, 어느 팀원이 맡은 부분에서 잠재적으로 발휘될 수 있었을 창의성을 잃고 자신이 맡은 부분에 관한 중요한 사항을 놓칠 위험이 있다. 그리고 모두가 같은 일을 하다가 다시 모이면, 가장 유능한 작업물이 아니라 가장 우세한 성격의 것이 살아남는 경우가 흔하다. 연구에 따르면 개인보다 팀이 훨씬 더 많이 인용되는 것으로 나타나긴 하지만, 나는 어떤 경우에는 <u>여러 사람이 한 사람보다 낫지는 않다</u>고 주장할 것이다.

어휘 collaborative 공동의 drawback 결점 redo 다시 하다 output 산물 go about 시작[착수]하다 assign 할당하다 portion 부분, 몫 ingenuity 독 창성 fundamental 근본적인, 중요한 dominant 지배적인, 우세한 personality 성격 competent 유능한, 괜찮은 cite 인용하다 courage 용기 minority 소수(의)

09

정답 ②

해설 주어진 문장은 그것(They)이 빠른 생식 주기로 불리한 기후에 적응했으 며, 그 덕에 수가 많아지고 목장주의 선호도 커졌다는 장점을 이야기하고 있다. 이러한 내용은 ② 앞 문장의 아메리카의 소(cattle)가 생존을 위해 적 응했다는 내용을 받아 구체적으로 부연해 준다. 또한 역접 접속사 However로 시작하는 ② 뒤 문장이 주어진 문장의 적응 내용을 this change로 받으면서 그 적응의 단점이라는 대조적 내용이 나오는 것이 자 연스럽다. 따라서 주어진 문장이 들어갈 위치로 가장 적절한 것은 ②이다.

해석 미국 산업용 소고기의 부상에는 세계적인 영향과 결과가 있다. 아메리카 의 소는 콜럼버스의 교환(유라시아 대륙과 아메리카 대륙 간 교류)의 여파 에서 생존하기 위해 한 적응을 보여 준다. 그것은 영양이 부족한 기후에 적 응하기 위해 빠른 생식 주기를 발달시켰고, 이는 그것의 풍부함과 목장주 들에의 인기를 모두 설명한다. 그러나 이 변화가 바람직하기만 한 것은 아 니었다. 그 품종은 기름기가 없어지고 살이 찌는 속도가 느려져서, 육즙이 많지 않게 되었다. 이에 대한 해결은 19세기 말 북유럽 품종이 유입되면서 비로소 이루어졌으며, 이는 소고기의 세계화의 또 다른 단계를 이루었다.

어휘 rapid 빠른 reproductive 생식의 adapt to ~에 적응하다 nutrient-poor 영양이 부족한 abundance 풍부 rancher 목장주 cattle 소 aftermath 여파 desirable 바람직한 breed 품종 lean 기름기가 없는 juicy 즙이 많은 constitute 구성하다, 이루다

10

정답 ③

해설 3번째 문장에서 국제 조약의 국내 이행을 보장한다고 언급되므로, 글의 내 용과 일치하는 것은 ③ '그것은 국제 조약의 현지 적용을 감독한다.'이다.
① 그것은 20세기 후반에 처음 설립되었다. → 첫 문장에서 설립 연도가 2001년이라고 언급되므로 옳지 않다.
② 그것은 연구보다 정책 개발을 우선시한다. → 2번째 문장에서 연구를 '통해' 정책을 개발한다고만 했을 뿐, 둘 중 하나를 우선시한다는 내용은 언급되지 않으므로 옳지 않다.
④ 그것은 국내 기관들과만 협력한다. → 4번째 문장에서 세계 인권 단체 들과도 협력한다고 언급되므로 옳지 않다.

해석 **국가인권위원회 개요**
국가인권위원회는 2001년 설립 이래 인권 보호를 위한 주요 옹호 기관으 로 활동해 왔습니다. 이곳은 연구와 권고를 통해 정책을 개발하고, 인권 침해를 조사하고, 구제책을 제공하는 데 중요한 역할을 합니다. 위원회는 또한 인권 교육을 장려하고, 국제 조약의 국내 이행을 보장합니다. 나아 가, 이곳은 (인권) 보호를 강화하기 위해 정부 기관, 시민 사회, 세계 인권 단체들과 협력합니다. 위원회의 사명은 국제 인권 기준에 대한 위원회의 헌신을 반영하여 모든 인간의 존엄, 가치, 자유를 효과적이고 전문적으로 옹호하는 것입니다.

어휘 commission 위원회 advocacy 옹호 establishment 설립 recommendation 권고 investigate 조사하다 violation 침해, 위반 remedy 구제책, 해결책 promote 장려하다 implementation 이행 treaty 조약 collaborate 협력하다 enhance 강화하다 uphold 옹호하다 dignity 존엄 commitment 헌신 prioritize 우선시하다 oversee 감독하다 application 적용 solely 오로지 cooperate 협력하다 domestic 국내의

| 01 | ④ | 02 | ② | 03 | ③ | 04 | ③ | 05 | ③ |
| 06 | ④ | 07 | ③ | 08 | ③ | 09 | ② | 10 | ④ |

01

정답 ④

해설 세미콜론(;) 뒤를 유의했을 때 오류나 불일치가 없다는 것은 즉 틀림없다 는 뜻이므로, 빈칸에 들어갈 말로 가장 적절한 것은 ④ 'accurate(정확 한)'이다.
① 안전한 ② 추상적인 ③ 일정한

해석 소프트웨어가 올바르게 기능하려면 데이터 입력이 정확해야 하는데, 즉 오류나 불일치가 없어야 한다.

어휘 function 기능하다 input 입력 discrepancy 불일치, 어긋남

02

정답 ②

해설 (raised → risen) raised는 '올리다'라는 뜻의 타동사 raise의 과거분사 형이므로, '오르다'라는 뜻의 완전 자동사를 사용한 has risen으로 쓰여 야 한다. 참고로 Over the past 50 years라는 기간을 나타내는 부사구 가 있으므로 현재완료시제가 쓰인 것은 적절하다.
① reach는 전치사 없이 목적어를 바로 취하는 완전타동사로 적절하게 쓰였으며, in 2018이라는 특정 과거 시점이 있으므로 과거시제 reached 로 쓴 것 또한 적절하다.
③ remain이 2형식 동사로 쓰여 비교급 형용사 lower를 보어로 취하고 있는 것은 적절하며, 비교 대상이 '오늘날의 이민자 점유율'과 '1890년의 이민자 점유율'이므로, than 이하의 that도 immigrant share의 수에 맞추어 적절하게 쓰였다.
④ which는 1890을 선행사로 받고 있으며, '전치사 + 관계대명사' 형태 인 in which 뒤에 완전한 절이 온 것은 적절하다.

해석 2018년 미국의 외국 태생 인구는 4,480만 명이라는 기록에 달했다. 지난 50년간, 미국에 거주하는 이민자의 수는 엄청나게 늘었지만, 오늘날 이민 자 점유율은 920만 명의 이민자가 미국에 거주하던 1890년 이민자 점유 율보다 여전히 낮은 수준이다.

어휘 immigrant 이민자 enormously 엄청나게 share 지분, 점유율

03

정답 ③

해설 행사 후 남은 물품들을 자선 단체에 기부하자는 대화를 나누는 상황이다. 자신의 집 근처에 기부할 만한 자선 단체가 있다는 A의 말에 B가 빈칸의 내용을 말하자, A가 그 자선 단체가 늦게까지 운영해서 자신이 그럴 수 있다고 답하고 있다. 이를 보아 빈칸에서 A가 B에게 늦은 시간에 자선 단체에 가달라는 식의 말을 했을 것으로 유추할 수 있으므로, 빈칸에 들어갈 말로 가장 적절한 것은 ③ '당신이 집에 가는 길에 이것들을 전해 줄 수 있겠네요.'이다.
① 그럼 제가 내일 아침 일찍 그곳에 들를게요.
② 당신은 자선 단체의 위치를 확인해야 해요.
④ 버릴 물품 목록을 작성해 주실 수 있나요?

해석 A: Chris, 무슨 일을 하고 있나요?
B: 행사에서 남은 물품들을 정리하고 있어요. 이것들은 더는 쓸 일이 없어서 버리려던 참이에요.
A: 잠깐만요. 기부하는 건 어때요?
B: 오, 그거 좋은 생각이네요. 이것들이 필요한 곳을 알고 있나요?
A: 네. 저희 집 근처에 큰 자선 단체가 있어요. 그곳은 항상 기부를 환영해요.
B: 잘됐군요. 당신이 집에 가는 길에 이것들을 전해 줄 수 있겠네요.
A: 네. 그 자선 단체는 늦게까지 문을 열어서 제가 할 수 있어요.

어휘 sort out 정리하다 leftover 남은 throw away 버리다 donate 기부하다 charity 자선 단체 stop by 잠시 들르다 drop off 내려놓다, 배달하다

04

정답 ③

해설 Jack이 Abby Theater에서 연극 표를 사려는 상황이다. 빈칸 내용에 대한 응답으로 Abby Theater는 좌석의 위치를 언급하였고, 이후 Jack이 결제를 진행하려고 한다. 이를 보아 빈칸에서 Jack은 좌석 배치에 동의한 후 좌석이 어디에 있는지 물었을 것으로 추측할 수 있다. 따라서 빈칸에 들어갈 말로 가장 적절한 것은 ③ '괜찮습니다. 그 좌석들의 위치는 어디인가요?'이다.
① 알겠습니다. 자리를 맡아 드리겠습니다.
② 주차 공간은 충분한가요?
④ 그렇다면 다음에 보도록 하겠습니다.

해석 Jack: 안녕하세요, 오늘 저녁 7시 연극 <Long Day's Journey>의 표를 세 장 구할 수 있을까요?
Abby Theater: 네, 몇 좌석 남아 있습니다. 좌석이 붙어 있어야 하나요?
Jack: 가능하면 그게 좋습니다.
Abby Theater: 죄송하지만, 저희가 할 수 있는 최선은 나란히 있는 두 좌석과 그 바로 뒤에 있는 한 좌석을 드리는 것이네요.
Jack: 괜찮습니다. 그 좌석들의 위치는 어디인가요?
Abby Theater: 극장의 뒷줄 중앙입니다.
Jack: 알겠습니다. 계좌 이체로 결제할 수 있나요?
Abby Theater: 물론입니다. 곧 은행 계좌 정보를 보내 드리겠습니다.

어휘 remaining 남아 있는 side-by-side 나란히 있는 rear 뒤쪽의 bank transfer 은행 계좌 이체 account 계좌

05

정답 ③

해설 매주 주말 3시간 동안 야외에서 영화를 상영해 주는 잔디밭 영화제에 관한 내용이므로, 글의 제목으로 가장 적절한 것은 ③ '탁 트인 공간에서 영화의 마법을 경험하세요'이다.
① 우리 잔디밭의 잡초 없애기를 도와주세요
② 시원한 맥주와 함께 블록버스터 영화를 즐겨 보세요 → 음주는 금지라고 언급되고 있다.
④ 해변에서 열리는 밤샘 영화 마라톤에 참여하세요 → 행사 장소는 해변이 아닌 광장이며, 밤새 내내 진행되는 것도 아니다.

06

정답 ④

해설 글의 후반부에서 이벤트 만족도 조사 참여 시 추첨을 통해 경품을 준다고 언급되므로, 글의 내용과 일치하지 않는 것은 ④ '설문 조사 완료 순서에 따라 경품이 지급된다.'이다.
① 관객은 현장에서 무료로 입장할 수 있다. → 글의 중반부에서 언급된 내용이다.
② 관객은 스스로 뒷정리해야 한다. → 글의 중반부에서 언급된 내용이다.
③ 날씨에 따라 개최 여부가 달라진다. → 글의 중반부에서 언급된 내용이다.

05-06

해석

탁 트인 공간에서 영화의 마법을 경험하세요

잔디밭 영화제가 올해 다시 돌아왔습니다! 탁 트인 하늘 아래, 영화의 아름다움과 야외의 평온함이 어우러진 자연의 중심에서 잊지 못할 경험을 해보세요.

2024년 9월 14일(토) - 10월 13일(일)
매주 토요일과 일요일, 18:00 - 21:00
(영화는 19:00에 시작)
그린 메도우 광장

정보:
- 사전 예약 필요 없이 현장 입장이 가능합니다.
- 입장료는 무료입니다.
- 개인 돗자리 지참을 권장하며, 좌석은 선착순으로 배정됩니다.
- 행사장 내에서는 주류 섭취가 금지되어 있습니다.
- 남은 흔적은 치워 주십시오.
- 악천후 시 행사가 취소되거나 연기될 수 있습니다.
- 행사 중 사진 및 영상 촬영에 협조 부탁드립니다.

*QR 코드를 통해 이벤트 만족도 조사에 참여하시면 추첨을 통해 멋진 경품을 드립니다.
*상영 예정작은 저희 웹사이트(www.grasslandfilmfestival.org)에서 확인해 주십시오.

어휘 serenity 평온 walk-in 예약 없이 가는 사람, 현장 입장자 admission 입장 free of charge 무료의 first-come, first-served 선착순 consumption 섭취 beverage 음료 prohibit 금지하다 venue 장소 trace 흔적 inclement 궂은 postpone 연기하다 satisfaction 만족 survey 설문 조사 draw 추첨 set 촬영장 on-site 현장의 completion 완료

07

정답 ③

해설 첫 문장에도 드러나 있듯이 글을 읽음으로써 얻길 바라는 것이 정확히 무엇인지, 즉 글을 읽는 목적이 무엇인지를 분명히 하라는 내용의 글이다. 따라서 글의 요지로 가장 적절한 것은 ③ '독서의 목적을 분명히 해야 한다.'이다.

① 규칙적인 독서 습관을 길러야 한다. → 글을 규칙적으로 읽으라는 내용은 언급된 바 없다.

② 당신에게 도움이 되는 글을 읽어야 한다. → 단순히 도움이 되는 글을 읽으라는 내용이 아니라, 정확히 어떤 도움이 되기를 바라는지 독서의 목적을 분명히 하라는 내용이다.

④ 당신이 알고 있는 것을 새로운 아이디어와 비교해야 한다. → 글에서 비교하라고 언급된 것은 글에서 찾고자 하는 내용과 실제로 찾고 있는 내용으로, 이는 본래의 독서 목적을 잊지 않기 위함이다.

해석 글을 읽기로 결정했다면, 그것을 읽는 것이 당신에게 도움이 되기를 바라는 것이 정확히 무엇인지를 찾아보아라. 당신은 그저 당신이 논문에서 말하는 바를 뒷받침할 몇 가지 사실을 찾고 있는가? 시험을 위해 벼락치기 공부를 하고 있는가? 특정 주제에 대한 일반적인 이해, 또는 다각적인 논쟁의 윤곽과 세부 사항을 확립하려고 하고 있는가? 아니면 단순히 스스로 즐기기 위해 읽고 있는가? 당신을 글로 보낸 이유가 무엇이든, 읽는 동안 이따금 당신이 글에서 찾은 것과 당신이 찾고자 하는 것을 비교하면서 그 이유를 상기해라.

어휘 merely 그저 shore up 떠받치다, 강화하다 cram 벼락치기 공부를 하다 contour 윤곽 many-sided 다방면의 amuse 즐겁게 하다 from time to time 이따금

08

정답 ③

해설 엄격한 실증주의적 접근법을 취한 Heisenberg에 따르면, 원자의 내부 작용에 관한 단서로 얻을 수 있는 것은 안개상자를 통과한 입자의 흔적뿐인데, 그 관찰 결과마저도 전자의 경로가 아닌 일련의 불분명한 점들뿐이므로, 결국 원자 내부의 일을 추측하는 것은 아무 의미도 없다는 내용의 글이다. 마지막 문장에서 언급되듯, 관찰 결과를 통해서도 원자에 대해 분명히 알 수 있는 것은 없다는 것이므로, 빈칸에 들어갈 말로 가장 적절한 것은 ③ '본질적인 불확실성'이다.

① 예측 가능한 결과 → 전자의 경로가 관찰될 수 있을 것이라는 예측과는 달리, 전자가 아닌 것들만 관찰되었을 뿐이라고 언급되므로 적절하지 않다.

② 밀접한 연관성 → 관찰 결과들 사이의 연관성을 다루고 있지는 않으며, 오히려 알고자 한 것과 직접적 관계가 없는 것들이 관찰되었다는 내용이기도 하므로 적절하지 않다.

④ 통계적 차이 → 안개상자에서 관찰된 것들의 수치를 산정한 내용은 언급되지 않았다.

해석 독일의 물리학자 Werner Heisenberg는 양자 물리학에 대해 엄격한 실증주의적 접근 방식을 취했다. Heisenberg에 따르면, 원자 내부에서 무슨 일이 일어나고 있는지 추측하는 것은 아무 소용이 없었다. 한 사람이 가지고 있는 것은, 입자가 안개상자를 통과할 때 남긴 비행운과 같은 관찰 결과뿐이었다. 그러나 여기서도, 그 측정 결과에는 본질적인 불확실성이 있었다. "우리는 안개상자 안에서 전자의 경로가 관찰될 수 있을 것이라고 항상 말해 왔다. 그러나 우리가 실제로 관찰한 것은 훨씬 더 적은 것일지도 모른다. 아마도 우리는 그저 전자가 통과한 일련의 불연속적이고 모호한 점들을 보았을 뿐이다."라고 Heisenberg는 말했다. 결국 그의 말처럼, 안개상자조차도 원자의 비밀에 대해 아무것도 알려주지 못했다.

어휘 physicist 물리학자 strictly 엄격히 positivist 실증주의의 quantum 양자 speculate 추측하다 atom 원자 observation 관찰 (결과) vapor trail 비행운, 증기 흔적 particle 입자 cloud chamber 안개상자(방사선이 지난 자리를 관찰 및 기록하는 장치) measurement 측정 (결과) electron 전자 discrete 별개의, 분리된 vague 모호한 predictable 예측 가능한 intrinsic 본질적인 uncertainty 불확실성 statistical 통계의

09

정답 ③

해설 주어진 글은 물건이 아닌 경험에 돈을 쓰라는 한 전문가의 말을 인용하며, 사람들이 경험은 눈에 보이는 결과물이 남지 않는다고 생각하는 경향을 이야기한다. 이후 이를 that으로 받아, But을 통해 오히려 그런 점이 좋다는 반대되는 내용을 말하는 (B)가 오고, 그다음 On the other hand로 시작하여 경험과 대조적인 물체의 특성을 설명하는 (A)가 와야 한다. 그리고 (A)에서 언급된 러그를 it으로 받아, 그것에 대한 처음(The first few times)의 감정이 시간이 지나면서(over time) 퇴색된다고 하는 (C)가 이어지는 것이 자연스럽다. 따라서 글의 순서로 가장 적절한 것은 ③ '(B) - (A) - (C)'이다.

해석 심리학자 Daniel Gilbert는 너무 많은 물건을 사는 것을 그만두고, 경험에 더 많은 돈을 써 보려 하라고 말했다. 우리는 경험이 우리에게 보이는 결과물은 아무것도 남기지 않는다고 생각한다. (B) 하지만 그것은 좋은 것으로 드러난다. 행복은 흔히 무형의 것에서 오는데, 경험은 물리적 흔적을 남기지 않기에 훨씬 더 귀하다. 그것은 그것을 떠올리고 공유할 때마다 새로운 즐거움을 불러온다. (A) 반면, 물건은 너무 오래 머물러 눈 밖에 난다. 당신이 정말 원하는 러그를 산다고 상상해 보라. 당신이 처음 몇 번 그것을 보았을 때는, 그것에 감탄하며 행복을 느낄지도 모른다. (C) 그러다가 시간이 흐르면, 그것은 아마 그저 러그에 불과하다는 사실이 드러날 것이다. 이렇듯, 눈에 보이게 남아 있는 물체들로부터 파생되는 즐거움은 흔히 덧없는 것이다.

어휘 stuff 물건 show for ~의 성과를 보여 주다 wear out one's welcome 너무 오래 머물러 환영받지 못하다 admire 감탄하며 바라보다 intangible 무형의 것 renewed 새로워진 reveal 드러내다 pleasure 기쁨, 즐거움 visible 가시적인 fleeting 순식간의, 덧없는

10

정답 ④

해설 폭염 피해를 줄이기 위한 그리스 정부의 대책에 관한 글이다. 단수와 정전을 방지하기 위한 유지 보수 작업과 근로자들을 위한 휴게 지침이 그 대책으로 제시되고 있다. 따라서 글의 흐름상 어색한 문장은 그리스의 근로자 복지 문제가 사회 및 경제적 불평등에 대한 우려를 일으킨다는 내용의 ④이다.

해석 그리스 당국은 국가가 일주일 이상 지속될 것으로 예상되는 폭염으로 씨름하고 있어 금요일에 추가적인 인프라 유지 보수 점검을 명령했다. 관계자는 그 점검이 국가의 에너지 용량을 테스트하는 에어컨 사용이 증가함에 따라, 단수와 정전을 방지하기 위한 것이라고 말했다. 금요일에 대아테네 일부 지역에서 산발적인 정전이 보고되긴 했으나, 일부는 배전망 기사가 유지 보수 작업을 위해 계획한 것이었다. 당국은 또한 고용주들에게 근로자들을 위해 물과 에어컨이 설치된 휴식 공간을 제공하라고 지시했다. (그리스에서는 근로자 복지 문제가 지속되면서 사회 및 경제적 불평등에 대한 우려를 제기하고 있다.) 건설 및 육체노동업계 사람들을 포함하여, 더위에 가장 많이 노출되는 근로자들에겐 다음 주 정오부터 오후 4시까지 더 긴 휴식 시간이 주어질 것이다.

어휘 authorities 당국 infrastructure 인프라, 사회 기반 시설 maintenance 유지, 보수 inspection 점검 grapple with ~으로 씨름하다 heat wave 폭염 outage 정전, 동력 정지 capacity 용량, 수용력 sporadic 산발적인 grid 배전망 operator 조작자 instruct 지시하다 welfare 복지 inequality 불평등 manual 육체노동의 midday 정오

01	①	02	①	03	②	04	②	05	③
06	②	07	③	08	④	09	④	10	④

01

정답 ①

해설 오랜 시간 되풀이되는 일을 참고 문제적인 고객들을 대하는 직종에서 필요한 자질은 어려운 상황에서도 침착하게 견딜 줄 아는 것이므로, 빈칸에 들어갈 말로 가장 적절한 것은 ① 'patient(인내심 있는)'이다.
② 친절한 ③ 공격적인 ④ 창의적인

해석 보통 근무자가 장시간 반복적인 업무를 감수하고 까다로운 고객을 상대하는 서비스 직종에서 일하려면 인내심이 있어야 한다.

어휘 put up with 참다, 감수하다 repetitive 반복적인 handle 다루다

02

정답 ①

해설 staff는 복수 취급이 가능한 집합명사이므로, 빈칸 뒤에 '복수 명사 + 복수 동사'가 오고 있다고 볼 수 있다. 뒤에 '복수 명사 + 복수 동사'를 취할 수 있는 한정사는 all과 both인데, both는 두 개의 항목만을 지칭할 때 사용되므로 Across departments라는 표현에 유의했을 때 맥락상 불가능하다. 참고로 each와 every 뒤에는 '단수 명사 + 단수 동사'가 나와야 한다. 따라서 빈칸에 들어갈 말로 가장 적절한 것은 ① 'all'이다.

해석 부서 전체에 걸쳐, 모든 직원이 팀 빌딩 수련회에 참가하도록 권장된다.

어휘 department 부서 retreat 수련회

03

정답 ②

해설 (did they develop → they developed) 4형식 동사로 쓰인 ask의 직접목적어로 의문부사 how가 이끄는 간접의문문이 오고 있다. 이때 간접의문문은 '의문사 + S + V'의 어순을 취하므로, how they developed가 되어야 한다.
① 타동사인 interview 뒤에 목적어 executives가 있고, 분사구문의 의미상 주어인 I가 인터뷰를 하는 주체이므로 능동의 현재분사 Interviewing은 적절하게 쓰였다.
③ 맥락상 주어인 I가 새 일이나 과제를 '받는' 것이므로, 수동태 was given은 적절하게 쓰였다. 참고로 4형식 동사는 수동태로 쓸 때 뒤에 목적어가 나옴에 유의해야 한다.
④ both a job and an assignment를 선행사로 받는 주격 관계대명사 that이 주어가 없는 불완전한 절을 이끌고 있으며, 'both A and B'가 주어일 경우 동사의 수는 복수여야 하므로 관계사절의 동사가 복수인 were인 것도 적절하다.

해석 뛰어난 재능을 보이는 경영자들을 인터뷰할 때, 나는 그들에게 어떻게 기술을 계발했는지 묻는데, 내가 반복적으로 듣는 이야기는 '제게 매우 도전적인 일과 과업이 모두 주어졌습니다. 저는 처음엔 성공하기 위한 기술을 갖고 있지는 않았지만, 열심히 노력하면서 시간이 지남에 따라 재능을 키웠습니다.'이다.

어휘 executive 경영진 demonstrate 보여 주다, 증명하다 exceptional 특출한 assignment 과제 challenging 도전적인, 힘든

04

정답 ②

해설 B가 A에게 샌프란시스코에 가는 가장 좋은 방법을 알려 주는 상황이다. A가 버스와 기차 중 무엇을 추천하냐고 묻자, B가 버스는 더 싸지만 정차가 잦아 더 오래 걸린다고 했다. 이에 A가 빈칸 내용을 말한 뒤, B가 요금만 상관없으면 '그것'이 더 나은 선택이라고 하는 것으로 보아, '그것'이 요금이 더 비싼 기차를 뜻하고 있음을 알 수 있다. 즉, 빈칸에는 A가 기차를 선택하는 의미의 내용이 와야 하므로, 빈칸에 들어갈 말로 가장 적절한 것은 ② '전 정차 횟수가 적은 걸 택할게요.'이다.
① 그렇다면 제가 직접 운전하는 게 낫겠어요.
③ 제가 당신이라면 기차를 택하겠어요.
④ 전 더 싼 버스를 타야겠네요.

해석 A: 안녕하세요. 샌프란시스코에 가는 가장 좋은 방법이 뭔가요?
B: 직접 운전하는 건 특히 교통 체증 때문에 스트레스를 받으실 수 있어서요. 대신 버스나 기차 타는 것을 추천해 드리고 싶네요.
A: 그렇군요. 그럼 버스와 기차 중 어떤 선택지를 추천하시겠어요?
B: 버스는 더 저렴하지만 정차가 잦은 경향이 있어서 시간이 더 오래 걸려요.
A: 알겠어요. 전 정차 횟수가 적은 걸 택할게요.
B: 요금만 괜찮으시다면 그게 더 나은 선택이겠네요.
A: 네, 그건 감당할 수 있을 것 같아요. 조언해 주셔서 감사해요. 큰 도움이 되었어요!

어휘 traffic 교통량 budget-friendly 저렴한 frequent 잦은 mind 신경 쓰다, 개의하다 fare 요금 afford (지불할) 여유가 되다 opt for 택하다

05

정답 ③

해설 종합 운동장 내 장애인을 배려하는 화장실 시설의 부족에 대한 문제를 제기하며 이에 관한 여러 개선 사항을 요구하는 내용이므로, 글의 목적으로 가장 적절한 것은 ③ '종합 운동장의 장애인을 위한 화장실 시설 개선을 요청하려고'이다.
① 종합 운동장 내 장애인 전용 엘리베이터 설치를 부탁하려고
② 종합 운동장의 장애인용 스포츠 프로그램 개설을 제안하려고
④ 종합 운동장의 장애인 지정 관람 좌석 부족에 대해 항의하려고 → 관람 좌석 수가 아닌 화장설 시설이 부족하다는 내용이다.

06

정답 ②

해설 장애인을 위한 화장실 시설의 미흡함을 지적하는 것이 글의 목적이므로, Though를 고려했을 때 규모와 장비는 좋은 점으로 꼽고 있음을 유추할 수 있다. 따라서 맥락상 appreciate는 '높이 평가하다'라는 뜻으로 쓰였으므로, 이와 의미가 가장 가까운 것은 ② 'value(가치 있게 여기다)'이다.
① 느끼다 ③ 증가시키다 ④ 이해하다

05-06

해석 수신: 시설 관리자
발신: Ethan Parker
날짜: 2월 17일
제목: 장애인의 종합 운동장 이용

시설 관리자님께,

이 메시지가 귀하에게 잘 전달되길 바랍니다. 저는 Pearson 종합 운동장 내 장애인을 위한 미흡한 화장실 시설에 대해 우려를 제기하고자 합니다. 저는 그곳의 규모와 장비는 높이 평가하지만, 우리 도시 내 포용성을 보장하도록 의도된 법과 규정에도 불구하고 이 종합 운동장에는 다음과 같은 부분에서 큰 결점이 있다는 사실을 알게 되었습니다.

- 휠체어 접근을 위한 경사로 부족
- 작동하지 않는 도움 호출 버튼
- 손잡이 및 낮은 세면대의 부재
- 휠체어 접근을 방해하는 좁은 출입구

이용 가능한 화장실은 법적 요건일 뿐만 아니라, 기본적인 필수 사항이라는 점을 기억하는 것이 중요합니다. 화장실 이용 시 장애인의 존엄성과 독립성을 높이기 위해 노력해 주시길 바랍니다.

감사합니다,
Ethan Parker 드림

어휘 facility 시설 disabled 장애가 있는 raise 제기하다 inadequate 불충분한 regulation 규정 guarantee 보장하다 inclusion 포용 significant 상당한 shortcoming 결점 ramp 경사로 inoperable 작동하지 않는 assistance 도움 absence 부재 impede 방해하다 dignity 존엄성 independence 독립

07

정답 ③

해설 호미닌 화석 기록에는 시간적 편향과 신체 부위적 편향, 즉 결점이 있음을 설명하는 글이다. 따라서 글의 주제로 가장 적절한 것은 ③ '호미닌 화석 기록의 불완전성'이다.
① 화석 기록의 지리적 편향 → 호미닌 화석 기록이 지리적으로 편향되었다는 내용은 언급되지 않았으며, 글의 중심 소재는 단순 화석 기록이 아닌 '호미닌' 화석 기록이다.
② 인간 뼈 경도의 다양성 → 인간 골격의 내구성이 각기 다르다는 내용이 언급되긴 하나, 호미닌 화석 기록의 신체 부위적 편향이 나타나게 된 원인을 설명하기 위한 부연에 불과하다.
④ 연구에 있어 호미닌 화석의 중요성 → 호미닌 화석이 연구에서 중요하다는 내용은 언급된 바 없다.

해석 수십 년에 걸쳐, 과학자들은 600만 년에서 700만 년 전으로 거슬러 올라가는 수천 명의 개체들에게서 비롯된 호미닌 화석을 축적해 왔다. 이 수가 인상적으로 들릴 수도 있지만, 대다수는 호미닌 화석 기록의 후반부에 집중되어 있다. 이 시간적 편향 외에도, 호미닌 화석 기록에는 다른 편향과 결점이 있다. 치아와 하악골과 같은 골격의 가장 단단한 부분 중 몇몇은 호미닌 화석 기록에 잘 나타나 있지만, 후두개 골격, 즉 척추와 팔다리, 그리고 특히 손과 발은 잘 나타나 있지 않다. 골격의 각각 다른 부분의 상대적 내구성이 그 신체 부위 보존의 차이를 부분적으로 설명해 준다.

08

정답 ④

해설 똑똑한 아이들은 세상 문제 해결에 대해 깊이 고민하는데, 어른들은 그만큼 걱정하지 않으며 해결책에 대한 제대로 된 비전을 가지고 있지도 않은 것으로 본다는 내용의 글이다. 그 예로 아이가 기부하는 어른을 보면서 돈만 내고 문제 해결에 진정으로 보탬이 되진 않는다고 생각함을 제시하고 있다. 따라서 빈칸에 들어갈 말로 가장 적절한 것은 ④ '문제들에 대해 그저 피상적으로만 생각하다'이다.
① 문제들을 해결하기 위해 최선을 다하려 하다 → 어른이 세상 문제를 아이만큼 걱정하지도 않고 세상을 운영할 능력도 별로 없어 보인다는 글의 내용과 반대된다.
② 자신의 선망의 대상이 될 자격이 있다 → 아이의 관점에선 책임자(어른들)이 위선적이고 무지해 보인다고 언급되므로 적절하지 않다.
③ 상황을 비관적인 방식으로 접근하다 → 어른이 세상사를 부정적인 관점으로 보거나 대한다는 내용은 언급되지 않았다.

해석 똑똑한 어린아이가 당신에게 "세 가지 소원"을 말하도록 요청받으면, 적어도 하나는 보통 세상 문제 중 하나를 해결하는 것일 것이다. 이 아이는 이후 이러한 문제에 대해 자신만큼 걱정하는 듯한 어른이 상대적으로 적다는 것을 깨닫고, 자신은 세상을 구하기 위한 어떠한 변화에도 영향을 미칠 힘이 없다고 느낀다. 이 아이의 관점에서는, 주변의 어른들이 문제들에 대해 그저 피상적으로만 생각하는 것으로 보인다. 예를 들어, 어른들은 대의에 기부하고 자신의 행동에 자부심을 느끼지만, 그 아이는 "그래, 당신이 돈을 주긴 하는데, 그 문제에 대해 무엇을 하고 있는가?"라고 생각할 수 있다. 똑똑한 아이들은 세상이 어떻게 되어야 하는지 상상하고, 일부 세상 문제에 대한 해결책이 매우 쉽고 명백해 보이는데도 자신의 이상이나 비전을 공유하는 사람은 거의 없다는 것에 매우 괴로워한다. 그들에게, 책임이 있는 사람들은 느리고, 비이성적이고, 위선적이고, 또는 완전히 무지한 것 같다. 세상은 그것을 운영할 능력이 거의 없는 어른들의 손안에 있는 것처럼 보인다.

어휘 relatively 비교적 donate 기부하다 cause 대의명분 envision 상상하다 distressed 괴로워하는 idealism 이상(주의) in charge 책임이 있는 irrational 비이성적인 hypocritical 위선적인 unaware 모르는, 의식하지 못하는 competent 능력이 있는 deserve to RV ~할 자격이 있다 envy 선망 pessimistic 비관적인 superficially 피상적으로

09

정답 ④

해설 주어진 문장은 미국이 이 위협(this threat)을 막고자 남한에 많은 병력을 유지하고 있다는 내용이다. 이때 this threat은 ④ 앞 문장의 potentially threaten the South를 가리키는 말이며, 주어진 문장의 내용을 This로 받아 미국이 남한 병력 주둔으로 얻는 또 다른 효과들을 설명하는 ④ 뒤 문장이 이어지는 것이 자연스럽다. 따라서 주어진 문장이 들어갈 위치로 가장 적절한 것은 ④이다.

해석 북한은 국가 자원의 많은 부분을 군사력 유지와 개선에 계속 쏟고 있다. 그곳의 공격 역사를 고려하면, 북한의 핵무기 개발은 지역 세력 균형을 깰 것이며 지역 군비 확장 경쟁을 촉발할 수 있다. 이러한 맥락에서, 1994년 10월 미·북한 핵 동결 협약은 북한의 핵 위험을 줄이는 데에 중요한 단계였다. 하지만 이 협약은 사실상 실효성이 없었고, 북한은 계속해서 남한을 잠재적으로 위협하고 있다. 미 국방부에 따르면, 미국은 이러한 위협을 억제하기 위해 남한에 약 28,000명의 병력을 계속 유지하고 있다. 이는 미국에 동아시아에서의 전략적 발판을 제공하고 지역 안보 문제에 있어 그곳의 영향력을 강화하기도 한다.

어휘 deter 막다, 저지하다 the Department of Defense (미) 국방부 troops 병력, 군대 devote 쏟다 given ~을 고려하면 aggression 공격 spark 촉발하다 arms race 군비 확장 경쟁 Agreed Framework 미·북한 핵 동결 협약(제네바 합의) pose 제기하다 virtually 사실상 ineffective 효력 없는 threaten 위협하다 strategic 전략적인 foothold 발판 strengthen 강화하다 security 안보

10

정답 ④

해설 마지막 문장에서 프로그램이 요리에 진심인 아마추어 요리사들에게도 안성맞춤일 것이라고 언급되므로, 글의 내용과 일치하지 않는 것은 ④ '그것은 아마추어 요리사들에게는 너무 어렵다.'이다.
① 그것은 10명 이내로 구성된다. → 2번째 문장에서 언급된 내용이다.
② 그것의 첫 단계는 참가자들이 재료를 쇼핑하는 것이다. → 3번째 문장에서 언급된 내용이다.
③ 참가자들이 만드는 점심은 5가지 코스로 구성된다. → 4번째 문장에서 언급된 내용이다.

해석 **태국 요리 일일 강좌**
편안한 환경에서 유명한 태국 음식을 요리하는 법을 배우세요. 우리 프로그램은 9-10명의 참가자로 제한된 소규모 그룹을 특징으로 하여, 개방형 주방에서 개인 맞춤형이자 상호 작용적인 경험을 보장합니다. 공인 태국 요리사가 이끄는 각 수업은 근처 식료품점을 방문하는 것으로 시작하여, 참가자들은 그곳에서 본인들의 재료를 만져 보고 고를 수 있습니다. 그리고 나서 참가자들은 점심 식사를 위해 완전한 5가지 코스 요리를 맨 처음부터 만들어 볼 것입니다. 진정한 문화 및 요리 경험을 제공하기 위한 노력의 일환인 이 프로그램은 (요리에) 진심인 아마추어 요리사, 자녀의 문화적 견문을 넓혀 주고 싶으신 부모님들, 특별한 데이트 코스를 찾는 커플들에게 적격입니다.

어휘 feature 특징으로 하다 ensure 보장하다 individualized 개별화된, 개인 맞춤형 interactive 상호 작용의 certify 증명[인증]하다 ingredient 재료 craft 공들여 만들다 complete 완전한 from scratch 맨 처음부터 commitment 노력, 전념 authentic 진정한 culinary 요리의 broaden 넓히다 challenging 힘든

01	②	02	①	03	④	04	③	05	③
06	④	07	④	08	③	09	②	10	④

01

정답 ②

해설 문화적 다양성을 장려하기 위해 문화 간 교류를 대상으로 취할 행동은 그것이 잘 진행되도록 힘쓰는 것이므로, 빈칸에 들어갈 말로 가장 적절한 것은 ② 'facilitating(촉진하다)'이다.
① 방해하다 ③ 과장하다 ④ 구별하다

해석 지역 문화 센터는 다양한 배경을 포용하는 행사들을 통해 문화 간 교류를 촉진하여 문화적 다양성을 장려한다.

어휘 foster 장려하다 diversity 다양성 exchange 교류 embrace 포용하다

02

정답 ①

해설 아라비아말이 성체가 되는 데 평균 5년이 걸린다는 내용으로 보아, 6년 넘게 산 말은 이미 성숙한 상태임을 알 수 있다. 따라서 빈칸에 들어갈 말로 가장 적절한 것은 ① 'mature(다 자란)'이다.
② 회복력 있는 ③ 비정상적인 ④ 다 자라지 않은

해석 6년 조금 넘게 살아온 이 아라비아말은 다 자란 것인데, 그 품종이 성체가 되기까지는 평균 5년이 걸리기 때문이다.

어휘 breed 품종 average 평균 decade 10년

03

정답 ④

해설 (it is → is) news를 선행사로 받는 주격 관계대명사 which 뒤에는 주어가 없는 불완전한 절이 와야 하는데, 여기서는 완전한 절이 오고 있다. 따라서 주어 역할을 하고 있는 it을 삭제해야 한다. 참고로 they think는 삽입절이다.
① allow가 5형식 동사로 쓰이면 목적격 보어로 to 부정사를 취하며, freely는 동사 speak을 수식하는 부사로 적절하게 쓰였다.
② 분사구문에서 타동사인 cause 뒤에 목적어인 a man이 있고, 맥락상으로도 앞 문장의 내용이 한 남성으로 하여금 총을 '쏘게 한' 것이므로 능동의 현재분사 causing은 적절하게 쓰였다.
③ one of 뒤에는 '복수 명사 + 단수 동사'가 와야 하므로 단수 동사 is의 쓰임은 적절하다.

해석 자유 언론은 시민들이 자유롭게 말할 수 있게 해주지만, 지난해 어느 피자 가게에 관한 가짜 뉴스가 퍼져 한 남성이 그 가게에 총기를 난사하게 한 경우에서 보이듯이, 거짓 뉴스로 이어질 수도 있다. 오늘날 우리가 듣는 가장 흔한 용어 중 하나가 "가짜 뉴스"이고, 사람들은 부정확하다고 생각하는 뉴스에 대해 말하는 데 그것을 사용한다.

어휘 press 언론 false 거짓의 go viral 입소문 나다, 퍼져 나가다 open fire 발포하다 business 사업체, 가게 term 용어 inaccurate 부정확한

04

③

해설 Melvin이 Townsgate Quick Delivery에 퀵서비스를 신청하는 상황이다. Townsgate Quick Delivery가 빈칸 앞에서는 2시간 걸리는 서비스를 안내하고, 뒤에서는 1시간 걸리는 서비스를 안내하는 것으로 보아, Melvin이 빈칸에서 더 빠른 서비스가 없는지 물어봤음을 알 수 있다. 따라서 빈칸에 들어갈 말로 가장 적절한 것은 ③ '더 일찍 도착하게 할 방법이 있나요?'이다.
① 서비스 비용은 어떻게 지불하나요?
② 더 저렴한 옵션이 있나요?
④ 문서의 무게가 중요한가요?

해석 Melvin: 안녕하세요, VD 은행 Mapleville 지점에서 Mapleville 세무서로 서류 하나를 보내고자 합니다.
Townsgate Quick Delivery: 알겠습니다. 표준 퀵서비스는 2시간 정도 소요됩니다. 요금은 30달러입니다. 괜찮으실까요?
Melvin: 더 일찍 도착하게 할 방법이 있나요?
Townsgate Quick Delivery: 저희는 1시간 만에 배달할 수 있는 속달 서비스를 제공하고 있습니다. 요금은 40달러로 조금 더 높습니다.
Melvin: 그 서비스를 이용하고 싶습니다.
Townsgate Quick Delivery: 알겠습니다. 배달원이 출발하면 메시지를 보내드리겠습니다.

어휘 branch 지점 fee 요금 courier 배달원 be on one's way 길을 떠나다, 출발하다

05

정답 ③

해설 라이브 공연 등 여러 프로그램이 함께 포함되어 있는 고궁 야간 관람을 홍보하는 내용이므로, 글의 제목으로 가장 적절한 것은 ③ '재미있는 행사와 함께 밤의 고궁을 경험해 보세요'이다.
① 세미나에서 우리 고궁의 역사를 깊이 알아보세요
② 낭만적인 고궁에서 하룻밤 묵어 보세요 → 일박이 아닌 당일 프로그램으로 제시되었다.
④ 영어 가이드로 주간 고궁 관람을 해보세요 → 낮이 아닌 밤에 진행되는 고궁 관람에 관한 내용이다.

06

정답 ④

해설 글의 후반부에서 무료입장 시에도 접수해야 한다고 언급되므로, 글의 내용과 일치하지 않는 것은 ④ '무료 입장객은 예약하지 않아도 된다.'이다.
① 화요일에는 개장하지 않는다. → 글의 초반부에서 언급된 내용이다.
② 가이드 투어는 무료로 제공된다. → 글의 중반부에서 언급된 내용이다.
③ 현장에서는 티켓이 판매되지 않는다. → 글의 후반부에서 언급된 내용이다.

05-06

해석

재미있는 행사와 함께 밤의 고궁을 경험해 보세요

고궁은 낮에도 매력이 넘치지만, 밤에 조명이 켜지면 훨씬 더 아름답습니다. 가을 공식 야간 프로그램이 곧 시작되니 고궁 야간 관람 티켓을 예매하는 것을 잊지 마세요!

개장일: 2024년 9월 16일 - 10월 20일 (화요일 휴무)
입장: 세션 1 - 18:30
　　　　세션 2 - 19:30
티켓
- 1인당 3,000원 (6세 이하 어린이는 무료)
- 2024년 9월 3일 오전 9시 시작 (매진 시 사이트가 닫힙니다)
프로그램
- 고궁 경내 무료 가이드 투어
- 전통 음악 라이브 공연
- 역사 재연 및 스토리텔링 세션
※ 영어 가이드 투어는 세션 2에서 제공됩니다.
참고
- 각 세션은 100분간 진행됩니다.
- 티켓은 웹사이트를 통해서만 판매되며 매표소에서는 판매하지 않습니다.
- 무료입장 시에도 접수가 필요합니다.
- 인근 유료 주차장을 이용하실 수 있습니다.

티켓이 한정되어 있으니 www.palacenight.com에서 서둘러 예약하고 고궁에서 마법 같은 저녁을 즐겨 보세요.

어휘 charm 매력 reserve 예매하다 admission 입장 sold out 매진된 traditional 전통적인 reenactment 재연 last 지속되다 via ~을 통해 registration 등록, 접수 delve into 깊이 알아내다 stay overnight 하룻밤 묵다

07

정답 ④

해설 전 세계적인 유행병이 기업에 기회를 제공하면서 기술 기업이 급등했다는 내용의 글이다. 따라서 글의 요지로 가장 적절한 것은 ④ '전 세계적인 유행병 기간에 기업은 계속해서 성과를 냈다.'이다.
① 기술이 백신의 빠른 개발을 가능하게 했다. → '기업'이 기록적인 속도로 백신을 개발했다는 내용이 언급되나, 이는 유행병 기간에 기업이 낸 성과 중 하나에 불과하다.
② 정부가 기술 기업에 의해 약화되었다. → 정부가 휘청이게 되면서 그에 비해 기업이 커 보이게 되었다고 했을 뿐, 기업이 정부를 약화시켰다는 내용은 언급된 바 없다. 또한 글의 중심 소재인 '전 세계적인 유행병'이 포함되지 않은 선지이므로 정답이 될 수 없다.
③ 전 세계적인 유행병이 수많은 생계를 파괴했다. → 마지막 문장에 유행병이 전 세계의 생계를 파괴했다는 언급이 있으나, 이는 글의 중심 내용인 기업의 성공을 대조로 부각하기 위한 것일 뿐이다.

해석 2020년의 분열, 고통, 손실 속에서 전 세계적인 유행병이 실시간으로 펼쳐지면서 기업의 미래를 향한 흔치 않은 기회를 제공했다. 미국을 비롯한 여타 국가의 정부들이 휘청거리자, 기업은 그 어느 때보다도 더 커 보였다. (기업은) 기록적인 속도로 백신을 개발하고, 원격 학교와 직장을 가능하게 하는 기술을 제공하고, 수백만 명의 사람들이 먹고, 옷 입고, 즐거워하고, 증가한 디지털 서비스를 접하게 했다. 변화의 범위와 속도는 전례 없었으며, 12개월 만에 디지털 적응을 5년 정도 앞당겼다. 교육과 운동에서부터 화폐와 자동차에 이르기까지 모든 것이 디지털화될 수 있었다. 거의 모든 기업이 기술 기업이 되었는데, 이는 전 세계적인 유행병이 전 세계의 삶과 생계를 파괴했음에도 불구하고 주가가 급등한 하나의 이유이다.

어휘 amid ~중에 disruption 분열 pandemic 전 세계적인 유행병 window 기회(의 창) unfold 펼쳐지다 stumble 휘청거리다 remote 원격의 ramped-up 증가한 unprecedented 전례 없는 accelerate 가속하다, 앞당기다 adaptation 적응 digitize 디지털화하다 currency 화폐 stock 주식 soar 치솟다 devastate 완전히 파괴하다 undermine 약화시키다

08

정답 ③

해설 사람들이 자신의 부족함을 마주하는 상황에서 보이는 행동 양상에 관한 글이다. 제시된 실험에 따르면, 자신의 부족함을 자각하게 된 참가자들은 그 깨달음의 고통에서 벗어나고자 빠르게 떠났다고 했다. 따라서 빈칸에 들어갈 말로 가장 적절한 것은 ③ '그 상황에서 빠르게 벗어나다'이다.
① 우리의 문제점을 곱씹어 보다 → 자신의 부족함을 인식하기를 피한다는 글의 내용과 반대된다.
② 그 사건들이 지나가기를 기다리다 → 상황이 끝나기를 수동적으로 기다리는 것이 아니라, 그 상황에서 자발적으로 벗어나려고 하는 것이므로 적절하지 않다.
④ 그 이유를 알아두려고 애쓰다 → 자신이 부족한 이유를 알려고 하기는커녕, 부족하다는 사실조차 외면하려 한다는 내용이므로 적절하지 않다.

해석 (여러) 사건들이 도모하여 우리의 실패와 단점을 절실히 느끼게 할 때, 한 가지 흔한 행동 양상은 그 상황에서 빠르게 벗어나는 것이다. 한 연구에서, 실험자는 참가자들에게 지능 및 창의성 테스트에서 매우 높은 점수 또는 매우 낮은 점수를 받았다고 말해 준 후 두 번째 실험자를 5분 동안 기다려 달라고 요청했다. 절반의 참가자들을 위해 대기실에 거울과 비디오카메라가 갖춰져 있었는데, 이는 자각을 끌어내기 위해 설계된 것이었다. 자신의 부족함을 자각하게 된 사람들에게 최선의 선택은 무엇이었을까? 낮은 점수를 받은 동시에 특별히 준비된 방에서 기다리라는 지시를 받은 사람들은 깨달음의 고통을 피하고자 다른 참가자들보다 훨씬 빠르게 떠났다.

어휘 conspire 도모하다 bring sth home ~을 절실히 느끼게 하다 shortcoming 단점 intelligence 지능 be equipped with ~을 갖추다 induce 유도하다 self-awareness 자각 deficiency 결함, 부족함 instruct 지시하다 significantly 크게 reflect on 곰곰이 생각하다, 되돌아보다

09

정답 ②

해설 주어진 글은 모든 상황에 대한 대본이 있다고 하며, 레스토랑에 가면 생기는 일에 관한 대본을 예로 들고 있다. 그 이후엔 레스토랑에 들어가는 것부터 주문하기까지의 상황을 나열하여 부연하는 (A)가 오고, 그 상황들을 This all로 받아 표준적이라고 하는 (C)가 오는 것이 자연스럽다. 그리고 다른 방식으로도 진행될 수 있다며 예를 드는 (C)의 내용에 이어서, even을 통해 거의 가능성 없는 상황까지도 제시하며 어쨌든 일어날 수는 있다고 마무리하는 (B)가 와야 한다. 따라서 글의 순서로 가장 적절한 것은 ② '(A) - (C) - (B)'이다.

해석 우리는 모든 것에 대한 대본을 가지고 있다. 예를 들어 "레스토랑 대본"이 있다. 레스토랑에 가면 보통 어떤 일이 일어나는지는 누구나 알고 있다. (A) 당신이 문을 열고 들어가면, 누군가가 당신을 반갑게 맞이하고 서버가 당신을 바로 자리에 앉히게 한다. 당신이 자리에 앉으면 서버가 메뉴판을 가져와서 무엇을 마시고 싶은지 묻는다. 서버는 자리를 떠났다가 다시 돌아와 당신의 주문을 받는 등의 일이 벌어진다. (C) 이 모든 것은 다소 표준적이고 심지어는 불가피해 보인다. 레스토랑으로의 나들이가 어떻게 다른 방식으로 진행될 수 있겠는가? 하지만, 다르게 진행될 수도 있다. 혼자 알아서 앉기, 인쇄된 메뉴가 아닌 구두로 제공되는 메뉴 등이 차이점일 수 있다. (B) 심지어는 누군가가 당신에게 다가와 10,000달러가 든 가방을 당신의 무릎 위에 떨어뜨리거나, 당신의 서버가 BTS일 수도 있다. 이러한 일들은 일어날 가능성이 작지만, 복권 당첨 확률처럼 일어날 수도 있다.

어휘 greet 맞이하다, 환영하다 immediately 즉시 and so forth ~등등 come up 다가가다 lap 무릎 odds 가능성, 확률 lottery 복권 standard 표준적인 inevitable 불가피한 outing 나들이 verbally 구두로 etc. ~등등

10

정답 ④

해설 이 글은 다른 동물에게는 없는, 인간에게만 똑같이 유전적으로 내재된 언어 학습 능력에 관한 내용이다. 따라서 글의 흐름상 어색한 문장은 인간 언어의 가변성에 관한 내용인 ④이다.

해석 인간의 언어 발달은 보통 인간 고유적이면서 생물학적으로 고정된 두뇌 기반 능력의 가장 좋은 예시 중 하나로 알려져 있다. Steven Pinker는 거의 모든 아이가 자라난 곳과 상관없이, 대략 같은 시기에 거의 힘들이지 않고 한 언어를 말하는 법을 배우는 반면에, 같은 가정에서 자란 그들의 반려 햄스터는 그렇지 않다고 지적한다. 그들이 반려동물에게 얼마나 많은 말을 하는지는 중요하지 않으며, 그들은 그것에게 대답하게 하지 못할 것이다. 이에 대한 유일한 합리적인 설명은 인간의 뇌가 언어를 배우도록 미리 프로그램되어 있는 반면에, 반려 햄스터의 뇌는 그렇지 않다는 것이다. (인간의 언어는 화자의 정체성이나 사회적 맥락에 따라 언어가 사용되는 방식이 달라진다는 점에서 가변성이 특징이다.) 즉, 유전적으로 암호화되어 있어야만 하는, 언어를 배우는 인간의 내재된 고유 능력이 있다.

어휘 uniquely 고유하게 biologically 생물학적으로 anchor 고정시키다 irrespective of ~와 상관없이 effortlessly 힘들이지 않게 roughly 대략 sensible 합리적인 pre-programmed 미리 프로그램된[짜인] characterize 특징을 나타내다 variability 가변성 built-in 내장된 capacity 능력 genetically 유전적으로 encode 암호화하다

01	④	02	④	03	③	04	②	05	③
06	①	07	④	08	②	09	③	10	③

01

정답 ④

해설 where 이하에서 상호 협력과 동맹이 필수적이라고 언급되는데, 그러한 관계는 서로 기대고 의지하는 성향을 띠고 있다고 할 수 있다. 따라서 빈칸에 들어갈 말로 가장 적절한 것은 ④ 'dependent(의존적인)'이다.
① 가변적인 ② 비공식적인 ③ 분리된

해석 국제 외교는 상호 협력과 전략적 동맹이 필수적인 국가 간의 의존 관계를 탐색하는 것을 수반한다.

어휘 diplomacy 외교 navigate 탐색하다 mutual 상호 간의 cooperation 협력 strategic 전략적인 alliance 동맹

02

정답 ④

해설 'be used to RV'는 '~하기 위해 사용되다'라는 뜻이고, 'be used to RVing'는 '~하는 데 익숙하다'라는 뜻이다. 여기서는 맥락상 she가 학업 성취를 인정받는 데 '사용된' 것이 아니라 '익숙한' 것이므로, 빈칸에는 동명사가 와야 한다. 또한 타동사인 recognize 뒤에 목적어가 없고 의미상으로도 '인정하는' 것이 아닌 '인정받는' 것이므로 수동형으로 쓰여야 한다. 따라서 빈칸에 들어갈 말로 가장 적절한 것은 ④ 'being recognized'이다.

해석 상위권 학생인 그녀는 학업 성취를 인정받는 것에 익숙하며 자신의 성적을 유지하기 위해 노력한다.

어휘 strive to RV ~하기 위해 노력하다

03

정답 ③

해설 (if → whether) if가 명사절을 이끌 경우, 타동사의 목적어로는 사용할 수 있지만 전치사의 목적어, 주어, 보어로는 쓸 수 없다. 반면에 whether는 위의 모든 경우에 사용 가능하므로 if를 whether로 고쳐야 한다.
① are needed의 주어는 Additional education or degrees이다. 'A or B'가 주어일 경우 동사의 수는 B에 맞춰야 하므로 degrees에 수일치한 복수 동사 are needed는 적절하게 쓰였다. 또한 타동사로 쓰인 need 뒤에 목적어가 없고, 의미상으로도 추가적인 교육이나 학위가 필요한 주체가 아닌 대상이므로 수동태로 쓴 것도 적절하다.
② 장소 명사 jobs를 선행사로 받는 관계부사 where 뒤에 완전한 절이 오고 있으므로 적절하게 쓰였다.
④ if it is는 맥락상 앞서 나온 whether a college degree is necessary를 가리켜, it은 a college degree를, is는 is를 대신하는 대명사와 대동사로 적절하게 쓰였다.

해석 고등학교 이후 일반 대학 교육 이상의 추가적인 교육 또는 학위가 오늘날의 직업 중 75%에 필요하며, 심지어 학사 학위가 필수적인 직업들도 있다. 당신이 하고 싶은 일을 하고 있는 사람들에게서 대학 학위가 필요한지에 관해 알아내라. 그렇다면(학위가 필요하면) 그들은 당신의 필요에 맞는 프로그램을 갖춘 대학을 추천해 줄지도 모른다.

어휘 bachelor's degree 학사 학위

04

정답 ②

해설 B가 빈칸 앞에서는 살 집을 찾았다고 말하고, 뒤에서는 빈칸 내용에 동의하며 집값도 비싸서 역에서 먼 작은 아파트를 겨우 구했다고 말하고 있다. 이를 보아 A가 빈칸에서 집 구하기의 고충과 관련된 말을 했을 것으로 유추할 수 있으므로, 빈칸에 들어갈 말로 가장 적절한 것은 ② '요즘 괜찮은 집을 구하기가 어렵잖아요.'이다.
① 그럼 이제 가전제품을 구매하실 차례네요.
③ 교통이 좋은 집으로 구해 보세요.
④ 신혼부부 임대 주택이 비교적 저렴하다고 들었어요.

해석 A: Ned, 결혼 준비는 어떻게 돼 가요?
B: 꽤 잘 되어 가고 있어요. 저희는 지난주에 드디어 살 곳을 구했어요.
A: 오, 잘됐네요. 요즘 괜찮은 집을 구하기가 어렵잖아요.
B: 정말 그래요. 집값도 너무 비쌌는데, 역에서 꽤 떨어진 곳의 작은 아파트를 가까스로 구했어요.
A: 그래도 다행이네요. 집 구한 거 축하드려요!

어휘 manage to RV 간신히 ~해내다 appliance (가전용) 기기 transportation 교통 decent 괜찮은 newlywed 신혼부부(의) rental 임대물 relatively 비교적 affordable (가격이) 감당할 수 있는

05

정답 ③

해설 구청의 상수도 시설 수리 지연으로 인한 필자의 사업 운영 손실을 제시하고 빠른 조치를 요청하는 내용의 글이다. 따라서 글의 목적으로 가장 적절한 것은 ③ '상수도 시설 복구 지연에 따른 피해를 호소하려고'이다.
① 상수도 설비 개선을 위한 지원금을 요청하려고 → 금전적 요구가 언급되긴 하나, 지원금이 아닌 피해 보상금에 관한 것이다.
② 지역 급수의 낮은 수질에 대한 불만을 토로하려고
④ 사업 운영 중 밀린 수도세 납부에 대해 해명하려고 → 글에서 언급된 지연의 대상은 수도세 납부가 아닌 상수도 시설 수리이다.

06

정답 ①

해설 상수도 시설의 수리가 끝나지 않아 수돗물 대신 생수를 공급하고 있다는 것으로 보아, 급수가 끊긴 상황임을 알 수 있다. 맥락상 disruption은 '중단'이라는 뜻으로 쓰였으므로, 이와 의미가 가장 가까운 것은 ① 'stop(중단)'이다.
② 고통 ③ 분열 ④ 혼란

05-06

해석 수신: Maple 구청
발신: Julien Kendrick
날짜: 6월 18일
제목: 상수도 문제

관계자분께,

상수도 시설의 수리가 오래 지연되어 제 사업과 숙박업소에 영향을 미쳐 온 것에 대한 우려를 표하기 위해 이 메일을 씁니다. 지난 금요일부터 발생한 물 (공급) 중단으로 인해 저희 손님들이 많은 불편을 겪었고, 많은 취소와 불만이 있었습니다.

이러한 문제들이 발생하고 있어 신속한 수리가 필요한 상황입니다.
• 예약 취소 30% 증가
• 약 5분의 1의 매출 손실
• 수돗물을 대체할 생수 공급으로 인한 운영비 증가

이러한 손실은 저희 영세 사업으로서는 더 감당할 수 없습니다. 수리 절차를 신속히 하고 명확한 복구 일정을 제시해 주시겠습니까? 또한 발생한 금전적 손해에 대한 보상도 고려해 주시길 바랍니다.

이 문제를 시급히 해결해 주시면 감사하겠습니다. 회신 기다리겠습니다.

진심을 담아,
Julien Kendrick 드림

어휘 delay 지연 water supply 상수도 lodging house 숙박소 considerable 상당한 inconvenience 불편 numerous 많은 cancellation 취소 complaint 불평 prompt 신속한 approximately 거의 revenue 수익 operational 운영의 tap water 수돗물 unsustainable 지속 불가능한 expedite 더 신속히 처리하다 restoration 복구 compensation 보상 incur 발생시키다 urgently 급히

07

정답 ④

해설 사람들은 약간 무서워하는 것을 즐기는 경향이 있기에 실제로 위험하지 않을 것 같은 재난 경고를 즐긴다는 내용이다. 따라서 글의 주제로 가장 적절한 것은 ④ '재난 경고의 오락적 측면'이다.
① 경각심 없는 것의 위험 → 경각심을 가져야 한다기보다 오히려 재난 걱정을 즐기는 것은 해롭지 않다고 언급되며, 글의 중심 소재인 '재난'이 포함되지 않은 선지이므로 정답이 될 수 없다.
② 허위 언론 보도의 문제점들 → 글의 앞부분에서 과장된 재난 경고를 방송하는 미디어가 언급되긴 하나 그로 인한 문제점은 제시되지 않으며, 그냥 보도가 아닌 '재난' 관련 보도에 관한 것이다.
③ 일어나지 않을 재난을 두려워하는 것의 비효율성 → 발생 가능성이 낮은 재난을 두려워하는 것의 오락성이라는 효용을 짚는 글로, 그것이 비효율적이라는 내용은 언급된 바 없다.

해석 우리는 우리가 듣는 것이 대부분 과장된 것을 안다. 그렇기에 우리는 예측된 재난이 예상보다 훨씬 작은 것으로 드러나거나 전혀 일어나지 않을 때 놀라지 않는다. 우리는 경고를 발표한 정부 관계자나 그것을 방송한 미디어를 원망하지 않는다. 아무도 사과하거나 정정 발표를 하지 않는다. 곧 또 다른 재난에 대한 경고가 있고, 우리는 그것에 마찬가지로 신나 한다. 우리가 조금 무서워하는 것을 즐기기에 재난 이야기가 계속 나오는 것일지도 모른다. 우리는 재난 영화, 할러윈, 롤러코스터를 좋아한다. 자동차 사고와 같은 진짜 위험은 너무 현실적이라 재미로 생각할 수 없지만, 실제로 우리를 해칠 것 같지 않다고 알고 있는, 작지만 색다른 위험을 걱정하는 것은 재미있다. 많은 사람이 재난 걱정을 너무 즐겨서 이를 포기하기 싫어한다. 우리가 균형 잡힌 시각을 잃고 그 위험이 진짜라고 믿기 시작하지 않는 한 해로울 건 없다.

어휘 hype 과대광고 anticipate 예상하다 hold sth against sb ~때문에 ~을 나쁘게 보다 issue 발표하다 broadcast 방송하다 apologize 사과하다 correction 정정(한 것) exotic 색다른 perspective 균형 잡힌 시각 alert 경계하는 false 거짓의 inefficiency 비효율성 entertaining 오락적인

08

정답 ②

해설 마케팅 전략 수립 시, 시간과 자원은 한정적이니 가장 적절한 세분 시장을 선택하는 것이 중요하다는 내용의 글이다. 이때 신중하지 않고 장기적인 수익성도 없는 행위는 글에서 강조하는 세분화 전략과 반대되는 내용일 것이므로, 빈칸에 들어갈 말로 가장 적절한 것은 ② '한 시장의 모든 부문을 만족시키는 것'이다.
① 시장 적합성에만 의존하는 것 → 기업이 시장 표적을 정할 때 적합성에 의존한다고 언급되므로 적절하지 않다.
③ 특정 고객 집단을 특화하는 것 → 여러 표적 중에서 특정 고객 집단을 선택하라는 내용이므로 적절하지 않다.
④ 한 부문에 자원을 전용하는 것 → 오히려 자원은 한정적이기에 특정 부문에 집중해야 한다는 내용이므로 적절하지 않다.

해석 마케팅 전략을 수립할 때 가장 먼저 해야 할 일은 시장 표적, 즉 특정 고객 집단이나 시장 부문을 선택하는 것이다. 이는 시간과 자원이 한정되어 있기에 필수적이다. 한 시장의 모든 부문을 만족시키는 것은 사업체들에 있어 신중한 경영 방침이 아니며 장기적으로 수익성도 없다. 표적 부문을 선택한다는 것은 조직이 여러 부문 중 적정한 위험 수준에서 최대 수익을 제공하는 부문을 기준으로 선택하는 것을 의미한다. 구체적으로, 부문 선택은 조직의 자원, 제품, 위치, 고객 요구와의 '적합성'에 달려 있다. 따라서 기업들은 '가장 적합한' 부문을 찾고 그 고유한 부문에 맞는 마케팅 믹스를 설계하려고 한다. 시장 자체는 이러한 부문들의 총합에 불과하다.

formulate 수립하다, 만들어 내다 segment 부문 prudent 신중한 profitable 수익성 있는 imply 의미하다, 시사하다 appropriate 적정한 specifically 구체적으로 marketing mix 마케팅 믹스(기업이 판매 목표 달성을 위해 여러 요소를 합리적으로 짜맞추는 일) sum 합계 solely 오로지 suitability 적합성 fulfill 이행하다, 충족시키다 specialize in 전문으로 다루다, 특화하다 dedicate 전념하다

09

정답 ③

해설 주어진 문장은 신체가 바로 움직일 수 있게 준비시키는 이러한 모든 반응이 유리하게 진화된(advantageous evolutionary) 산물이라는 내용으로, All these responses가 가리키는 것은 ③ 앞 문장에서 언급된 신체 반응들이다. 또한 주어진 문장의 내용을 ③ 뒤 문장의 그 진화 발달한 생존 메커니즘(Such a survival mechanism refined over millennia of evolution)이라는 표현으로 받는 것이 자연스러우므로, 주어진 문장이 들어갈 위치로 가장 적절한 것은 ③이다.

해석 Walter Cannon은 투쟁-도피 반응에 관한 연구를 통해 스트레스 연구의 선구자로 떠올랐다. 그것은 유기체가 위험한 상황에서 공격하거나(투쟁) 피하도록(도피) 동원하는, 위험에 대한 생리적 반응이다. 예를 들어, 위협적인 인물을 보면 심박수가 증가하고, 혈압이 상승하며, 호흡이 빨라지고, 소화가 느려진다. 신체가 즉각적으로 행동할 수 있도록 준비시키는 이 모든 반응은 유리한 진화의 산물이다. 수천 년의 진화를 거쳐 다듬어진 이러한 생존 메커니즘은 이제 현대의 스트레스 요인에도 계속 적용되고 있다. Cannon은 이를 이해하면 오늘날과 같이 빠르게 돌아가는 세상에서 회복력 강화와 정신 건강을 위한 전략을 알 수 있다고 믿었다.

어휘 immediately 즉각적으로 advantageous 유리한 evolutionary 진화의 flight 도피 pioneering 선구적인 physiological 생리적인 mobilize 동원하다 flee 달아나다 threatening 위협적인 respiration 호흡 digestion 소화 refine 다듬다 millennium 천 년(pl. millennia) stressor 스트레스 요인 resilience 회복력 fast-paced 빨리 진행되는

10

정답 ③

해설 마지막 2번째 문장에서 남동 아프리카 일부 지역의 재래 품종 수확량은 매년 달라져도 마을 전체의 연간 수확량이 안정되어 있다고 언급되므로, 글의 내용과 일치하는 것은 ③ '일부 남동 아프리카 지역에서는 재래 품종이 안정적인 수확량을 낸다.'이다.
① 재래 품종은 재배 품종보다 수확량이 더 많다. → 첫 문장에서 수확량이 더 적다고 언급되므로 옳지 않다.
② 재래 품종의 종자는 새로 저장되는 데 몇 년이 걸린다. → 2번째 문장에서 해마다 저장된다고 언급되므로 옳지 않다.
④ 오아하카주 중앙 계곡의 재래 품종은 변함없이 유지되고 있다. → 마지막 문장에서 끊임없이 교환되고, 이종 교배되고, 개선되고 있다고 언급되므로 옳지 않다.

해석 재래 품종은 재배 품종보다 훨씬 더 유전적으로 다양하고, 보통 수확량은 적지만 어려운 지역 조건에 더 잘 견디는 것으로 여겨진다. 게다가 그 종자들은 해마다 저장된다. 그러므로 이러한 재래 품종은 믿을 만한 수확량을 제공한다. 예를 들어, 남동 아프리카 일부 지역에서는, 여러 가정이 약간씩 다른 재래 품종을 경작하는 마을들이 발견된다. 해마다, 재래 품종 수확량은 달라져서 일부가 어떤 해에는 더 많아도 그다음 해에는 그렇지 않을 수 있지만, 마을 전체에 걸쳐 연간 수확량은 지역 다양성을 유지하고 농경지 생산을 지속할 수 있을 만큼 충분히 안정되어 있다. 멕시코 오아하카주의 중앙 계곡에서도 똑같은 일이 벌어지는데, 그곳의 재래 품종은 끊임없이 교환되고, 이종 교배되고, 개선되고 있다.

어휘 genetically 유전적으로 diverse 다양한 cultivated variety 재배 품종 yielding ~의 수확량을 내는 tolerant 잘 견디는 challenging 힘든 reliable 믿을 만한 slightly 약간 vary 달라지다 stabilize 안정시키다 sustain 유지하다 cropland 농경지 valley 계곡 constantly 끊임없이 cross 이종 교배하다

01	②	02	④	03	④	04	②	05	②
06	③	07	④	08	①	09	③	10	③

01

정답 ②

해설 원래의 방식이 더 좋다는 피드백을 따른다는 것은 예전으로 돌아간다는 것을 의미하므로, 빈칸에 들어갈 말로 가장 적절한 것은 ② 'previous(이전의)'이다.
① 윤리적인 ③ 보편적인 ④ 거대한

해석 그 회사는 원래 방식에 대한 선호를 나타내는 고객 피드백에 기반하여 새 정책을 이전의 것으로 전환하기로 했다.

어휘 switch 전환하다 indicate 나타내다 preference 선호

02

정답 ④

해설 (threatening → threatened) already threatening 이하는 fish populations를 수식하는 분사구인데, 맥락상 어류 개체군이 '위협하는' 것이 아니라 다른 환경 요인들로부터 '위협받고' 있는 것이므로 수동의 과거분사 threatened로 쓰여야 한다.
① many other kinds of fish를 선행사로 받는 주격 관계대명사 that이 주어가 없는 불완전한 절을 이끌고 있는 것은 적절하다.
② 2형식 동사로 쓰인 grow가 형용사인 healthy를 보어로 취하고 있는 것은 적절하다.
③ 맥락상 현재진행형 복수 동사 are continuing은 등위접속사 and를 통해 앞서 나온 현재형 복수 동사 reproduce와 병렬 구조를 적절하게 이루고 있다.

해석 쏠배감펭은 산호초가 건강하게 자라도록 돕는 데 중요한 여러 가지 종류의 물고기를 죽이고 먹는다. 연구자들은 쏠배감펭이 매우 빠르게 번식하며 계속 늘어나고 있다고 말하고, 쏠배감펭이 이미 다른 환경 요인들로 인해 위협받고 있는 어류 개체군을 계속 공격하면서 산호초가 더 많이 피해 볼 것으로 예측한다.

어휘 lionfish 쏠배감펭 coral reef 산호초 reproduce 번식하다 expand 늘다 population 개체군 threaten 위협하다

03

정답 ④

해설 A가 직장 생활에서 정직을 제일 중시하는 B에게 미흡한 동료의 작업물에 피드백을 줘야 하는 상황에서 어떻게 할 것인지 묻고 있다. 빈칸 뒤에서 B가 빈칸 내용이 곧 자신이 하려는 말이라고 하는 것으로 보아, 빈칸 내용은 B가 빈칸 앞에서 한 말을 명시하고 있음을 유추할 수 있다. 제대로 된 피드백을 주는 동시에 동료의 기분이 상하지 않게 하는 것은 즉, 솔직한 것과 배려하는 것의 조화이므로, 빈칸에 들어갈 말로 가장 적절한 것은 ④ '그럼 당신은 정직과 존중의 균형을 맞추는 것이 옳다고 생각하는 거군요.'이다.
① 가끔은 거짓말을 할 필요가 있다는 말씀인가요?
② 당신은 직장 동료들에게 종종 공격적인 피드백을 주는군요, 그렇죠?
③ 그 말씀은 정직보다 더 중요한 것은 없다는 뜻이군요.

해석 A: David, 당신의 직장 생활에서 가장 중요한 가치는 무엇인가요?
B: 저는 정직이 핵심 가치라고 생각합니다.
A: 그렇군요. 그럼 이렇게 상상해 보세요. 당신이 미흡하다고 생각하는 동료의 작업물에 대한 피드백을 요청받는다면 어떻게 접근하시겠어요?
B: 저는 그 동료의 기분을 상하지 않게 하면서 건설적인 피드백을 제공할 것입니다.
A: 그럼 당신은 정직과 존중의 균형을 맞추는 것이 옳다고 생각하는 거군요.
B: 네, 제가 하고 싶은 말이 바로 그겁니다.

어휘 fundamental 근본적인, 핵심적인 constructive 건설적인 offend 기분 상하게 하다 believe in 좋다고[옳다고] 생각하다 balance 균형을 맞추다 respectful 존중하는

04

정답 ②

해설 John이 ElectroFix에 냉장고 수리 기사를 요청하는 상황이다. 지금 당장 가능한 기사가 없냐는 John의 질문에 ElectroFix가 없다고 하며 빈칸 내용을 말하자, John이 알겠다고 답하면서 예약 가능성이 조금이라도 있으면 알려 달라고 했다. 따라서 빈칸에서는 ElectroFix가 John이 한발 물러날 만한 말을 했을 것으로 유추할 수 있으므로, 빈칸에 들어갈 말로 가장 적절한 것은 ② '오늘 저희 모두 업무가 가득 차 있습니다.'이다.
① 제가 그곳에 도착하면 자리에 계실까요?
③ 대신 다른 수리점을 추천해 주실 수 있겠네요.
④ 저희 사무실에는 빈자리가 없습니다.

해석 John: 안녕하세요, 냉장고 관련으로 도움을 좀 받고 싶습니다. 이상한 고음을 내는데, 설상가상으로 냉동고가 전혀 차갑지 않아요.
ElectroFix: 안녕하세요, 고객님. 급한 일 같지만, 유감스럽게도 가장 빨리 사람을 보낼 수 있는 건 내일입니다.
John: 내일요? 지금 가능한 사람이 없나요?
ElectroFix: 유감스럽지만 없습니다. 오늘 저희 모두 업무가 가득 차 있습니다.
John: 알겠습니다. 그럼 혹시라도 오늘 예약 사이에 끼어들 가능성이 생기면 알려 주세요.
ElectroFix: 네, 양해해 주셔서 감사합니다.

어휘 refrigerator 냉장고 weird 이상한 high-pitched (음이) 아주 높은 to make matters worse 설상가상으로 urgent 긴급한 available 시간이 있는 squeeze 비집고 들어가다 appointment 약속, 예약 patience 인내 vacant 빈

05

정답 ②

해설 구인 중인 기업들이 채용 박람회의 부스를 예약하도록 모집하는 안내문이므로, 글의 제목으로 가장 적절한 것은 ② '저희 채용 박람회에서 미래의 직원을 채용하세요'이다.

① 저희 취업 박람회에 오셔서 다음 직장을 찾아 보세요 → 홍보 대상은 구직자가 아닌 구인 기업이다.

③ 고용 성공 팁: 업계 리더들의 조언을 들어 보세요 → 업계 선두자들의 강연에 관해서는 언급되지 않았다.

④ 저희와 함께 우리 카운티의 실업률 증가에 관해 토론해 보세요

06

정답 ③

해설 글의 후반부에서 Q&A 세션에 참여하는 기업이 받을 수 있는 혜택은 내년의 무료 부스를 받을 자격이라고 언급되므로, 글의 내용과 일치하지 않는 것은 ③ 'Q&A 세션에 참여하면 (부스 요금을) 환불받을 수 있다.'이다.

① 그것은 이틀에 걸쳐 개최된다. → 글의 중반부에서 언급된 내용이다.

② 일찍 등록하는 기업은 할인을 받는다. → 글의 후반부에서 언급된 내용이다.

④ 기업은 부스 신청을 전화로 할 수 있다. → 글의 후반부에서 언급된 내용이다.

05-06

해석

저희 채용 박람회에서 미래의 직원을 채용하세요

당신의 팀에 합류할, 재능 있고 의욕 넘치는 인재를 찾고 있는 요크 카운티 기업인가요? 더 멀리 보지 마세요! 다가오는 요크 카운티 채용 박람회 부스를 예약해 주세요.

왜 참석해야 하나요?
이 행사는 다음을 위한 완벽한 플랫폼을 제공합니다.
- 자격을 갖춘 다양한 구직자들과 직접 만나세요.
- 효율적이고 효과적으로 공석을 채우세요.
- 요크 카운티 지역 사회에서 브랜드 인지도를 높이세요.
- 다른 기업 및 업계 전문가와 네트워크를 구축하세요.

이벤트 세부 정보
- **날짜:** 2024년 6월 22-23일
- **시간:** 오전 10:00 - 오후 6:00
- **장소:** 캘리포니아 비즈니스 센터
- **특별 혜택:** 조기 등록 시 부스 요금 할인을 누리세요! Q&A 세션에 참여하여 내년에 무료 부스를 받을 수 있는 자격을 얻으세요.

부스는 한정되어 있습니다!
저희 웹사이트 www.yorkcountyjobfair.org를 방문하시거나 032-231-4124로 전화하여 등록하세요. 5월 20일까지 등록 가능하며, 5월 4일까지 등록하는 분들께는 특별 혜택이 제공됩니다. 놓치지 마세요!

어휘 talented 재능 있는 motivated 의욕 있는 upcoming 다가오는 face-to-face 대면하여 pool 이용 가능 인력 qualified 자격을 갖춘 awareness 인지 discount 할인하다; 할인 rate 요금 miss out 놓치다 recruit 채용하다 unemployment 실업(률) take place 개최되다 refund 환불 take part in 참여하다 sign up for 신청하다

07

정답 ④

해설 자주 만나는 친구보다 적게 만나는 지인을 통한 구직이 더 많으며, 이는 그러한 지인들이 새로운 연줄을 소개해 줄 가능성이 더 크기 때문이라는 내용의 글이다. 따라서 글의 요지로 가장 적절한 것은 ④ '일자리를 구하는 데 친한 친구보다 가벼운 지인이 더 도움이 된다.'이다.

① 사회적 네트워크는 사업을 시작하는 데 중요한 역할을 한다. → 단순 사회적 네트워크가 아닌 지인 네트워크의 역할을 강조하고 있으며, 창업이 아닌 구직에 관한 내용이다.

② 먼 지인을 통해 얻은 일자리는 신뢰성이 떨어진다. → 먼 지인을 통해 일자리를 더 얻기 쉽다는 내용으로, 그 신뢰성을 논하고 있지는 않다.

③ 사람들은 자신과 가장 가까운 사람들과 직업을 비교하는 경향이 있다. → 구직 방식을 비교하는 내용으로, 타인과의 직업을 비교하는 내용은 언급된 바 없다.

해석 Stanford 대학교의 Mark Granovetter는 개인적 연줄을 통해 일자리를 얻은 사람들 중, 16.7%만이 일주일에 적어도 두 번 보는 사람들을 통해 일자리를 찾았고, 55.6%는 일 년에 적어도 한 번 보는 지인들을 통해 일자리를 찾았다는 것을 발견했다. 그리고 구직자 중 27.8%는 일 년에 한 번보다 적게 보는 먼 지인들, 즉 옛 대학교 친구, 전 직장 동료, 또는 전문직 협회를 통해 알게 된 사람들을 통해 일자리를 찾았다. 다시 말해, 일주일에 두 번이나 그 이상 보는 사람들보다는 일 년에 한 번보다 적게 보는 사람들을 통해 더 많은 일자리 연락이 당신에게 올 것이다. 이는 친한 친구들은 당신과 같은 네트워크를 공유하는 반면에, 지인들은 당신을 새로운 사람과 연줄에 소개할 가능성이 더 크기 때문이다. 실제로, 지인 네트워크의 힘을 통해 당신은 몇 단계 내로 거의 모든 사람에게 닿을 수 있다.

어휘 land 얻다 contact 연줄, 연락 acquaintance 지인 candidate 지원자 distant 먼 professional 직업의, 전문적인 association 협회 reliable 믿을 수 있는 casual (관계가) 가벼운

08

정답 ①

해설 인류가 야생 동물을 가축으로 만든, 사육의 초기 역사에 관한 글이다. 동물들 중 유익하고 바람직한 특성을 보인 개체들만 사육이 이루어졌다는 것과, 그 특징으로 맛있는 고기, 따뜻한 털, 친밀감 등이 있다는 빈칸 뒤의 내용으로 보아, 사육은 결국 인간이 이득을 취하기 위한 수단이었다는 것을 추론할 수 있다. 따라서 빈칸에 들어갈 말로 가장 적절한 것은 ① '도움이 되게 만들어 주다'이다.
② 경쟁할 수 있게 만들어 주다 → 사육된 동물이 인간과 경쟁하는 내용은 언급되지 않았으며, 이는 유익한 특성의 범주에 들지도 못한다.
③ 소통할 수 있게 해주다 → 인간과 사육된 동물이 소통하는 내용은 언급되지 않았으며, 엄밀히는 다르지만 타고난 친밀감을 소통에서 비롯된 것으로 보더라도, 맛있는 고기와 따뜻한 털과 같은 특성들을 모두 아우르지는 못하므로 지엽적이다.
④ 그들의 사냥감을 제공할 수 있게 해주다 → 사육과 동시에 수렵에서 농업으로 전환되었다는 내용과 거리가 멀며, 빈칸 뒤에 언급된 맛있는 고기도 사육된 동물의 사냥감이 아닌 그 동물 자체를 가리키고 있다. 또한 따뜻한 털과 친밀감이란 특성들을 포괄하지도 못한다.

해석 사육은 선택적 번식을 통해 이루어진다. 유익하고 바람직한 특성을 보이는 개체들이 사육되도록 선별되고, 이러한 특성은 그다음 후대에 전해진다. 늑대는 33,000년에서 11,000년 전 어느 시점에 사육된 최초의 동물이었다. 개가 사육된 후 가축의 사육이 뒤따랐는데, 이는 많은 문화권에서 수렵 채집에서 농업으로의 광범위한 전환과 동시에 일어났다. 대부분의 주요 사육 행위는 역사가 기록되기 전에 시작되었기 때문에, 우리는 야생 동물에서 사육된 반려동물이나 가축으로 가는 수 세대의 긴 여정 뒤 정확한 과정에 대해 잘 알지 못한다. 분명한 것은 사육된 동물들의 조상들이 인간에게 도움이 되게 만들어 준 특징들, 즉 맛있는 고기부터 따뜻한 털, 그리고 사람들에게 자연스러운 친밀감까지 다양했을지도 모르는 특징들을 이미 보여 주었음이 틀림없다는 것이다.

어휘 domestication 사육, 가축화 selective 선택적인 breeding 번식, 사육 beneficial 유익한 desirable 바람직한 trait 특성 pass along (다음으로) 넘기다 livestock 가축 coincide with ~와 동시에 일어나다 widespread 광범위한 foraging 수렵 채집 range from A to B A에서 B까지 다양하다 affinity 친밀감 competitive 경쟁력 있는 prey 사냥감

09

정답 ③

해설 주어진 글은 학생들을 괴롭히는 것 중 하나로 완벽주의를 제시하며 그것의 양면성을 언급하는데, 그다음엔 On the one hand와 on the other hand를 통해 그 양면성을 부연하는 (C)가 와야 한다. 그리고 완벽주의가 참여를 막을(prohibits participation) 경우엔 좋지 않다는 (C)의 마지막 문장에 이어, In particular를 통해 대회 참가를 막을(avoid entering a competition) 경우라는 더 구체적인 상황을 제시하는 (A)가 오는 것이 자연스럽다. 마지막으로 (A)에서 언급된 우승이 불가능한 학생들의 사례를 This로 칭하며, 그 이유가 심사 위원 평가와 별개로 스스로 우승자로 보지 않을 것이기 때문이라고 설명하는 (B)로 마무리되어야 한다. 따라서 글의 순서로 가장 적절한 것은 ③ '(C) - (A) - (B)'이다.

해석 학생들, 특히 재능이 뛰어난 학생들을 괴롭힐 수 있는 취약성의 한 영역은 완벽주의이다. 그것은 양날의 검이 될 수 있다. (C) 한편으로는 가능한 한 최고의 작품을 만들고자 하는 열망이 가치 있는 일이지만, 다른 한편으로는 그것이 참여를 막을 경우 답답할 수 있다. (A) 특히, 완벽주의가 학생들이 이 대회에 참가하지 못하게 할 때 그것은 심각한 불이익이 된다. 그리고 완벽히 하려는 욕구 때문에 우승이 불가능한 학생들을 발견하는 것은 드문 일이 아니다. (B) 이는 공식 심사 위원이 뭐라고 하든, 학생들이 자신의 기준을 충족하지 못하면 스스로 우승자로 보지 않을 것이기 때문이다. 하지만 그 대가는 과정을 거치는 데서 오는 기쁨을 갖지 못하는 것이다.

어휘 vulnerability 취약성 plague 괴롭히다 gifted 재능 있는 perfectionism 완벽주의 double-edged sword 양날의 검 disadvantage 불리한 점 drive 욕구 regardless of ~에 상관없이 go through 거치다, 헤쳐 나가다 desire 욕망 worthwhile 가치 있는 stifling 숨 막히는, 답답한 prohibit 금지하다

10

정답 ③

해설 조립식 주택이 현장 시공 건축물보다 더 저렴하다는 장점과 그 이유들을 소개하는 글이다. 따라서 글의 흐름상 어색한 문장은 조립식 주택의 높은 운송비라는 단점을 이야기하는 ③이다.

해석 프리패브 주택이라고도 알려진 조립식 주택의 이점 중 하나는 부담 없는 가격이다. 구매자들은 보통 현장 시공 건축물보다 조립식 주택에 더 적게 지불할 것으로 예상할 수 있다. 창문과 벽 같은 조립식 주택 부품은 획일적으로 제작되기 때문에, 숙련공들이 개별적으로 부품을 제조할 필요가 없어 비용이 절감된다. 조립식 주택은 실내에서 날씨에 구애받지 않고 건축되어, 지연과 그에 따른 비용이 절감되기도 한다. (많은 장점에도 불구하고, 조립식 주택의 경우 부피가 크기 때문에 운송 비용이 더 높을 수 있다.) 그리고 조립식 주택은 가격이 정해져 있지 않아서 구매자들이 협상할 수 있다. 그들은 협상을 통해 현장 시공 건축물보다 조립식 주택에 10~25% 더 적게 낼 수도 있다.

어휘 prefabricated 조립식의 affordability 감당할 수 있는 비용 stick-built (기초 자재로) 현장에서 시공되는 construction 건축(물) uniformly 획일적으로 manufacture 제조하다 individually 개별적으로 drive down 빠르게 끌어내리다 delay 지연 subsequent 그다음의, 뒤이은 transportation 운송 bulkiness 부피가 큼, (커서) 옮기기 어려움 negotiate 협상하다 bargaining 협상

01	④	02	③	03	④	04	④	05	④
06	①	07	①	08	④	09	④	10	④

01

정답 ④

해설 including 이하에 유의했을 때, 더 심각한 정신 질환에 걸릴 위험이 커지는 것은 가벼운 정신 건강 문제를 무시하는 것이 일으키는 결과일 것이므로, 빈칸에 들어갈 말로 가장 적절한 것은 ④ 'consequences(결과)'이다.
① 목적 ② 의혹 ③ 요구

해석 가벼운 정신 건강 문제를 무시하는 것은 우울증과 불안 장애와 같은 더 심각한 정신 질환의 위험이 커지는 등의 결과를 가질 수 있다.

어휘 ignore 무시하다 mild 가벼운 severe 심각한 depression 우울증 anxiety disorder 불안 장애

02

정답 ③

해설 '~하자마자 ~했다'라는 뜻의 'Scarcely + had + S + p.p. ~ when + S + 과거동사' 구문이 쓰이고 있는데, arrive는 완전자동사이기에 수동태로 쓰일 수 없다. 따라서 빈칸에 들어갈 말로 가장 적절한 것은 ③ 'had the bus arrived'이다.

해석 버스가 정류장에 도착하자마자, 무거운 배낭을 멘 한 무리의 학생들이 서둘러 버스에서 내렸다.

어휘 rush off 서둘러 나가다[내리다]

03

정답 ④

해설 (was → were) 주어가 복수 명사인 overall feelings이므로 복수 동사 were로 수일치해야 한다. 참고로 feelings와 college 사이에는 목적격 관계대명사가 생략되어 있다.
① ask와 같은 주장·요구·명령·제안·충고·결정의 동사가 당위의 의미를 지니는 that절을 목적어로 취할 때, that절 내의 동사는 '(should) + RV'로 표현하므로 give는 적절하게 쓰였다.
② 문맥상 those는 higher education teachers를 의미하고, 교사들이 '질문한' 것이 아니라 '질문받은' 것이므로 수동의 과거분사 questioned는 적절하게 쓰였다.
③ 5형식 동사로 쓰인 make가 목적격 보어로 비교급 형용사 easier를 취하고 있는 것은 적절하며, much도 비교급 강조 부사로 적절하게 쓰였다.

해석 한 연구는 고등 교육 교사들이 교실에서의 기술 사용에 관한 그들의 의견을 주기를 요청했는데, 질문 대상자 중 29%만이 그것이 그들의 일을 훨씬 쉽게 만들어 준다고 말했다. 대학 교육자들이 기술에 대해 느끼는 감정은 전반적으로 긍정적이었지만, 기술이 해로울 수도 있다고 말하는 사람도 점점 더 많아졌다.

어휘 question 질문하다 overall 전반적인 positive 긍정적인 harmful 해로운

04

정답 ④

해설 B가 식사를 다 마친 후 종업원인 A와 대화하는 상황이다. A가 더 필요한 것이 있는지 묻자, B가 없다고 답하면서 빈칸 내용을 말했고, 그에 대응하여 A가 '그것'을 금방 가지고 오겠다고 했다. 식당에서 식사를 다 마친 사람이 달라고 요청할 만한 것은 계산서일 것이므로, 빈칸에 들어갈 말로 가장 적절한 것은 ④ '계산서 좀 갖다주시겠어요?'이다.
① 주방장님 좀 불러 주시겠어요?
② 계산은 어떻게 나누시겠어요?
③ 디저트 메뉴를 볼 수 있을까요?

해석 A: 좋은 저녁입니다! 오늘 밤 어떠셨나요?
B: 전부 환상적이었어요. 추천해 주신 스테이크는 딱 맞았고, 디저트인 초콜릿 무스는 정말 부드러웠어요.
A: 다행이네요! 더 필요하신 게 있나요?
B: 아뇨, 다 된 것 같아요. 계산서 좀 갖다주시겠어요?
A: 물론이죠. 금방 가지고 오겠습니다.
B: 감사합니다.

어휘 spot on 딱 맞는 creamy 크림 같은, 부드러운 set 준비가 된 bill 계산서 check 계산서

05

④

해설 공원 산책로의 일부 구간이 거칠고 고르지 않아 생기는 문제점들을 제시하며 길을 평평해지도록 정비해 줄 것을 촉구하는 내용이다. 따라서 글의 목적으로 가장 적절한 것은 ④ '고르지 않은 공원 산책로의 다듬기를 요청하려고'이다.
① 공원 산책로에 별도의 자전거길을 제안하려고
② 더러운 공원 산책로에 대한 불만을 표하려고 → 산책로의 위생 상태가 아닌 땅 균일성에 관해 문제 제기하고 있다.
③ 더 다양한 공원 산책로 조성을 촉구하려고 → 산책로의 신설이 아닌, 기존 산책로의 상태 개선을 요구하는 내용이다.

06

정답 ①

해설 글에서 제시되는 문제 원인은 산책로가 거칠고 고르지 않다는 것이므로, 공원이 개선되려면 산책로가 고르게 되어야 할 것임을 유추할 수 있다. 맥락상 level은 '평평한'이라는 뜻으로 쓰였으므로, 이와 의미가 가장 가까운 것은 ① 'flat(평평한)'이다.
② 공정한 ③ 침착한 ④ 표준의

05-06

해석 수신: Lake Park 관리 사무소
발신: Sophia Mandarin
날짜: 5월 10일
제목: Lake Park 산책로

관리팀께,

Lake Park의 헌신적인 애호가로서, 저는 산책로 상태에 대한 깊은 우려를 전하고자 이 글을 씁니다. 저는 최근 산책로의 일부 구간이 거칠고 고르지 않아, 특히 노인과 거동이 불편한 사람들에게 안전상의 위험을 제기하고 있다는 사실을 알게 되었습니다. 이러한 상태는 또한 공원에 대한 모든 방문객의 전반적인 즐거움과 접근성을 떨어뜨립니다.

저는 관리팀이 산책로에 필요한 보수와 정비를 실시하여, 이 문제를 조속히 해결하실 것을 촉구합니다. 산책로를 평평하고 잘 관리되도록 유지하면 모든 방문객의 공원 경험의 질이 크게 향상될 것입니다.

이 문제에 관심을 가져 주셔서 감사합니다. 조만간 Lake Park의 개선된 모습을 볼 수 있기를 바랍니다.

진심을 담아,
Sophia Mandarin 드림

어휘 devoted 헌신적인 enthusiast 애호가, 열렬한 지지자 convey 전하다 uneven 고르지 않은 hazard 위험 elderly 나이 든 mobility 이동성 diminish 줄이다 accessibility 접근성 promptly 신속히 maintenance 보수, 정비 senior-friendly 노인 친화적인 facility 시설 dissatisfaction 불만 separate 분리된, 별개의 smooth out 반듯하게 펴다

07

정답 ①

해설 이 글은 구강 세척제의 섭취 금지 사항, 섭취 또는 사용 후 이상 반응에 대한 대처법, 아동에게 사용 시 유의점을 열거하고 있다. 따라서 글의 제목으로 가장 적절한 것은 ① '구강 세척제 주의 사항'이다.
② 구강 세척제의 부작용 → 구강염이라는 부작용이 언급되긴 하나, 글의 중심 소재인 사용 시 주의할 점을 지키지 않았을 때의 결과로 제시된 것에 불과하다.
③ 적절한 구강 세척제를 고르는 법 → 제품을 고르는 방법에 관해서는 언급된 바가 없다.
④ 구강 세척제 섭취에 대처하는 법 → 섭취 시 대처법이 언급되고는 있으나, 이는 세척제 관련 주의 사항 중 하나일 뿐이므로 정답이 되기엔 지엽적이다.

해석 구강 세척제는 포장지 지시 사항에 따라 안전하게 사용될 때만 유익하다. 구강 세척제를 절대 섭취해서는 안 된다. 즉, 그것의 의도는 입을 헹궈 내기 위한 것이지, 삼켜서는 안 된다. 만약 당신이 한 번에 2회분 이상 치의 구강 세척제를 섭취한다면, 의사나 독극물 관리 상담 전화에 전화해라. 라벨을 확인하여 당신의 구강 세척제에 불소나 에탄올이 함유되어 있는지 보고 그 정보를 전화 상대에게 줄 수 있게 준비해라. 만약 당신이 사용하고 있는 구강 세척제가 계속되는 화끈거림이나 불편함을 야기한다면, 사용을 중단해라. 당신에게 지나치게 민감한 구강 세척제를 사용하는 것은 입안 조직 일부의 붕괴를 야기하여 구강염을 일으킬 수 있다. 6살 미만의 아이들은 구강 세척제를 사용하면 안 된다. 6세에서 12세 사이의 아이들은 어른의 감독을 받아야 하겠지만, 아이를 위해 특별 제작된 구강 세척제를 사용할 수 있다.

어휘 mouthwash 구강 세척제 beneficial 유익한 direction 지시 (사항) ingest 섭취하다 rinse out 헹궈내다 swallow 삼키다 serving 1인분, 한 잔 hotline 상담 전화 fluoride 불소 ongoing 진행 중인 burning 화끈거림 discomfort 불편 discontinue 중단하다 sensitive 민감한 breakdown 붕괴 tissue 조직 mouth ulcer 구강염 specifically 특별히 supervise 감독하다 precaution 예방책, 주의 사항 side effect 부작용

08

정답 ④

해설 정당은 이념과 목표를 표명함으로써, 당원들이 그 목표 달성에 책임을 지게 하는 동시에, 유권자들이 정치인들을 평가 및 투표하기 쉽게 해준다는 내용의 글이다. 정당이 한 특정 정당의 지배를 막으면서 민주적인 논쟁을 활발하게 한다고, 즉 정당들이 민주적으로 겨뤄진다고 했으므로, 빈칸에 들어갈 말로 가장 적절한 것은 ④ '민주적 경쟁을 장려하는 것'이다.
① 구성원들에게 권한을 부여하는 것 → 정당의 역할로 당원에게 권한을 주는 것에 관해서는 언급되지 않았으며, 오히려 의무를 부여한다고 했다. 부여한다는 것은 글의 내용과 일치하지 않는다.
② 그것들 간의 갈등을 해결하는 것 → 정당 간 갈등을 해결한다는 내용은 언급된 바 없다.
③ 대중의 선택지를 다양화하는 것 → 투표할 정당이 많아진다는 내용은 없으며, 오히려 정당은 유권자들이 복잡한 결정을 단순화해 준다고 언급되므로 적절하지 않다.

해석 이념과 일련의 목표를 표명함으로써, 정당은 구성원들이 그 목표를 달성하는 데 책임을 지게 한다. 유권자들은 이 목표와 약속을 바탕으로 한 정치인 집단을, 그들이 약속한 것을 이행했는지 물어봄으로써 평가할 수 있다. 정당이 없다면 대중은 각 후보의 목표와 성과 또는 실패를 평가하는 데 어려움을 겪을 것이다. 따라서 정당은 정치적 상징, 즉 일련의 발상과 목표의 요약 역할을 할 수 있으며, 유권자들은 복잡한 결정을 A 정당에 투표할지 B 정당에 투표할지라는 질문으로 압축할 수 있다. 결과적으로, 정당은 민주적 경쟁을 장려하는 데 핵심적인 역할을 한다. 그것은 어느 한 집단의 지배를 막고, 선출된 공직자들에게 책임을 지게 할 수단을 제공하며, 그에 따라 민주적인 논쟁과 발상의 진화를 활성화하는 것을 돕는다.

어휘 articulate 분명히 표현하다 ideology 이념 political party 정당 hold sb responsible for ~에게 ~에 대한 책임을 지우다 evaluate 평가하다 candidate 후보자 shorthand 속기, 요약 condense 압축[농축]하다 domination 지배 accountable 책임이 있는 stimulate 활성화하다 democratic 민주적인 empower 권한을 주다 resolve 해결하다 diversify 다양화하다 competition 경쟁

09

정답 ④

해설 주어진 문장은 그들(They)이 미적 가치를 모래 그림을 만드는 행위 자체와 그것의 상징성 및 의식 수단으로 사용하는 행위에서 찾는다는 내용으로, 맥락상 They는 나바호족을 가리킨다. 이는 나바호족이 모래 그림의 가치를 보존하고자 사진 찍는 서양인들의 행위에서 어떤 의미도 보지 못한다는 ④ 앞 문장의 내용에서 자연스럽게 이어진다. 또한 ④ 뒤 문장의 it과 those purposes가 각각 주어진 문장의 the sandpainting과 세 가지 목적을 받는 것이어야 맥락이 연결되므로, 주어진 문장이 들어갈 위치로 가장 적절한 것은 ④이다.

해석 서양에서, 미는 본질적으로 정적인 것, 즉 관찰되고 보존되어야 할 것이다. 그러나 나바호족에게 미는 인간 삶의 필수 조건이며 동적인 것이다. 이러한 차이는 나바호족의 모래 그림을 관찰하는 서양인들에게서 가장 잘 나타난다. 그들에게 나바호족이 이 모래 그림을 만들 때보다 더 빨리 그것을 "파괴하는" 것은 항상 혼란과 좌절의 근원이다. 이 미의 파괴를 피하고 그것(모래 그림)의 예술적 가치를 보존하기 위해, 서양의 관찰자들은 항상 그것을 사진 찍고 싶어 하지만, 나바호족은 그렇게 하는 것에서 어떤 의미도 보지 못한다. 그들은 모래 그림을 만드는 행위, 그것의 상징적 힘, 의식을 위한 수단으로 그것을 사용하는 것에서 그것의 미적 가치를 발견한다. 일단 그것이 그 목적들을 달성하면, 그것은 더 이상 어떤 가치도 갖지 않는다.

어휘 aesthetic 미적인 sandpainting 모래 그림 symbolic 상징적인 vehicle 수단 ritual 의식 static 정적인 preserve 보존하다 dynamic 역동적인 confusion 혼란 frustration 좌절 destruction 파괴

10

정답 ④

해설 마지막 문장에서 재외동포청의 주요 계획 중 하나가 온라인 및 디지털 서비스의 확대라고 언급되므로, 글의 내용과 일치하지 않는 것은 ④ '그것은 대면 서비스의 확대에 초점을 맞추고 있다.'이다.
① 그것의 원조는 자국 국적이 없는 사람들에게도 미칠 수 있다. → 2번째 문장에서 언급된 내용이다.
② 그것은 해외 거주 중인 사람들의 현지에서의 성공을 돕는다. → 3번째 문장에서 언급된 내용이다.
③ 고국 방문은 그것의 프로그램 중 일부이다. → 4번째 문장에서 언급된 내용이다.

해석 **재외동포청(OCA): 목적 및 기능**
재외동포청은 해외 거주 중인 750만 명에 초점을 맞추고 있습니다. 여기에는 해외에 장기 거주하거나 타국의 영주권을 가진 시민들, 정부 수립 이전에 해외로 이주한 자국 국적의 출생자들과 자국 국적이 없는 그들의 후손들이 포함됩니다. 재외동포청은 이들이 고국과의 유대를 유지하면서 현지 사회에서 번영하도록 돕습니다. 게다가, 재외동포청은 언어 교육과 고국 방문 프로그램의 확대를 통해 이들의 문화적 정체성을 강화하는 데 전념하고 있습니다. 서비스 및 지원 강화에 전념 중인 재외동포청의 주요 계획으로는 온라인 신원 확인 서비스의 도입, 영사 서비스의 디지털화, 연중무휴 상담 센터의 운영이 있습니다.

어휘 permanent residency 영주권 along with ~와 함께 nationality 국적 establish 수립하다 descendant 후손 tie 유대 thrive 번영하다 be dedicated to ~에 전념하다 strengthen 강화하다 expansion 확대 committed 헌신적인 enhance 강화하다, 향상하다 initiative 계획 identification 신원 확인 consular 영사(관)의 counseling 상담 in-person 대면의, 직접 하는

01	①	02	②	03	②	04	④	05	③
06	③	07	①	08	②	09	④	10	②

01

정답 ①

해설 돼지 장기를 이식했을 경우의 거부 반응 및 감염에 관한 우려가 동물 장기 이식을 대상으로 못 하게 막을 만한 일은 그것을 시행하기 시작하는 것이 므로, 빈칸에 들어갈 말로 가장 적절한 것은 ① 'adoption(채택)'이다.
② 위반 ③ 금지 ④ 교육

해석 돼지 장기에 대한 인간의 거부 반응과 바이러스 감염에 관한 우려는 동물 장기 이식 채택을 가로막는 장벽이 되어 왔다.

어휘 rejection 거부 (반응) organ 장기 viral 바이러스의 infection 감염 transplant 이식

02

정답 ②

해설 성공을 중시한다는 내용으로 보아, 사회 규범에서 벗어날 가능성이 있더 라도 성공하려고 애쓰는 사람을 좋게 보고 지지할 것으로 유추할 수 있다. 따라서 빈칸에 들어갈 말로 가장 적절한 것은 ② 'admire(존경하다)'이다.
① 피하다 ③ 얻다 ④ 배제하다

해석 그들은 성공을 중시하기 때문에, 사회적 규범에 거스를 수 있을지라도 자 신의 야망을 이루기 위해 분투하는 사람들을 존경한다.

어휘 emphasis 강조 strive to RV ~하려고 분투하다 ambition 야망 entail 수반하다 norm 규범

03

정답 ②

해설 (have been → have) 타동사인 include 뒤에 목적어인 at least one fermented food가 있고, 의미상으로도 거의 모든 문명이 최소 한 가지 발효 식품을 '포함한' 것이므로 능동태인 have included로 쓰여야 한다. 이때 at least는 숫자 one 앞에 쓰여 '적어도'라는 뜻의 부사로 사용되어 전치사구가 아님에 유의해야 한다.
① harnessing은 등위접속사 and를 통해 앞서 나온 fermenting과 병 렬 구조를 적절하게 이루고 있다.
③ their는 맥락상 앞서 나온 Almost all civilizations를 가리키는 소유 격이므로 복수로 수일치한 것은 적절하다.
④ retains의 주어는 맥락상 단수 명사인 modern yogurt이므로 그에 수일치하여 단수 동사로 쓰인 것은 적절하다.

해석 우리는 수천 년 동안 부패하기 쉬운 음식을 보존하기 위해 식품을 발효하 고 살아 있는 박테리아의 힘을 적극적으로 활용해 왔다. 거의 모든 문명이 요리 유산에 적어도 하나의 발효 식품은 포함해 왔는데, 한국에는 '김치' 가 있고, 독일은 '사우어크라우트'를 사랑하며, 이제는 어디에나 있는 현 대의 요구르트가 원래의 터키식 이름을 그대로 유지하고 있다.

어휘 ferment 발효시키다 harness 활용하다 perishable 부패하기 쉬운 것 millennium 천 년(pl. millennia) civilization 문명 culinary 요리의 heritage 유산 ubiquitous 어디에나 있는 retain (계속) 유지하다

04

정답 ④

해설 회사 송년회용 음식 공급 업체 찾기의 애로 사항에 관한 대화를 하고 있 다. Kelly가 빈칸 앞에서는 작년에 봐 둔 음식 공급 업체 목록이 있다고 알 려주고, 뒤에서는 놀라며 올해 예산이 더 빠듯하냐고 묻고 있으며, 이에 Jennifer는 올해 그 업체들이 전부 가격을 올렸음을 설명하고 있다. 이를 보아 빈칸에는 목록에 있는 업체들 역시 예산에 맞지 않음을 언급하는 내 용이 와야 함을 알 수 있다. 따라서 빈칸에 들어갈 말로 가장 적절한 것은 ④ '사실 제가 그곳들을 살펴봤는데, 예산에 맞는 곳이 없었어요.'이다.
① 작년 예산이 얼마였는지 아세요?
② 송년회에 복장 규정이 있을 거예요.
③ 저희가 더는 음식 공급업을 하지 않는 점을 알려드리게 되어 유감입니다.

해석 Kelly Eisenstat: 회사 송년회 계획은 어떻게 되고 있나요?
Jennifer Kula: 좀 막막하네요. 예산에 맞는 음식 공급 업체 선택지를 찾 는 데 어려움을 겪고 있어요.
Kelly Eisenstat: 제게 작년에 고려했던 음식 공급 업체 목록이 있어요. 유용할지도 몰라요.
Jennifer Kula: 사실 제가 그곳들을 살펴봤는데, 예산에 맞는 곳이 없었 어요.
Kelly Eisenstat: 정말요? 올해 예산이 더 빠듯한가요?
Jennifer Kula: 아니요, 근데 그 음식 공급 업체들이 올해 모두 가격을 인 상해서요.
Kelly Eisenstat: 아쉽군요. 하지만 걱정하지 마세요, 저희는 해결책을 찾 을 거예요.

어휘 year-end party 송년회 come along 되어 가다 stuck 막힌 struggle to RV ~하는 데 어려움을 겪다 catering 음식 공급(업) budget 예산 tight 빠듯한 code 규정 look into 살피다

05

정답 ③

해설 K-Pop 음악을 세계에 더 널리 알리고자 K-Pop 홍보 동영상을 공모하는 안내문이므로, 글의 제목으로 가장 적절한 것은 ③ '영상을 제작하여 케이 팝에 대한 영감을 공유하세요'이다.
① 케이팝 온라인 팬 미팅을 놓치지 마세요 → 상품으로 오프라인 콘서트 만 제시될 뿐, 온라인 팬 미팅에 관한 언급은 없다.
② 당신의 노래 실력으로 유튜브 스타덤에 올라 보세요 → 출품작으로 언급 되는 것은 노래가 아닌 춤 관련 영상이며, 음악을 케이팝에 한정하고 있다.
④ 케이팝 댄스 경연에 참여해 실력을 뽐내 보세요 → 춤 실력 경쟁이 아 닌 케이팝 영상 홍보가 주목적인 행사이다.

06

정답 ③

해설 글의 후반부에서 조회수에 따라 상품을 수여한다고 언급되므로, 글의 내용 과 일치하지 않는 것은 ③ '주최 측 심사 위원이 출품작을 심사한다.'이다.
① 유튜브를 통한 출품작만 인정된다. → 글의 중반부에서 언급된 내용이다.
② 선정작들은 주최의 공식 채널에 공개된다. → 글의 중반부에서 언급된 내용이다.
④ 선정자는 본인의 소셜 미디어 채널을 통해 연락받는다. → 글의 후반부 에서 언급된 내용이다.

05-06

영상을 제작하여 케이팝에 대한 영감을 공유하세요

좋아하는 케이팝 그룹과 아티스트를 기념할 아이디어가 넘쳐 나시나요? 그렇다면 #KPOPSpotlight 이벤트에 참여하세요! 전 세계에 케이팝 음악의 물결을 전파하는 데 도움을 줄 열정적인 팬을 찾고 있습니다.

참여 방법은 다음과 같습니다
- **여러분의 재능을 보여 주세요!** 댄스 커버를 하거나, 리액션 영상을 촬영하거나, 케이팝에서 영감을 받은 콘셉트로 창의력을 발휘해 보세요.
- **여러분의 창작물을 업로드하세요!** 설명에 해시태그 #KPOP Spotlight를 달아 유튜브에 동영상을 게시하세요. (다른 곳에 게시되었거나 해시태그가 누락된 응모작은 고려되지 않습니다.)

가장 마음을 사로잡는 응모작은 공식 채널에 소개되며 멋진 상품을 받을 수 있습니다!

상품은 다음과 같습니다
1등: 3일간 숙박이 제공되는 한국 여행권 (1명)
2등: 대형 케이팝 콘서트 VIP 티켓 (10명)
3등: 케이팝 독점 굿즈 (100명)

※ 상품은 조회수에 따라 지급됩니다. 이벤트는 7월 15일까지 진행되며, 선정자에게는 7월 31일까지 본인의 소셜 미디어 채널을 통해 연락을 드립니다.

어휘 burst with ~으로 터질 듯하다 passionate 열정적인 inspired 영감을 받은 description 설명 entry 출품작 captivating 마음을 사로잡는 feature 출연시키다, 특집으로 다루다 accommodation 숙박 시설 exclusive 독점적인 merchandise 제품 stardom 스타덤, 스타의 반열

07

정답 ①

해설 지구상에 화학 물질을 의사소통 형태로 사용하지 않는 유기체는 단 하나도 없다고 했고, 모든 유기체가 화학 물질을 처리하며 정도만 다를 뿐 화학적 신호를 감지하고 반응할 수 있다고, 즉 화학적으로 의사소통할 수 있다고 언급되었다. 따라서 글의 요지로 가장 적절한 것은 ① '모든 유기체는 어떤 식으로든 화학적 의사소통을 이용한다.'이다.
② 고대의 화학적 의사소통이 사회적 집단을 형성했다. → 고대에 행해진 화학적 의사소통에만 초점을 맞춘 내용이 아니며, 사회 집단 형성에 관해서는 언급조차 없다.
③ 화학적 정보는 유기체에 관해 거의 알려줄 수 없다. → 모든 화학 물질에 유기체의 내부 작용에 대한 비밀 정보가 담겨 있다는 글의 내용과 반대된다.
④ 유기체가 생성할 수 있는 화학 물질의 양은 다양하다. → 모든 유기체가 화학 물질을 생성해야 한다는 내용은 있으나, 그 생성량에 관해서는 언급된 바 없다.

해석 화학적 의사소통은 두 개의 단세포 생물이 원시 수프에서 화학 물질을 교환했을 때 처음 행해진 고대 예술이다. 세월이 흐르면서 의사소통 형태로서의 화학 물질 사용이 매우 널리 퍼지게 되어, 지구상에 그것의 어떤 측면을 사용하지 않는 유기체는 단 하나도 없다. 이것은 생명의 화학적 특성 그 자체에 기인할 수 있으며, 모든 유기체는 화학 물질을 흡수하고, 변형하고, 생성하고, 방출해야 한다. 그 결과, 자연은 화학 물질로 가득 차 있으며, 그것을 생성한 유기체의 내부 작용에 대한 비밀 정보가 모두 담겨 있다. 모든 유기체는 화학적 신호를 감지하고 그에 반응할 수 있으며, 화학적 의사소통이 정보를 수집하고 전달하는 역할의 정도에서만 차이가 있을 뿐이다.

어휘 chemical 화학적인; 화학 물질 single-celled 단세포의 widespread 널리 퍼진 be attributed to ~에 기인하다 take in 섭취[흡수]하다 transform 변형하다 contain 담다 detect 감지하다 transmit 전달하다

08

정답 ③

해설 이 글은 투자 자문 회사가 시장 전망이 불투명한 시기에도 고객 기반을 유지할 수 있는 비결에 관한 내용이다. 빈칸 뒤에 나온 연구 결과에 따르면 대다수의 투자자가 고문을 고르는 기준이 신뢰성이며, 그 신뢰는 일관된 조언과 적극적인 소통으로 쌓인다고 언급되었다. 따라서 빈칸에 들어갈 말로 가장 적절한 것은 ③ '투자자와 신뢰할 수 있는 관계를 구축하다'이다.
① 고객에게 달변으로 말하다 → 소통에 적극적인 점이 투자 고문에 대한 신뢰를 쌓아 준다는 언급이 있으나, 이는 그저 화술이 뛰어난 것과는 다르다. 또한 같다고 보더라도, 이는 신뢰를 쌓는 방법으로 제시되었을 뿐, 투자 고문을 고르는 기준 자체는 아니다.
② 불안정한 경제 상황을 잘 예측하다 → 투자 고문이 경제 상황을 예측한다는 내용은 언급되지 않았다.
④ 뛰어난 투자 성과를 달성하다 → 고문을 실적으로 고르는 투자자는 단 18%밖에 안 된다고 언급되므로 적절하지 않다.

해석 2019년의 코로나바이러스 발발로 인해 시장은 극도로 예측하기 어려워졌다. 투자자로 지내기 힘든 시기였고, 불확실성은 계속되고 있다. 이 어려운 시기에 투자 자문 회사들은 어떻게 고객 기반을 유지할 수 있을까? 그 답은 투자자와 신뢰할 수 있는 관계를 구축하는 능력에 있다. Spectrem Group의 연구에 따르면 단 18%의 투자자만이 투자 고문을 그 사람의 실적을 기반으로 선택하는 것으로 드러났다. 반면, 대부분의 투자자가 투자 고문을 그 사람의 신뢰성을 보고 선택한다. 그 연구는 투자자가 자신의 고문이 일관된 지침을 제공하고 소통에 적극적이기에 그를 신뢰한다는 것을 보여 줬다.

어휘 outbreak 발발 unpredictable 예측할 수 없는 uncertainty 불확실성 advisory 자문의 challenging 힘든 track record 실적 trustworthiness 신뢰성 consistent 일관된 proactive 앞서서 주도하는, 적극적인 eloquent 유창한, 달변인 unstable 불안정한 credible 신뢰할 수 있는 outstanding 뛰어난

09

④

해설 주어진 글은 영웅이 예로부터 존재해 왔으며, 영웅의 행위는 직접 목격하는 것과 어떠한 소통 수단을 통해 인식된다는 내용이다. 이후에는 시간순 가장 먼저인 문자 언어가 만들어지기 전의 영웅적 행위 인지 방식을 소개하는 (C)가 오고, 그다음에 (C)에서 언급된 시와 단편 소설 등을 those early versions of communication으로 받아, 새로이 등장한 대중 매체가 특정 개인에게 영웅이란 지위를 준다(establish hero status for certain individuals)고 하는 (B)가 와야 한다. 그리고 매체가 일부 사람들에게 영웅의 지위를 빠르게 주는(bestow hero status upon some) 만큼, 그 지위를 떨어뜨리는 것도 빠르다는 반대 내용을 However를 통해 전개하는 (A)로 이어져야 한다. 따라서 글의 순서로 가장 적절한 것은 ④ '(C) - (B) - (A)'이다.

해석 영웅은 역사를 통틀어 존재해 왔다. 영웅적 행위는 두 가지 주된 수단, 즉 직접적인 관찰과 어떤 형태로의 소통 수단을 통해 인식된다. (C) 문자 언어가 만들어지기 전에는, 영웅의 이야기가 한 세대에서 다음 세대로 (구두로) 전해졌다. 그리고 문자 언어와 함께, 영웅적 행위의 이야기가 시와 단편 소설로 표현되었다. (B) 그 초기 버전의 소통 수단들을 기반으로 기술이 발전하면서, 신문, 텔레비전, 인터넷과 같은 대중 매체가 등장했다. 이 모든 매스컴은 특정 개인에게 영웅의 지위를 확립시키는 데 도움이 되어 왔다. (A) 그러나 매체는 흔히 일부 사람들에게 영웅의 지위를 부여하는 데 빠른 동시에, 영웅적 행위가 미흡한 사람들의 이야기를 공개하여 영웅의 반열에서 끌어내리는 데도 그에 못지않게 재빠르다.

어휘 deed 행위 primary 주된 first-hand 직접 경험한 bestow 부여하다 athlete 운동선수 fall short of ~에 못 미치다 knock sb off ~을 해치우다, 쳐서 떨어뜨리다 pedestal 받침대, 중요한 지위 media outlet 매스컴, 언론 매체 pass down 물려 주다, 전해 주다 generation 세대

10

②

해설 눈이 없는 멕시코 장님 물고기가 측선 기관에서 얻는 정보를 통해 자신과 지형지물의 위치를 파악하고 학습한다는 내용의 글이다. 따라서 글의 흐름상 어색한 문장은 시각 능력에 중요한 기관에 관한 내용의 ②이다.

해석 멕시코 장님 물고기를 이용한 최근 연구는 주요 지형지물의 순서가 학습된다는 것을 보여 주었는데, 이는 주요 지형지물의 목록에 특정한 순서가 있다는 것을 나타낸다. 자신을 안내해 줄 눈이 없는 장님 물고기는 그것을 둘러싼 물의 흐름에서 방해물을 측정하는 특화된 기계적 수용기 세포로 구성된 측선 기관을 이용해 자신의 위치를 안다. (그 기관은 눈에서 뇌로 정보를 전달하는 주요 통로 역할을 하여 그것(물고기)의 시각 능력에 필수적이다.) 그 물고기는 앞으로 헤엄치면서 자기 주변에 유동장을 세우고, 주변 환경에 있는 물체나 표면이 그 유동장을 왜곡한다. 이 왜곡은 측선 기관에 있는 세포에 의해 포착되어 뇌로 전달된다. 그러므로 그 물고기는 자신의 측선 기관으로부터 얻는 정보를 그것의 지역 환경 배치에 관해 학습하는 한 가지 방법으로 사용할 수 있다.

어휘 sequence 순서 landmark 주요 지형지물 indicate 나타내다 specific 특정한 orient 자기 위치를 알다 lateral line organ 측선 기관 specialized 특화된 mechanoreceptor 기계적 수용기 disturbance 방해(물) primary 주요한 transmit 전달하다 flow field 유동장 distort 왜곡하다 pick up 알아채다 relay 전달하다 layout 배치

01	③	02	①	03	①	04	④	05	③
06	①	07	④	08	②	09	③	10	①

01

③

해설 빈칸에는 널리 인식되어 있고 모든 사람이 알고 있다는 것과 같은 뜻의 표현이 와야 한다. 따라서 빈칸에 들어갈 말로 가장 적절한 것은 ③ 'renowned (유명한)'이다.
① 보통의 ② 전시된 ④ 전통적인

해석 그 양조장의 잘 균형 잡힌 제품은 널리 인식되고 있으며 잘 모르는 사람이 없다. 다시 말해, 그것은 유명하다.

어휘 winery 와인 양조장 perceive 인지하다 unfamiliar with ~을 잘 모르는

02

①

해설 'would rather A than B'는 'B하기보다는 차라리 A하는 것이 낫다'라는 뜻의 표현이다. 이때 would rather는 조동사이므로 뒤에 원형부정사가 와야 한다. 참고로 여기서 '시간을 ~하는 데 쓰다'라는 뜻의 'spend + 시간 + (in) RVing' 구문이 쓰여, 비교 대상이 hiking과 swimming이기에 than 뒤에 분사가 오고 있는 것이다. 따라서 빈칸에 들어갈 말로 가장 적절한 것은 ① 'spend'이다.

해석 그는 해변에서 수영하기보다는 산에서 하이킹하며 주말을 보내고 싶어 한다.

03

정답 ①

해설 (regarding → regarded) regarding as the greatest thinker는 Aristotle을 수식하는 분사구인데, 타동사로 쓰인 regard 뒤에 목적어가 없고 의미상으로도 Aristotle이 가장 위대한 사상가로 '여겨진' 것이므로 regarding을 수동의 과거분사 regarded로 고쳐야 한다. 참고로 'A를 B로 간주하다'라는 뜻의 'regard A as B' 구문을 수동태로 바꾸면 'A be regarded as B' 형태가 되는데, 이때 전치사 as가 생략되지 않도록 유의해야 한다.
② '~하면 할수록 더 ~하다'라는 의미의 'the 비교급, the 비교급' 구문이 쓰였는데, the faster는 동사 fall을 수식하는 부사로 적절하게 쓰였다.
③ 여럿 중 두 개의 대상을 언급하는 경우에는 one과 another를 쓰지만, 단 두 개의 대상을 차례로 언급하는 경우에는 one과 the other를 써야 하므로 the other는 적절하게 쓰였다.
④ did는 앞서 나온 절의 동사구 could have taken ~ and dropped 이하를 받는 대동사로 적절하게 쓰였다. 이때 과거의 일을 이야기하고 있으므로 과거시제로 쓰인 것도 적절하다.

해석 사람들은 Aristotle이 물체가 무거울수록 땅에 더 빨리 떨어질 것이라고 말했을 때 가장 위대한 사상가로 여겨진 그가 옳다고 믿었다. 누구든 두 개의 물체, 즉 무거운 것 하나와 가벼운 것 하나를 가져다가, 더 무거운 물체가 먼저 떨어지는지를 알아보기 위해 그것들을 떨어뜨릴 수도 있었지만, Aristotle이 죽은 지 거의 2천 년이 될 때까지 아무도 그러지 않았다.

어휘 earth 땅, 지면 land 떨어지다, 도착하다

04

정답 ④

해설 대학 신문 기자인 A가 판사인 B를 인터뷰하는 상황이다. 빈칸 이후 B가 힘든 일이지만 사회 정의 실현에 보람을 느낀다고 답하는 것으로 보아, A가 빈칸에서 B의 직업에 대한 소감을 물어보았을 것으로 유추할 수 있다. 따라서 빈칸에 들어갈 말로 가장 적절한 것은 ④ '이 직무에서 맡은 업무에 대해 어떻게 생각하시나요?'이다.
① 어떤 주요 어려움에 직면하셨나요?
② 이 직업을 위한 선생님의 자질은 무엇인가요?
③ 그 재판에서 보상은 어떻게 지급하실 건가요?

해석 A: 안녕하세요, 저는 대학 신문 기자입니다. 잠깐 시간 내주셔서 인터뷰 좀 할 수 있을까요?
B: 물론이죠, 하지만 제가 곧 다른 재판이 있어서 시간은 얼마 없어요.
A: 감사합니다. 선생님의 직업을 말씀해 주시겠습니까?
B: 저는 사법 체계에서 판사로 근무하고 있습니다.
A: 이 직무에서 맡은 업무에 대해 어떻게 생각하시나요?
B: 어려운 일이지만 사회 정의 실현에 기여한다는 점에서 보람을 느낍니다.

어휘 trial 재판 profession 직업 challenging 힘든 rewarding 보람 있는 realization 실현 qualification 자질, 자격 요건 duty 업무

05

정답 ③

해설 어린이집 부족으로 불편을 겪고 있는 가정이 많다는 점을 호소하며 지자체가 더 많은 어린이집을 지을 것을 요구하는 글이다. 따라서 글의 목적으로 가장 적절한 것은 ③ '지역 어린이 돌봄 시설 확대를 요청하려고'이다.
① 아동 인권 교육의 의무화를 촉구하려고
② 지역 아동 상담 센터 개설을 부탁하려고 → 아동 상담에 관한 언급은 없다.
④ 어린이집 교사의 자질 부족에 대해 항의하려고 → 어린이집 교사의 자질이 아닌 어린이집 자체가 부족하다는 내용이다.

06

정답 ①

해설 어린이집 증대에 투자함으로써 아이들에게 더 좋은 환경을 만들어 달라고 부탁하는 내용이다. 맥락상 promote는 '조성하다'라는 뜻으로 쓰였으므로, 이와 의미가 가장 가까운 것은 ① 'foster(조성하다)'이다.
② 높이다 ③ 광고하다 ④ 기념하다

05-06

해석 수신: Maison 구청
발신: Isabella Ross
날짜: 1월 15일
제목: 공공 어린이 돌봄 서비스

관계자분께,

저는 우리 지역 사회의 어린이집 부족에 대한 걱정을 나누고자 글을 씁니다. 현재의 시설로는 늘어나는 수요를 맞추기에 충분하지 않아, 많은 가정에 상당한 어려움을 초래하고 있습니다.

우리 지역에 젊은 가정이 늘어나면서, 일하는 부모들을 지원하고 아이들의 복지를 보장하기 위해 적절한 어린이 돌봄 서비스가 필수적입니다. 어린이집 부족으로 인해 부모들은 먼 곳에서 대안을 찾아야 하기에 불편과 스트레스를 겪고 있습니다.

지자체에서 더 많은 어린이집을 세우는 것을 고려해 주십사 요청합니다. 이에는 적합한 장소를 찾고, 자금을 할당하고, 자격을 갖춘 전문가를 배치하는 것이 포함될 것입니다.

어린이집 증대에 투자하는 것은 우리 지역 사회 내 가정들의 삶의 질을 크게 향상할 수 있으며, 우리 아이들에게 더 건강하고 균형 잡힌 환경을 조성할 수 있습니다. 귀하께서 이 문제에 관심을 가져 주시면 대단히 감사하겠습니다.

어휘 shortage 부족 facility 시설 insufficient 불충분한 demand 수요 significant 상당한 adequate 적절한 essential 필수적인 ensure 보장하다 distant (거리가) 먼 alternative 대안 inconvenience 불편 suitable 적절한 allocate 할당하다 staff 직원을 두다 qualified 자격이 있는 enhance 향상하다

07

해설 많은 의료 전문가들이 비디오 앱에서 공유되는 잘못된 의료 정보에 대응하고자 하고 있지만, 그 앱의 특성이 의사들의 업무를 더 복잡하게 만들며 심지어 일부 의사들은 괴롭힘의 대상이 될 수도 있다는 내용의 글이다. 따라서 글의 주제로 가장 적절한 것은 ④ '의료 전문가들이 비디오 앱을 사용하는 것의 어려움'이다.
① 플랫폼에서 잘못된 정보를 바로잡는 방법 → 잘못된 정보에 대응한다는 언급이 있긴 하나 이는 의료 전문가들이 비디오 앱을 사용하려는 목적으로 부연한 것에 불과하다.
② 비디오 앱이 의사에게 유용한 이유 → 오히려 의사들이 비디오 앱을 이용하기 힘들다는 내용이므로 적절하지 않다.
③ 건강 문제를 공유하기 위해 SNS를 사용하는 것의 장단점 → SNS 사용의 장점은 구체적으로 명시된 바가 없으며, 이 글의 주제이자 중심 소재인 '의료 전문가'가 포함되지 않은 선지이므로 정답이 될 수 없다.

해석 많은 의료 전문가들이 급증하는 시청자들에게 전달되는 잘못된 의료 정보에 대응하기 위해 점차 커지고 있는 숏폼 비디오 앱을 탐색하고 있다. 비록 그들이 건강에 좋은 메시지를 공유하거나 자기 업무를 홍보하기 위해 오랫동안 소셜 미디어를 이용해 온 했어도, 이 앱은 인터넷 사용에 능숙한 사람들에게조차 새로운 난제를 제시하고 있다. 앱의 인기 게시글은 짧고 음악이 동반되며 유머러스한 경우가 많아서 전자 담배 흡연, 코로나바이러스, 영양, 특정 관행의 위험과 같은 건강 주제에 대한 자세한 교훈을 공유하고자 하는 의사들의 업무를 복잡하게 만든다. 그리고 신뢰할 수 있는 정보를 퍼뜨리기 위해 이 플랫폼을 사용하고 있는 일부 의사들은 자신들이 괴롭힘의 대상인 것을 알게 된다.

어휘 navigate 탐색하다, 돌아다니다 landscape 전망, 상황 counter 대응하다 misinformation 오보 surge 급증하다 promote 홍보하다 adept 능숙한 complicate 복잡하게 하다 physician 의사 vape 전자 담배를 피우다 nutrition 영양 credible 신뢰할 수 있는 bullying 괴롭힘 pros and cons 장단점

08

해설 과학은 최종 공식이나 지식 집합체가 아닌, 계속 진화해 나가는 가설 체계라는 내용의 글이다. 과학이 모든 현상에 대한 추측이 불확실한 가운데 가장 현실에 부합하는 가설을 계속해서 추정해 나가는 중이라고 설명하므로, 빈칸에 들어갈 말로 가장 적절한 것은 ② '과정'이다.
① 믿음 → 과학이 무언가를 의심 없이 확신하는 것과는 거리가 먼, '불확실성'이 있기에 계속 새로 추정해 나가는 '가설'의 체계라는 내용이므로 적절하지 않다.
③ 전통 → 전통은 정해져 내려오는 것으로, 계속 수정해 나가는 과학과는 상반된 개념으로 볼 수 있다.
④ 목적지 → 과학은 최종적 공식이 아니라는 글의 내용과 반대된다.

해석 과학은 과정이다. 그것은 우주를 상상하는 구체적인 방법이자 지표이지만, 현실을 더 잘 이해하기 위한 최종적인 공식은 아니다. 과학은 현상의 본질을 설명하고 예측하는 데 사용될 수 있는 일련의 규칙(수학적 모델)을 정립하는 것을 수반한다. 철학자 Karl Popper는 과학을 지식의 집합체가 아닌 가설의 체계로 보았다. 이 추측(가설)들은 완전히 정당화될 수 없으며, 모든 물리적 현상에 대한 우리의 해석은 다양한 정도의 불확실성을 가진다. 그럴 때 과학적 방법은 어떤 가설이 현실에 가장 부합하는지를 추측하는 데 필수적이게 된다. 현실에 대한 추정이 계속해서 진행되고 있기에, 과학은 다원적 진화론의 또 다른 양상이다.

어휘 specific 구체적인 envision 상상하다 definitive 최종적인 formula 공식 entail 수반하다 establishment 확립 phenomenon 현상(pl. phenomena) hypothesis 가설(pl. hypotheses) justify 정당화하다 interpretation 해석 uncertainty 불확실성 assumption 추정 progress 진행되다

09

해설 주어진 문장은 그 물(the waters)이 너무 얕아(shallow) 저주받았다는 내용으로 역접의 접속사 Yet으로 시작하고 있다. 이는 여러 큰 강들을 비롯하여 물이 많아 축복받았다는 대조적인 내용 뒤에 들어가야 하며, 주어진 문장 이후엔 따라서 심해(deepwater) 항구가 없었다는 결과가 와야 자연스럽다. 따라서 주어진 문장이 들어갈 위치로 가장 적절한 것은 ③이다.

해석 1663년 Charles 2세 왕이 노스캐롤라이나 식민지를 식민지 영주들에게 하사했을 때, 이 8명의 영국 영주는 아메리카의 부가 그들 주머니로 꾸준히 흘러 들어올 것을 상상했다. 거의 50년이 지난 후, 노스캐롤라이나는 가장 가난한 주는 아니더라도 비교적 가난한 영국의 북아메리카 식민지 중 하나였다. 문제의 주요 부분은 물과 관련이 있었다. 한편으로는, 그 식민지는 거대한 Albemarle Sound와 Pamlico Sound뿐만 아니라 여러 개의 큰 강을 포함하여 풍부한 물의 축복을 받았다. 그러나 그 물은 큰 배들을 위해서는 너무 얕았기에 그곳은 저주를 받았다. 그래서 노스캐롤라이나에는 심해 항구가 없었다. 이는 무역과 상업이 북쪽의 버지니아와 아래쪽의 사우스캐롤라이나와 비교했을 때 심하게 뒤처졌음을 의미했다.

어휘 curse 저주하다 shallow 얕은 grant 부여하다 colony 식민지 Lord Proprietor 식민지 영주 steady 꾸준한 bless 축복하다 plenty 풍부함 port 항구 commerce 상업 lag 뒤처지다

10

해설 비트코인을 안전하게 보관하는 방법을 소개하는 글이다. (A) 앞은 은행의 대여 금고가 안전한 보관 방식으로 여겨지는 콜드 월렛의 또 다른 선택지가 될 수 있다는 내용이고, 뒤는 분실 및 손상 가능성이 있기에 아주 안전하다고는 할 수 없다는 반대되는 내용이므로, (A)에 들어갈 말로 가장 적절한 것은 although다. 또한 (B) 앞에는 몇몇 숫자를 변경하여 보안을 강화할 수 있다는 내용이 나오고, 뒤에는 이에 대한 구체적 예시가 나오므로, (B)에 들어갈 말로 가장 적절한 것은 for example이다.

해석 당신이 비트코인을 안전하게 보관하는 가장 좋은 방법은 당신의 개인 키를 인터넷에 연결되지 않은 기기나 앱에 저장되게 하거나, 메모지에 적는 것처럼 비디지털 형태로 저장되게 하는 것이다. 당신의 개인 키가 인터넷에 연결되지 않은 어딘가에 저장되는 경우, 그것은 콜드 월렛이라고 불린다. 물리적인 콜드 월렛은 내화성 금고나 다른 안전한 장소에 보관될 수 있다. 은행의 대여 금고는 물품들이 여전히 분실되거나 손상될 수 있으므로 반드시 위험하지 않은 것이 아님에도 불구하고, 또 다른 선택지가 될 수 있다. 당신은 또한 기기를 암호화함으로써 당신의 콜드 월렛에 추가 보호막을 더할 수도 있다. 또는 글로 쓰인 개인 키의 경우, 당신은 그것이 다른 사람들에게 사용될 수 없도록 몇몇 숫자를 바꿈으로써, 예를 들어 첫 번째 숫자를 5에서 9로 바꾸고 이를 기억하거나 변경 사항에 대한 힌트를 남기는 식으로 그렇게 할(추가 보호막을 더할) 수 있다.

어휘 safe 안전한; 금고 notepad 메모지 cold wallet 콜드 월렛(오프라인으로만 사용하는 가상 화폐 보관 장치) fireproof 내화성의 secure 안전한 safe deposit box (은행에서 대여하는) 안전 금고 layer 막, 층 encrypt 암호화하다 alter 바꾸다 digit 숫자 commit sth to memory ~을 기억하다

01	①	02	④	03	②	04	①	05	③
06	③	07	①	08	①	09	②	10	④

01

정답 ①

해설 However로 시작하는 뒤 문장에서 지연의 진짜 원인이 외부에 있었다고 언급되며, 팀 갈등을 원인으로 파악한 것은 내부적 요인만 따졌다는 것이다. 따라서 빈칸에 들어갈 말로 가장 적절한 것은 ① 'internal(내부적인)' 이다.
② 대안적인 ③ 실험적인 ④ 포괄적인

해석 관리자는 내부적인 관점에서 팀 갈등을 지연의 원인으로 파악했다. 그러나 외부 계약 업체들의 실수가 진정한 이유였다.

어휘 identify 파악하다 conflict 갈등 perspective 관점 contractor 계약자

02

정답 ④

해설 (preparing → prepared) preparing은 the document를 수식하는 분사인데, 맥락상 문서가 '준비하는' 것이 아니라 '준비되는' 것이므로 수동의 과거분사 prepared가 쓰여야 한다.
① 2형식 동사로 쓰인 become이 형용사 smooth를 보어로 취하고 있는 것은 적절하다.
② 'remember to RV'는 '~할 것을 기억하다'라는 의미이고, 'remember RVing'는 '~한 것을 기억하다'라는 의미이다. 맥락상 출생증명서 사본을 '챙길' 것을 기억하는 것이므로 to take는 적절하게 쓰였다.
③ it은 맥락상 앞에 나온 a copy of your child's birth certificate를 가리키는 대명사이므로 단수로 수일치한 것은 적절하다.

해석 적절한 법적 서류가 있으면 아이와 함께 여행하는 것이 순조로워질 수 있으므로, 당신이 여권이 필요 없을지라도 자녀의 출생증명서 사본은 챙길 것을 기억해라. 일부 항공사들은 그것을 요구하지 않지만 일부는 요구하므로, 만약을 대비해서 준비된 서류를 당신의 가방 안에 넣어 둬라.

어휘 smooth 순조로운 appropriate 적절한 copy 사본 certificate 증명서 airline 항공사 just in case 만약을 대비해서

03

정답 ②

해설 A가 B의 발표 자료를 보며 이미지의 출처를 제대로 표기했는지 묻는 상황이다. B가 하지 않았다고 하며 꼭 필요한 일인지 묻자, A는 빈칸 앞에서 그에 긍정하고 빈칸 이후에는 모든 콘텐츠가 타인의 지적 재산이라고 말하고 있다. 이를 보아 A가 빈칸에서 지적 재산과 관련하여 출처를 밝혀야 하는 이유 정도를 말했을 것을 유추할 수 있으므로, 빈칸에 들어갈 말로 가장 적절한 것은 ② '출처를 인용하지 않으면 저작권에 위배될 수 있어요.'이다.
① 원하시면 제가 그것을 어디서 구했는지 알려드릴게요.
③ 인터넷에서 얻은 자료는 잘못된 경우가 많아요.
④ 출처는 보통 프레젠테이션의 마지막에 있어요.

B: 이번 주 금요일에 있을 회의의 프레젠테이션을 준비하고 있습니다. 검토해 주시겠어요?
A: 물론이죠. 도입부에 있는 이미지가 눈에 띄네요. 어디서 찾으셨나요?
B: 인터넷을 검색하다가 우연히 발견했습니다.
A: 인터넷이요? 이미지의 출처는 제대로 표기하셨나요?
B: 아니요, 안 했습니다. 꼭 필요한 건가요?
A: 당연하죠. 출처를 인용하지 않으면 저작권에 위배될 수 있어요.
B: 그건 생각 못 했네요.
A: 글이든 시각 자료든 모든 콘텐츠는 타인의 지적 재산이에요.

어휘 craft 공들여 만들다 come across 우연히 발견하다 browse 둘러보다, 인터넷을 돌아다니다 attribute ~의 것이라고 말하다 intellectual property 지적 재산 cite 인용하다 copyright 저작권

04

정답 ①

해설 Swan Bali Resort에서 Richard에게 결제 안내를 해주는 상황이다. 빈칸 뒤에서 Swan Bali Resort가 미국 달러로만 결제 처리되지만 신용카드사에서 환전해 줄 것이라고 답하는 것으로 보아, 빈칸에는 미국 달러가 아닌 다른 통화로 결제하는 것과 관련된 내용이 와야 자연스럽다. 따라서 빈칸에 들어갈 말로 가장 적절한 것은 ① '국내 통화로 금액을 결제할 수 있나요?'이다.
② 제 예약 조회 번호를 확인해 주실 수 있나요?
③ 오늘 환율에 대한 정보가 있으신가요?
④ 신용카드 사용에 따른 추가 요금이 있나요?

해석 Swan Bali Resort: 안녕하세요, Shin 씨. 고객님께서 오늘 밤 10시까지 565달러를 결제하셔야 한다는 것을 다시 알려드리고자 합니다.
Richard Shin: 상기시켜 주셔서 감사합니다. 온라인에서 신용카드로 결제해도 되나요?
Swan Bali Resort: 물론입니다. 여기 보안용 결제 포털 링크를 드리겠습니다. http://payment.swanbaliresort.com. 고객님의 예약 조회 번호를 입력하시고 결제 완료를 위해 안내에 따라 주세요.
Richard Shin: 국내 통화로 금액을 결제할 수 있나요?
Swan Bali Resort: 결제는 미국 달러로만 처리되지만, 고객님의 신용카드 회사에서 환전 처리할 것입니다.

어휘 due 예정된 reminder 상기시키는 것 secure 안전한 booking reference number 예약 조회 번호 instruction 지시 handle 처리하다 currency conversion 환전 amount 액수 local 현지의 confirm 확인해 주다 exchange rate 환율 charge 요금

05

해설 드론으로 밤하늘에 화려한 라이트 쇼를 펼치는 행사를 홍보하는 내용이다. 따라서 글의 제목으로 가장 적절한 것은 ③ '화려한 드론이 밤을 밝히다'이다.
① 오셔서 당신만의 드론을 만들어 보세요
② 공원 드론 비행 대회
④ 최신 드론 기술에 대한 정보를 얻으세요 → 정보 획득이 아닌 오락이 주목적인 행사이다.

06

정답 ③

해설 글의 후반부에서 물과 음료가 제공되지 않는다고 언급되므로, 글의 내용과 일치하지 않는 것은 ③ '모든 사람에게 물이 제공된다.'이다.
① 그것은 한 시간 반 동안 진행된다. → 글의 초반부에서 언급된 내용이다.
② 그것은 볼거리와 함께 음악도 제공한다. → 글의 중반부에서 언급된 내용이다.
④ 누구나 그것을 무료로 즐길 수 있다. → 글의 후반부에서 언급된 내용이다.

05-06

해석 ### 화려한 드론이 밤을 밝히다

밤하늘을 밝힐 놀라운 이벤트인 드론 축제 2024를 소개하게 되어 기쁩니다! 숨 막히는 비주얼과 패턴을 만들어 내며 동시에 움직이는 드론의 멋진 구경거리에 놀랄 준비를 하세요.

이벤트 세부 정보
- 날짜: 2024년 9월 20일
- 시간: 오후 8:00 - 오후 9:30
- 장소: 리버사이드 파크 중앙 잔디밭

기대할 수 있는 것
- 라이트 쇼: 수백 대의 드론이 강렬한 색상과 정교한 디자인으로 하늘을 비추는 마법을 경험하세요.
- 음악 및 분위기: 장관을 더 돋보이게 하는 흥겨운 음악을 즐겨보세요.
- 동호회 모임: 같은 동료 드론 애호가 및 커뮤니티 회원들과 함께하세요.

준비물
- 재킷 또는 스웨터: 날씨가 추워질 수 있으니 따뜻하게 입으세요.
- 생수: 행사장에 물과 음료가 제공되지 않습니다.
- 카메라: 카메라로 멋진 볼거리를 포착하세요.
- 벌레 퇴치제: 밤에는 보통 벌레가 많습니다.

입장료는 무료이며 누구나 참여할 수 있습니다! 더 많은 정보를 원하시면 저희 웹사이트 www.dronefestival2024.com에 방문해 주세요. 별 아래에서 여러분을 만나기를 고대합니다!

어휘 stunning 굉장히 멋진 synchronize 동시에 움직이게 하다 breathtaking 숨 막히는 illuminate 밝히다 vibrant 강렬한 intricate 복잡한, 정교한 atmosphere 분위기 upbeat 경쾌한, 신나는 complement 보완하다 spectacle 장관, 구경거리 enthusiast 애호가 admission 입장 at no charge 무료로

07

정답 ①

해설 아이가 부모의 이혼이나 별거 이후 누구와 살지 결정할 수 있다는 것은 잘못된 생각이라는 내용의 글이다. 실제로는 아이가 18세가 되기 전까지는 부모가 결정하거나, 부모가 결정할 수 없을 경우 판사가 결정한다고 설명한다. 따라서 글의 요지로 가장 적절한 것은 ① '아이가 양육권을 결정한다는 것은 근거 없는 믿음이다.'이다.
② 양육권 분쟁에서는 아이의 의견이 항상 우선이다. → 아이의 의견을 고려할 수는 있지만 아이가 합리적 선호를 표현할 만큼 충분히 성숙하다고 판단되는 경우에만 그렇다고 언급되므로 적절하지 않다.
③ 이혼은 미성숙한 아이에게 정서적 고통을 줄 수 있다. → 이혼이 아이에게 미치는 정서적 영향에 관해서는 언급된 바가 없다.
④ 양육권을 결정하는 것은 부모가 얼마나 재정적 능력이 있는가이다. → 부모의 재정 능력에 관한 언급은 없다.

해석 일정 나이가 된 아이는 이혼이나 별거 후 어느 부모와 함께 살지 결정할 수 있다는 흔한 오해가 있다. 사실은 아이가 18살이 될 때까지 양육권을 결정할 수 있는 유일한 개인은 아이의 부모이고, 부모가 결정할 수 없다면 판사가 할 것이다. 모든 양육권 소송의 목표는 법원이 양육권과 양육 시간을 결정하는 데 무엇이 아이에게 가장 이익이 되는지를 평가하는 것이다. 모든 주는 이혼과 별거 소송에서 양육권을 할당하는 방법을 결정할 때 판사가 평가하는 일련의 요소들을 가지고 있다. 대부분의 주에서, 법원은 아이의 의견을 고려할 수는 있지만, 판사가 아이가 합리적인 선호를 표현할 수 있을 만큼 충분히 성숙하다고 믿는 경우에만 그렇다.

어휘 misconception 오해, 잘못된 생각 divorce 이혼 separation 별거 custody 양육권 case 소송 court 법원 evaluate 평가하다 in one's best interest ~에게 가장 이익이 되는 parenting 양육 assess 평가하다 allocate 할당하다 mature 성숙한 reasonable 합리적인 myth 근거 없는 믿음 dispute 분쟁 distress 고통 financially 재정적으로 capable 능력 있는

정답 ①

해설 이 글은 인간 뇌의 패턴 인식의 한계를 설명하고 있다. 인간의 뇌는 익숙한 패턴을 사용하려는 경향이 있어, 생각을 그 패턴에 한정시키는 과정에서 판단 오류를 낼 수 있다는 내용이다. 즉, 우리의 생각을 특정한 방향으로 몰아간다는 것이므로, 빈칸에 들어갈 말로 가장 적절한 것은 ① '우리를 편향에 빠지기 쉽게 만들다'이다.

② 우리의 판단 능력을 향상하다 → 오히려 판단의 오류로 이어진다고 언급되므로 적절하지 않다.

③ 우리에게 다양한 관점을 제공하다 → 우리의 선택과 아이디어를 우리에게 익숙한 패턴으로 제한시킨다는 글의 내용과 반대된다.

④ 우리의 인과 관계를 가정하는 능력을 차단하다 → 인과 관계가 없는 사건들 사이에서 인과 관계를 찾아내려 한다는 언급이 있는데, 이는 인과를 '잘못' 연결하는 것이지 연결 자체를 못 한다는 의미가 아니다. 또한 글에서 언급되는 인간 뇌의 기능이 정보들을 연결하여 패턴을 식별하는 것이므로, 인과 관계를 못 찾아낸다는 것은 이치에 맞지 않는다.

해석 인간의 뇌는 세계에 대해 예측하고 가정하기 위해 정보의 패턴을 사용하여 효율성을 추구한다. 뇌의 패턴 인식을 통해, 세상은 더 질서정연하고 예측 가능해 보인다. 하지만 이러한 패턴 인식에 대한 욕구는 아무 인과 관계도 없는 사건들 사이에서 인과 관계를 찾아내려 할 수도 있고, 이는 판단의 오류로 이어질 수 있다. 일반적으로 뇌는 익숙한 패턴을 사용하는데, 우리가 과거에 그것이 사실이었다는 것을 알고 있기 때문이다. 하지만 이 과도한 의존은 우리의 선택과 문제 해결 아이디어를 우리가 익숙한 패턴으로 제한시킨다. 우리 주변 환경 속 정보의 조각들을 연결하여 패턴을 식별하는 인간 뇌의 타고난 습관이 우리의 생존에 필수적이고 보통 우리에게 큰 도움이 되긴 하지만, 이것은 또한 <u>우리를 편향에 빠지기 쉽게 만</u>들 수도 있다.

어휘 efficiency 효율성 prediction 예측 assumption 가정 recognition 인식 orderly 질서정연한 seek out 찾아내다 causal 인과 관계의 over-reliance 지나친 의존 hardwired 타고난, 내장된 identify 식별하다 vital 필수적인 prone ~하기 쉬운 bias 편향 perspective 관점 causality 인과 관계

정답 ②

해설 주어진 글은 미국이 자가용 의존도가 특히 높은데 다른 나라에서는 매우 높은 휘발유세가 자가용 운전을 막다는 내용으로, 이후엔 주어진 글의 extremely high gasoline taxes를 Such taxes로 받아 미국에서는 자가용의 편리함과 독립성을 이유로 그런 세금을 반대해 왔다는 내용의 (B)가 와야 한다. 그다음에는 Nevertheless로 내용을 반전시켜, 고속 도로 건설과 교외화로 교통 혼잡이 심해져 대중교통을 이용해야 하는 상황이 되었음을 말하는 (A)가 오고, 마지막으로 교통 혼잡이 심한 도시에서의 대중교통 사용 실제 사례를 제시하는 (C)가 오는 것이 자연스럽다. 따라서 글의 순서로 가장 적절한 것은 ② '(B) - (A) - (C)'이다.

해석 미국은 자가용에 대한 의존도에 있어서 선진국 중에서도 독특하다. 다른 나라에서는 매우 높은 휘발유세가 (자가용) 운전을 막고 대중교통을 장려한다. (B) 미국에서는 그러한 세금이 자동차 회사들과 대중에 의해 강력히 반대되어 왔다. 그들은 개인 자동차가 가져다주는 편리함과 독립성을 반박하기 어렵다고 주장한다. (A) 그렇지만, 고속 도로 건설과 교외화가 교통 혼잡을 증가시켰고, 그리하여 대중교통에 대한 재고를 강요하는 주요 요인이 되었다. (C) 뉴욕과 같이 교통량이 많은 도시에서는, 실제로 대중교통이 더 성공적이다. 많은 대도시 지역들이 교통 혼잡을 해소하고 대기 오염을 줄이기 위해 경(輕)전철, 대중교통 환승 허브, 버스 및 카풀 전용 급행 차로를 계속 추진하고 있다.

어휘 industrialized nation 선진국 dependence 의존성 discourage 막다 favor 장려하다 freeway 고속 도로 construction 건설 suburbanization 교외화 bring about 유발하다 congestion 혼잡 mass transit 대중교통 vigorously 격렬하게 convenience 편리함 independence 독립성 engender 불러일으키다 counter 반박하다 metropolitan 대도시의 push for 추진하다, 계속 요구하다 light rail 경(輕)전철 park-and-ride 대중교통 환승제(의) address 해결하다

정답 ④

해설 인간관계에서 유머를 나누는 것의 중요성과 함께 웃는 관계의 장점을 기술하는 글이다. 따라서 글의 흐름상 어색한 문장은 많은 사람이 비웃음의 주체가 아닌 대상이 되는 것을 가장 두려워한다는 내용의 ④이다.

해석 유머를 함께 나누는 것은 기본적인 관계 형성 도구이다. 함께 웃는 것은 안전하고 통제하에 있는 관계의 핵심 지표이다. 그러한 관계에 있는 사람들은 안심할 수 있고 마주치는 현실과 사회적 패턴의 양상에 쾌활하게 대응할 수 있다. 그들은 또한 "성과 내기"와 실용적인 결과에 대한 우려가 더 적은 분위기에서 서로의 특징과 가지각색의 관점을 즐길 수 있다. 사람은 관계에 있어 진지하게 "전시되거나" 자신의 효능 또는 실용성을 입증할 필요가 없고, 대신 약간의 재미를 고려한다. (<u>많은 사람의 가장 큰 두려움 중 하나는 누군가를 두고 웃는 대신 웃음거리가 되는 것이다.</u>) 실제로, 자기 유머의 진가를 아는 동반자를 갖는 것은 결혼 생활 중 친밀도와 만족 모두와 강하게 관련이 있다.

어휘 indicator 지표 playfully 쾌활하게 encounter 마주치다 varying 가지각색의 atmosphere 분위기 practical 실용적인 effectiveness 효능 allow for 고려하다 appreciate 진가를 알다 intimacy 친밀함 satisfaction 만족

Staff

Writer	심우철
Director	정규리
Researcher	한선영 / 장은영
Design	강현구
Manufacture	김승훈
Marketing	윤대규 / 한은지 / 유경철

발행일: 2025년 2월 12일 (4쇄)

내용문의: http://cafe.naver.com/shimson2000